学前融合教育丛书

总主编 周念丽 唐 敏

特殊幼儿心理及教育

主 编 艾映彤 王晓曦
副主编 胡 娜 张丽雯 俞先茹
王睿愍 郭苏晋

重庆大学出版社

图书在版编目(CIP)数据

特殊幼儿心理及教育/艾映彤,王晓曦主编. -- 重
庆:重庆大学出版社,2022.10
(学前融合教育丛书)
ISBN 978-7-5689-3131-1

Ⅰ.①特… Ⅱ.①艾…②王… Ⅲ.①儿童教育—特
殊教育 Ⅳ.①G76

中国版本图书馆 CIP 数据核字(2022)第 190534 号

特殊幼儿心理及教育
TESHU YOU'ER XINLI JI JIAOYU

主 编 艾映彤 王晓曦
副主编 胡 娜 张丽雯 俞先茹
    王睿愍 郭苏晋
责任编辑:陈 曦 版式设计:张 晗
责任校对:邹 忌 责任印制:张 策

*

重庆大学出版社出版发行
出版人:饶帮华
社址:重庆市沙坪坝区大学城西路 21 号
邮编:401331
电话:(023)88617190 88617185(中小学)
传真:(023)88617186 88617166
网址:http://www.cqup.com.cn
邮箱:fxk@ cqup.com.cn(营销中心)
全国新华书店经销
重庆市联谊印务有限公司印刷

*

开本:787mm×1092mm 1/16 印张:12.25 字数:235千
2022 年 10 月第 1 版 2022 年 10 月第 1 次印刷
ISBN 978-7-5689-3131-1 定价:48.00 元

"学前融合教育丛书"编委会

总主编:周念丽 唐 敏

《特殊幼儿教育康复》

主 编:周 波 郭苏晋

副主编:庾晓萌 黄 鹂 杨淋先 沈晓莲

《学前融合教育理论与实践》

主 编:高春玲 陈晓蕾

副主编:谢 燕 曾 慧 王 姗 周叙辰 梁 双

王 秋

《学前融合教育中个别化教育计划的拟订与实施》

主 编:陈 晓 王丽娟

副主编:杨淋先 杨成艳 杨建华 马 蕊 王亚男

陈秋蓉 车晓媛

《特殊幼儿心理及教育》

主 编:艾映彤 王晓曦

副主编:胡 娜 张丽雯 俞先茹 王睿懋 郭苏晋

总　序

　　学前融合教育是一个国家闪现人性光辉的重要篇章。我国学者在探索具有中国特色的学前融合教育之路上筚路蓝缕、艰苦卓绝地走过了近 30 年,取得了初步的成绩。但从全国学前教育范围来看,其普及度和影响力还不甚显著。

　　从中国目前的现状来看,由于各种原因所致,有特殊教育需要的幼儿与日俱增,但我国众多在托幼机构工作的学前教育工作者对这些特殊幼儿如何进行学前融合保教和教育康复并非都了然于胸,虽有助特殊幼儿之心,然因缺少对学前融合教育相关理论的了解和实践,在实施学前融合教育时会有难以找到抓手之惑,或有捉襟见肘之感。由此,教学实际情况呼唤着学前融合教育相关的理论和实践书籍的出版。

　　昆明学院的学前教育与特殊教育学院唐敏院长率领其团队顺应现实之需,倾情全力撰写了这套由《学前融合教育理论与实践》《特殊幼儿心理及教育》《特殊幼儿教育康复》《学前融合教育中个别化教育计划的拟订与实施》四本著作构成的"学前融合教育丛书",兼具理论性、渗透性和实操性等特点。

　　理论性体现在对理论和模式的具体阐述上。

　　《学前融合教育理论与实践》一书开宗明义地说明了学前融合教育的含义及意义,特别着重于多元文化、建构主义以及人类发展生态学等理论的介绍,对学前融合教育中的体系、形态以及联合模式都进行了认真梳理。

　　《特殊幼儿心理及教育》则将陈鹤琴等学者的特殊教育理论以及皮亚杰等学者关注特殊幼儿发展的理论纳入视角。

　　渗透性体现为与幼儿园课程及家园乃至社区共育的紧密结合。

　　《学前融合教育理论与实践》介绍了对各类特殊幼儿进行学前融合教育应关注"家园共育"和"社区共育"。

　　《学前融合教育中个别化教育计划的拟订与实施》陈述了为各类特殊幼儿设计与实施了个别化教育的教学活动。

　　《特殊幼儿心理及教育》一书将对各类特殊幼儿的教育纳入"家-园-社区-康复机构"协同教育的范畴。

　　《特殊幼儿教育康复》着重于在幼儿园的生活活动、学习活动、游戏活动以及户外活动中对各类特殊幼儿进行教育康复。

　　实操性体现为对制订计划、教育和康复方法进行清晰而详细的陈述。

　　《特殊幼儿教育康复》针对各类特殊幼儿,翔实地说明了如何通过幼儿园的生活活动、学习活动、游戏活动以及户外活动对其进行认知、言语、运动、情绪和社会适应的教育康复方法。

《学前融合教育中个别化教育计划的拟订与实施》一书则阐述了对各类特殊幼儿进行个别化教育计划制订的流程、内容以及教育评估与诊断、课程评量、个别化教育计划会议等细节。

鉴于上述这套丛书兼具理论性、渗透性和实操性等特点，我们有理由相信，阅之能让学前融合教育理念更加深入人心，广大一线幼儿园教师据此也能掌握更多与学前融合教育相关的方法和策略，从而真正促进特殊幼儿和普通幼儿的身心发展。

是以欣为序。

华东师范大学　周念丽

2022 年 7 月 13 日于瀛丽小居

目 录

第一章

概　述

王晓曦

第一节　特殊幼儿的界定及分类

> ### 一、特殊幼儿的界定

特殊幼儿是指因个体差异而有各种不同的特殊教育要求的幼儿。这些涉及心理发展、身体发展、学习、生活等各方面长期或一定时间高于或低于正常幼儿的要求,不仅包括对其某一发展中缺陷提出的要求,也包括对学习有影响的能力、社会因素等提出的要求。1978 年英国瓦诺克报告(Warnock Report)首次提出此术语,报告认为:以往给残疾幼儿分类实际给每个幼儿贴上了有害的"标记";分类对医学有意义而对教育无意义;有的幼儿有两种以上的缺陷,难于分到某一单独缺陷的种类;强调幼儿都是平等的,不应把幼儿分为残疾、无残疾两类。满足特殊教育需要可以通过:①改进教学方法、配备特别的设备及使用特殊的方法;②特别或做了适当改变的适应某个幼儿的教学课程;③创造适合幼儿发展的教学环境和情感氛围。1981 年这一术语在英国教育法中被正式使用,取代了过去英国传统的残疾幼儿分类的全部名称,并被定义为:"如果一个幼儿有学习困难而需要特殊教育设施,那么就说这个幼儿有特殊教育需要。"现已被国际特殊教育领域广泛使用。

> ### 二、特殊幼儿的分类

各个国家对特殊幼儿分类有所区别,其中分类最细致的是美国,共分了 12 个类别,是分类最细致的国家。详见表 1.1:

表 1.1　世界各国对特殊幼儿的分类

美国(12)	日本(7)	中国	
		中国大陆(7)	中国台湾(11)
学习障碍	视力障碍	视力障碍	智力障碍
言语和语言障碍	听觉障碍	听觉障碍	听觉障碍
智力障碍	精神薄弱	智力障碍	视力障碍
听觉障碍	肢残	肢体残疾	语言障碍
视力障碍	病弱、身体虚弱	学习障碍	肢体障碍
情感障碍	言语障碍	语言障碍	身体病弱
肢体残疾	情绪障碍	多重障碍	严重情绪障碍
其他健康损害			学习障碍
孤独症			多重障碍
脑外伤			孤独症
注意力多动障碍			发展迟缓
超常和有特殊才能			

数据来源:国际残联。

（一）视力障碍

1.视力障碍的定义

视力障碍,也称视力残疾、视觉损伤或视觉缺陷,指由各种原因导致双眼视力低下并且不能矫正或视野缩小,以至于影响其日常生活和社会参与。视力残疾包括盲和低视力。

2.视力障碍的特征

感知认识活动:触摸受到手和手臂长度的限制,触知觉一般由点到线再到面,手的触摸速度、顺序发展都慢,触摸需要视力障碍学生的主动性,触摸过程很复杂,需要进行训练。

言语和思维:易引发构音障碍,对词义理解缺乏表象基础。

个性特点:自我意识有局限性,情绪不稳定,意志薄弱,人际关系不良,有障碍感觉。

（二）听觉障碍

1.听觉障碍的定义

听觉障碍,也称听力残疾、听觉损伤或听觉缺陷,指由于各种原因导致双耳听力丧失或听力减退,以致听不到或听不清周围的声音,难以与他人进行正常的语言交往活动,包括聋和重听。

2.听觉障碍的特征

感知认识活动:不善于有重点地进行感知、抓本质特征,不善于把握整体和部分的统一关系,不能保持知觉和语言及思维的统一。

言语发展特点:十聋九哑。

思维发展特点:缺乏词汇及概念,停留于直观形象水平。

学习接受能力:经验缺乏,学习能力落后。

个性特点:易产生误解和猜疑,易产生情绪,自制力差,自我中心等。

(三)智力障碍

1.智力障碍的定义

智力功能和适应行为方面存在实质性限制的一种障碍,主要表现在概念、社交和实用的适应能力方面,障碍发生在18岁以前。

2.智力障碍的特征

注意特点:注意力选择、分配、保持有困难。

记忆发展特点:记忆过程缓慢、保持不牢固、再现不精确,短时记忆困难,不善于用记忆策略,记忆材料缺乏目的性。

语言发展特点:语言发展迟缓。

思维发展特点:思维水平低下,停留在直观形象阶段。

个性特点:缺乏主动性,易冲动,自我控制能力差,易受暗示,脾气固执,失败期待高于成功期待,动机不足,求知欲差。

(四)肢体残疾

1.肢体残疾的定义

肢体障碍,也称肢体残疾。肢体障碍与神经、骨骼或肌肉的缺陷具有密切的关系。因此,肢体障碍可根据病源性质分成两类:与神经系统缺损有关者,包括脑性瘫痪、癫痫、脊髓神经损伤、脊柱裂、小儿麻痹等;与骨骼肌肉的异常有关者,包括肌肉萎缩、关节炎、肢体截断等。

2.脑瘫

在肢体障碍中,脑性瘫痪幼儿的问题在其复杂性和严重性方面值得我们注意,这种障碍情况与其他肢体障碍的情况有些不同。脑性瘫痪简称脑瘫或CP,是指从出生前至新生儿期间由于各种原因导致的非进行脑损伤引起的以中枢性运动障碍与姿势异常为主的综合征,常伴随有智力低下、癫痫、语言障碍、听力低下、视觉异常、行为异常等多种症状。

3.癫痫

当特定的脑细胞异常放电的时候就会出现惊厥。放电蔓延到邻近的脑细胞,可能引起意识丧失、不随意运动或者异常感觉的现象。惊厥的影响程度取决于起始放电的脑细胞的位置和放电传递距离的远近。

(五)学习障碍

1.学习障碍的定义

关于学习障碍的定义较多,国内通常认为学习障碍者是智力正常,但学习效果低下,达不到国家规定的教学大纲要求的学生。

美国《残疾人教育法案》的定义是:特殊学习障碍是指理解或使用语言(口语或书面语言)中的一种或多种基本心理过程的障碍,该障碍表现为缺乏听、思考、说、读、写作、拼写,或数学计算的能力。包括的障碍有:知觉障碍、脑损伤、轻微脑功能失调、诵读障碍和发展性失语症。不包括的障碍有:主要由视觉、听觉或动作障碍、智力障碍、情绪困扰,以及环境、文化或经济条件不利而造成的学习问题。

2.学习障碍的特征

感知认识活动:知觉统整困难。

注意特点:注意力不持久,过度分心或过度注意,注意广度小。

语言发展特点:语言接收、处理和表达三方面可能有困难。

记忆和思维特点:前记后忘,很难保持和再现所获得的信息。

其他心理特点:情绪消极、意志薄弱、信心不足、自我概念差。

社会行为表现:青少年阶段学习障碍易导致同伴关系与交往不良。

(六)言语与语言障碍

1.言语与语言障碍的定义

我国法规性文件通常使用语言残疾一词,1987年第一次全国残疾人抽样检查使用的就是"语言残疾";2006年第二次全国残疾人抽样调查改用"言语残疾"一词,并将言语残疾定义为:由于各种原因导致的不同程度的言语障碍(治疗一年以上不愈或病程超过2年者),不能或难以进行正常的言语交往活动(3岁以下不定残)。

2.言语与语言障碍的类型

我国2006年将言语残疾分为七种类型,分别是:①失语;②运动性构音障碍;③器官结构异常所导致的构音障碍;④发声障碍(嗓音障碍);⑤幼儿言语发育迟缓;⑥听力障碍导致的语言障碍;⑦口吃。

第二节 特殊幼儿的心理发展理论

> **一、皮亚杰的认知发展理论**

让·皮亚杰(Jean Piaget,1896—1980)是瑞士著名的幼儿心理学家。他把心理学的研究同生物学、逻辑学以及认识论结合在一起,着重研究幼儿的认知、智力、思维是怎么发展起来的,从而形成了"发生认识论"。这种学说,无论是在理论上还是在实验方法上都有其自身的特色,成为当代幼儿心理学最重要的一个学派。这个学派以他长期从事研究工作的地点来命名,称为"日内瓦学派"。他对幼儿心理学的重要贡献,是关于幼儿认知发展的阶段理论。

皮亚杰的"发生认识论"把个体知识的发生与发展归纳为两个主要方面,即知识形成的心理结构(认知结构)和知识发展过程中新知识形成的机制。他认为新知识乃是连续不断构成的结果。他把智力的本质看作是一种适应,即在主体和客体相互作用过程中产生并通过主体不断自我调节而建构,或再建心理结构的机制。制约幼儿智力发展的重要因素是成熟(主要指神经系统的成熟)、物理经验、社会经验和平衡。适应是通过两种形式来实现的:同化和顺应。同化就是把环境因素纳入机体已有的图式或结构之中,以加强或丰富主体的动作;顺应是主体的图式,不能同化客体,因而需要改变主体动作以适应客观变化。个体通过同化和顺应这两种形式来达到机体与环境的平衡。如果机体和环境失去平衡,就需要改变行为以重建平衡。这种不断的平衡—不平衡—平衡的过程就是适应的过程,也就是幼儿智力发展的实质和原图。皮亚杰把表征幼儿在不同年龄阶段的智力结构的概念称为图式。图式就是动作或心理运算的结构。幼儿智力结构的发展从感知动作图式开始,经过同化、顺应、平衡而依次建构起新的图式,如表象图式、直觉思维图式以及运算思维图式等。

皮亚杰按照幼儿智慧发展的水平,将幼儿心理的发展分为四个阶段。

(一)感知运动阶段(0~2岁)

皮亚杰认为,此阶段幼儿靠感知动作来认识和适应外界环境,从而形成了动作图式的认知结构。在这个阶段,幼儿还没有严格意义上的语言和思维,还没有形成客体的永存性观念。

(二)前运算阶段(2~7岁)

本阶段的基本特征是:能够保持不在眼前的物体的形象。特别是言语的发展和符号的使用,促使幼儿日益频繁地用表象符号来代替外界事物,重现外部活动,出现了"直觉思维"(4~7岁)或"表象思维"。但这一阶段还未出现符合逻辑的推理。

(三)具体运算阶段(7~11岁)

此阶段幼儿能够在头脑里从概念的各种具体变化中把握其本质的、恒定的东西。开始具有逻辑思维和运算能力,在这个阶段,幼儿能够掌握的最重要的运算系统是分类,能把概念体系运用于具体事物,开始能够运用守恒概念。

(四)形式运算阶段(12岁以后)

此阶段幼儿可以摆脱具体事物的束缚进行抽象概括以及运算,能够做出几种假设、推测并通过象征性操作来解决问题。此阶段,幼儿的心理发展已经达到认知发展的最高阶段,相当于成年人的思维水平。

皮亚杰及其学派对认知发展阶段的研究,从理论到实验都有独到之处。他的学说包含着丰富的科学内容,为教育心理学和幼儿心理学的发展做出了巨大的贡献,因而受到全世界心理学工作者的重视。20世纪以来,有关认知发展的心理学研究课题,大多与皮亚杰所提出的问题有关。他对幼儿思维的研究,对西方国家的幼儿教育、中小学课程改革及教学方法改革等方面,也有一定的影响。但皮亚杰的理论也有不足之处,他强调适应对幼儿心理发展的作用,而忽视社会和教育的重要意义,着重研究认知发展的逻辑结构而较少涉及生理发育和心理结构,因而也不免有偏颇之处。

> ## 二、布朗芬布伦纳生态系统理论

生态系统理论发展心理学中,由布朗芬布伦纳(Bronfenbrenner)提出的个体发展模型,强调发展个体嵌套于相互影响的一系列环境系统之中,在这些系统中,系统与个体相互作用并影响着个体发展。

布朗芬布伦纳认为,自然环境是人类发展的主要影响源,这一点往往被人为设计的实验室里的研究发展的学者所忽视。他认为,环境(或自然生态)是"一组嵌套结构,每一个嵌套在下一个中,就像俄罗斯套娃一样"。换句话说,发展的个体处在从直接环境(像家庭)到间接环境(像宽泛的文化)的几个环境系统的中间或嵌套于其中(图1.1)。每一系统都与其他系统以及个体交互作用,影响着发展的许多重要方面。

(一)微观系统

环境层次的最里层是微观系统,指个体活动和交往的直接环境,这个环境是不断变化和发展的,是环境系统的最里层。对大多数婴儿来说,微观系统仅限于家庭。随着婴儿的不断成长,活动范围不断扩展,幼儿园、学校和同伴关系不断纳入婴幼儿的微观系统中。对学生来说,学校是除家庭以外对其影响最大的微观系统。

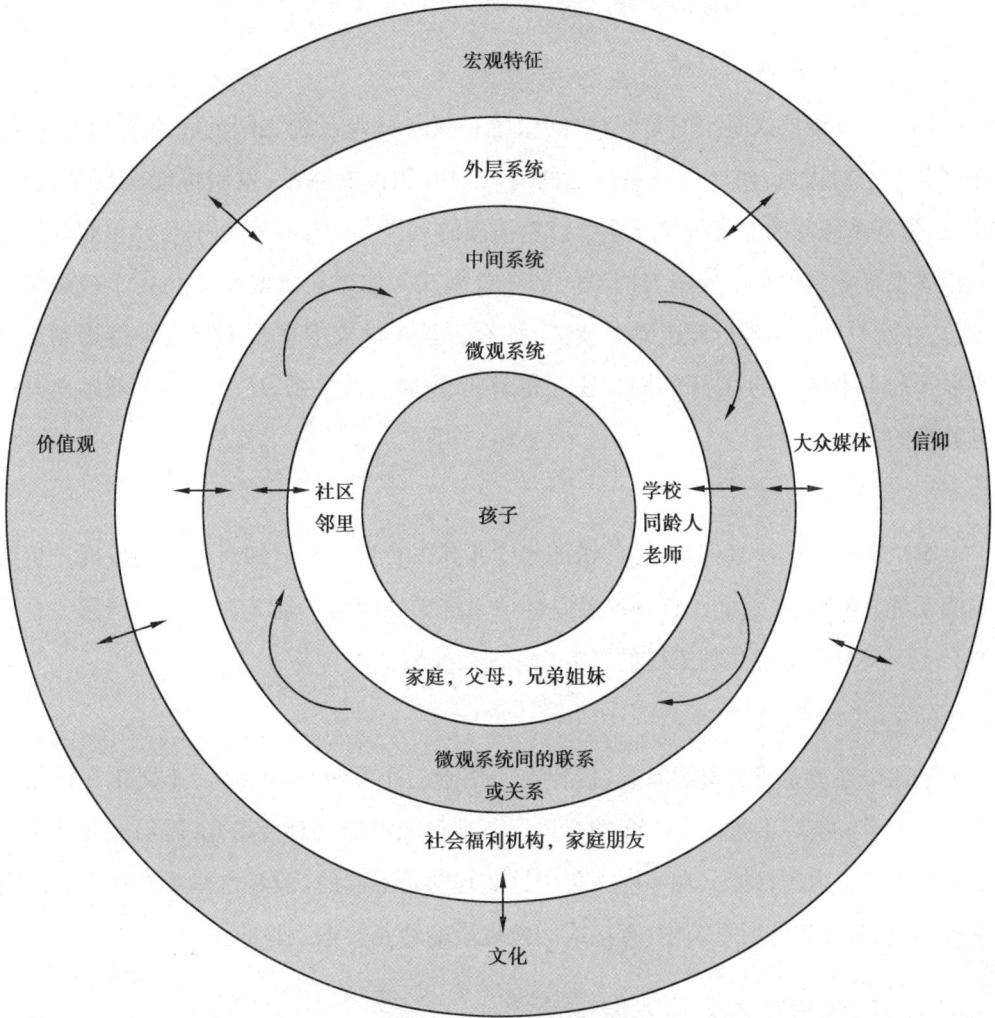

宏观特征

外层系统

中间系统

微观系统

价值观

大众媒体 信仰

社区
邻里

孩子

学校
同龄人
老师

家庭,父母,兄弟姐妹

微观系统间的联系
或关系

社会福利机构,家庭朋友

文化

图 1.1　生态系统理论图示

布朗芬布伦纳强调,为认识这个层次幼儿的发展,必须看到所有关系是双向的,即成人影响着幼儿的反应,但幼儿决定性的生物和社会的特性及其生理属性、人格和能力也影响着成人的行为。例如,母亲给婴儿哺乳,婴儿饥饿的时候会以哭泣来引起母亲的注意,影响母亲的行为。如果母亲能及时给婴儿喂奶则会消除婴儿哭泣的行为。当幼儿与成人之间的交互反应很好地建立并经常发生时,会对幼儿的发展产生持久的作用。但是当成人与幼儿之间关系受到第三方影响时,如果第三方的影响是积极的,那么成人与幼儿之间的关系会更进一步发展。相反,幼儿与父母之间的关系就会遭到破坏。例如,婚姻状态作为第三方影响着幼儿与父母的关系。当父母互相鼓励其在育儿中的角色时,每个人都会更有效地担当家长的角色。相反,婚姻冲突是与不能坚守的纪律和对幼儿敌对的反应相联系的。

（二）中间系统

第二个环境层次是中间系统,中间系统是指各微观系统之间的联系或相互关系。布朗芬布伦纳认为,如果微观系统之间有较强的积极的联系,发展可能实现最优化。相反,微观系统间的非积极的联系会产生消极的后果。幼儿在家庭中与兄弟姐妹的相处模式会影响到他在学校中与同学间的相处模式。如果在家庭中幼儿处于被溺爱的地位,在玩具和食物的分配上总是优先,那么一旦在学校中享受不到这种待遇则会产生极大的不平衡,就不易于与同学建立和谐、亲密的友谊关系,还会影响到教师对其指导教育的方式。

（三）外层系统

第三个环境层次是外层系统,指那些幼儿并未直接参与但却对他们的发展产生影响的系统。例如,父母的工作环境就是外层系统影响因素。幼儿在家庭的情感关系可能会受到父母是否喜欢其工作的影响。

（四）宏观系统

第四个环境系统是宏观系统,指存在于以上三个系统中的文化、亚文化和社会环境。宏观系统实际上是一个广阔的意识形态。它规定如何对待幼儿,教给幼儿什么以及幼儿应该努力的目标。在不同文化中这些观念是不同的,但是这些观念存在于微观系统、中间系统和外层系统中,直接或间接地影响幼儿知识经验的获得。

> 三、埃里克森人格发展理论

埃里克森(Erikson,1902—1994)是美国著名的精神分析理论家,新精神分析学派的重要代表人物之一。埃里克森认为,每个人在其成长过程中都普遍体现着生物的、心理的、社会的事件的发生顺序,按一定成熟程度分阶段地向前发展。他提出,幼儿并不是受生物力量驱使的被动奴隶,而是积极适应环境的、好奇的探索者,强调社会文化对幼儿心理发展的影响。因此,埃里克森的理论常被称为心理社会性理论。埃里克森提出人的一生需要经过八个心理社会阶段,每一个阶段都要解决一个危机或者说是一个重要问题。具体见表1.2:

表 1.2 埃里克森心理社会阶段

阶段	年龄	心理社会问题
第一阶段	0~1岁	信任对不信任
第二阶段	1~3岁	自主对羞愧
第三阶段	3~6岁	主动性对内疚
第四阶段	6~12岁	勤奋对自卑
第五阶段	12~18岁	同一性对角色混乱
第六阶段	18~25岁	亲密感对孤独感
第七阶段	25~65岁	繁殖对停滞
第八阶段	65岁以后	自我完善对绝望感

埃里克森强调文化和社会因素对人格的影响,主张人在发展过程中形成的是兼具生物的、心理的和社会的三方面因素的统一体,重视教育对发展的作用,强调幼儿时代的教育环境对以后的发展有重要作用,提出发展是终身性问题等,现在看来,这些都有积极意义。

> **四、维果茨基的历史文化理论**

对皮亚杰理论的最大挑战之一来自俄国的发展心理学家维果茨基(Vygotsky)。维果茨基不赞同"幼儿是一位独自的探索者";相反,他认为认知发展是一个社会文化传递过程,幼儿通过与社会中有更多知识的成员合作对话,逐渐获得新的思维和行为方式。

(一)两种心理机能

维果茨基将心理机能分为两种:低级心理机能和高级心理机能。低级心理机能指感觉、知觉、不随意注意、形象记忆、情绪、冲动性意志、直观的动作思维等,这些都是生物进化的结果。高级心理机能指观察(有目的的感知过程)、随意注意、逻辑记忆、抽象思维、高级情感等,这些都是人类历史发展的结果。幼儿是在特定的文化氛围中成长的,而文化就其本源来讲,是人的社会生活和社会活动的产物。

(二)最近发展区

维果茨基另一个杰出的贡献就是他提出了"最近发展区"的概念。最近发展区是指现有发展水平和可能达到的较高水平之间的差距。最近发展区是一个动态的概念，将幼儿的"已知"领域和"能知"领域联系起来，它在幼儿心理发展的每一时刻都存在，同时又时刻都在变化，因人而异。幼儿今天需要在别人的指导或合作中完成的事情，将来某一时间就可能会独自解决。最近发展区的大小，是幼儿发展潜能的重要标志，也是可接受教育程度的标志，有效的教学就发生在最近发展区。

关于最近发展区，维果茨基还提出，教学应当走在发展的前面。他认为教学决不应消极地适应幼儿智力发展的已有水平，而应走在发展的前面，不停地把幼儿的智力从一个水平引导到另一个新的更高的水平。好的教学是能够促进幼儿最近发展区不断发生变化的教学，是引导并推动幼儿一系列内部发展的过程。任何教学都存在最佳的时期，或早或晚的偏离对幼儿的智力发展将会产生不良影响。教学的内容应在学生的最近发展区内，过于超前学生不能接受，过于滞后会失去开发的意义。

维果茨基的理论为幼儿认识研究注入了新的生命力，越来越多的学者承认文化因素在幼儿发展中极其重要。幼儿并非在文化真空中发展，相反，幼儿的行为常常是他们所处文化环境的产物。但也有人认为，社会文化理论对文化和社会经验的过分强调导致其忽略了生物学因素对发展的作用，而且对环境的塑造能力估计不足。

> 五、蒙台梭利理论

玛利娅·蒙台梭利博士是教育史上一位杰出的幼儿教育思想家和改革家，意大利历史上第一位学医的女性和第一位女医学博士。她对特殊幼儿，特别是低能幼儿进行了较为系统的研究，形成了对后世影响巨大的特殊教育理论及方法。

蒙台梭利认为，人都有一种内在的生命潜力，幼儿的生长、发展过程，就是这种内在生命力"按照一串确定的生物学规律显现和发展的过程"，而生命力的冲动通过幼儿的自发活动表现出来，所以在蒙台梭利的教育中特别强调活动的重要性。

蒙台梭利还认为幼儿的发展是个体与环境相互作用的结果。虽然从根本上说幼儿的发展史受其内在生命潜力的引导，但外部环境确为这种发展提供了一种媒介。所以蒙台梭利十分强调幼儿早期环境经验对后阶段发展的重要性，尤其是对幼儿智力发展的重要性。

最后，蒙台梭利从个体发展的过程出发，强调生命力不仅通过自发活动呈现和发展，更表现出一种节律，也就提出了幼儿心理发展敏感期的思想。所谓敏感期就是指"在不同的发展阶段，幼儿对于事物或活动特别敏感，或产生一种特殊兴趣和爱好，学习也特别容易而迅速"的时期，在这一时期任何的疏忽和偏差都将导致以后的缺陷。许多低能幼儿之所以低能，就是因为忽视了敏感期的训练。因此，蒙台梭利十分重视幼儿敏感期的教育。更进一步指出,不同的个体有不同的成熟节律,为此,必须尊重幼儿的个体差异,进行个别教学。

> **六、陈鹤琴的特殊教育理论**

陈鹤琴明确指出,"幼儿教育"分为幼稚教育、国民教育、特殊教育三个大分支,并且三者之间存在着很大的技术区别,需要分别加以理论研究与实践指导。陈鹤琴是我国特殊教育发展史上的先行者,他积极投身于对特殊幼儿教育系统的研究与改革,其"活教育"思想指导下的特殊教育教学理念与课程理论更是对我国特殊教育课程的发端与发展有着重要意义。陈鹤琴还针对特殊教育的对象分类分别撰写了《哑巴会说话》《低能幼儿之研究》《特殊幼儿教育在美国》《瞎子能做些什么》《关于类似白痴、天才幼儿》等多篇特殊教育相关文章和论著,逐步阐明特殊教育学科的相关人文理念与科学知识,并自成理论系统。

(一)教育而非救济

什么样的教育才是特殊教育?陈鹤琴认为,就是要根据特殊幼儿的特殊需求,给予他们有效的、有针对性的适当教育,以达成个体发展的目标。除了特别珍惜养护的瑰宝外,其余的在生理或心理方面有缺陷的,还谈什么受教育呢?这实在是一种错误的见解。聋、哑、盲、口吃、手脚残废、低智力、天才幼儿等都是有着特殊需要的特殊幼儿,都需要有特别设计的教育。要把各类特殊幼儿分别送入相应的特殊教育机构中,"必须让天才幼儿进天才幼儿学校,来培养一些杰出的人才,不要让环境把他们平白埋没了。把低能幼儿送到低能幼儿学校,聋哑的送到聋哑学校读书,这样因材施教,各得其宜,教育力量在这种地方就可以分外显出它的伟大来了"。

陈鹤琴在阐明特殊教育内涵的同时,还进一步深掘到了这样一个层面,即特殊幼儿的本质需求是教育,而非救济。这触及了特殊教育对于残障幼儿个体的本体价值。特殊教育是研究特殊幼儿的教育。特殊幼儿需要的不仅仅是怜悯、同情与物质救济,更重要的是要帮助他们获得实现人生价值的勇气与信心,继而通过适当的教育,引导他们获得实现个体独立的知识与技能,并能适度地贡献于社会。为了要拯救这样多的特殊幼儿,让他们从疾苦中解脱,使他们能对社会贡献其所能贡献的力量,必须广设特殊幼儿学校,为他们开辟一条幸福的大道,让他们享受特殊的幼儿教育。

(二)公办体制

陈鹤琴基于自身多年研究和实践教育事业的经验,并根据当时国家和社会所处的历史情境,着力倡导发展幼儿教育。他凭借自己对"教育机会均等"的理解,指出真正的教育机会均等、真正的民主教育理念指向的是针对每个幼儿的需要给予相应的教育,各取所需,各施所能,而不是一些社会人士所主张的统一教学、统一课程、统一班级、统一学校、统一管理。这点对发展特殊教育显得尤为重要。

陈鹤琴认为特殊教育的实施主体必须是国家。"教育的对象本来是'有教无类',而国家对幼儿犹如父母对他的子女,必须一视同仁,不能因为他们的身心智力的差别而遂不顾到他,忽略了他的前途,他的幸福。"幼儿不管是健全的或残缺的都有一样的价值,凡是幼儿都应当享受同等的教育权利。国家和政府为了满足特殊幼儿的教育权利,必须对其提供强有力的政府保障。

（三）活教育理念

陈鹤琴指出如果因为特殊幼儿在身体或心理上的某种局限性,而认为他们的教育目标应该和普通幼儿之间存在区分,那就大错特错了。除了教育方法、教材选择、教育功能等具体要素存在差异,整个特殊教育的目标和普通教育是应该保持一致的。特殊幼儿也是某个时代、某个社会历史背景下生活着的个体,他们的成长目标仍然是做人、做中国人、做世界人。一切教育与教学活动都要围绕这个目标展开。

特殊幼儿相对于普通幼儿,存在认知能力有限、学习能力有限等特点,所以对特殊幼儿实施的"特殊"课程就更需要秉持来源于自然和生活的设计理念,帮助他们便捷、快速、深入地理解所接触到的课程,以此达成学习者与个体生活、自然、社会之间的和谐发展、自如融合。并且,从现实操作的情况来看,不同类型、不同程度的特殊幼儿都有着属于自己的"特殊状态",他们每个个体的知识水平、学习能力、语言表达、情感发展、心理需求、社会性行为等方面都存在显著不同,他们每个个体的生存遭遇与生活境况也都不同。所以特殊学校的教学设计与操作也需要充分考虑到普适性和独特性的充分、有效结合,改变完全预设的教学理念,注重帮助不同水平的特殊幼儿分步骤、分层次地达到教学目标与教育目的。

第三节　特殊幼儿心理的研究进展

＞　一、特殊幼儿研究的范围

（1）特殊幼儿与普通幼儿群体间的差异性:特殊幼儿独特的身心特点,造成其与普通幼儿群体间的巨大差异。群体间的差异在广度上表现在认知、情感、意志和个性心理倾向与特征等各个方面;在深度上表现为其某一或某些心理与生理属性处于正态分布的两个极端(残障或资优幼儿)。

(2)特殊幼儿群体内的异质性:特殊幼儿群体内的异质性首先表现在其类别的多样性上。从广义上说,特殊幼儿包括各类感知觉障碍、行为问题、多重障碍及资优幼儿等。其次,对某类障碍幼儿来说,其内部异质性也十分明显,如在智障幼儿中,又有轻、中、重、极重度之分。

> 二、融合教育研究

1994 年联合国教科文组织在西班牙召开"世界特殊教育大会"并发表《萨拉曼卡宣言》,确立了融合教育的基本概念,使之成为全球特殊教育发展的趋势与主要研究领域。

20 世纪 90 年代开始,特殊教育研究者对不同教育安置形式的效率进行研究,以此寻求支持或者反对融合教育的事实证据。判断不同特殊教育安置模式的效率主要基于三个方面的依据:学生社会交往、学业成绩方面是否得到进步,以及相关人员态度是否得到积极改变。研究结果显示,融合教育在促进残疾幼儿学业发展方面并没有产生实质性的影响,普通教育与特殊教育结合的资源教室模式更有利于残疾学生的学业进步。在社会性发展方面,融合教育环境下残疾幼儿比在隔离环境中表现出更积极的社会情感、沟通技巧与行为。普通教室对融合教育的理念总体持积极态度,但明显受到所教学生残疾类型与程度、教师的相关培训及支持与资源提供等因素的影响。

> 三、特殊教育教学方式探索

特殊教育实践方式主要围绕三个方法体系进行。一个是"个别化",主要包括个别化教学、个别化教育计划(IEP)和个别化转衔计划(ITP)。个别化教育计划关注学生个别差异,IEP 关注学校教育,ITP 则将家庭、学校、社会连接在一起,为残疾幼儿发展提供系统的、整合的教学与服务。二是"合作",主要指教师间的合作教学和学生间的合作学习。合作教学主要指特殊教师或者专业人员与普通教师共同教育普通班级具有异质性的、多样化学习需要的学生。合作教学的形式使普通教育与特殊教育相互渗透、融合,改变了传统的特殊教育模式以及普通教育的形式与发展方向。合作学习是指学生组成异质、多样的学习小组共同努力达成小组学习目标,在完成任务过程中提升学生的学业成就、促进社会交往能力发展,主要包括伙伴学习、小组学习和同伴辅导等方式。三是"差异化",主要包括课程、教学、评价三个方面的差异化。差异化是融合教育所要求的课程与教学变革中最为重要的组成部分,它根据学生能力与需要的不同,确定适当的课程内容与形式、教学策略以及评价方式,为学生提供从完全相同到完全不同的课程选择范围以及弹性化的课堂教学与评价。

> **四、特殊幼儿教育技术手段**

（一）教育干预技术

随着人类对残疾病理学的研究以及科学技术的发展,针对残疾人个体的专门检测与治疗、补偿性教育的技术逐步完善。近几十年来,特殊教育研究者对残疾幼儿的行为干预与康复训练等操作技术进行了多学科的探索与研究。例如,早期研究者以行为主义为基础发展了"行为矫正"技术。行为矫正技术认为幼儿行为问题多为负面的,重视通过控制后果改变幼儿的行为,倾向于使用"惩罚"这种单一的行为干预模式与策略。20世纪80年代以后,行为主义在特殊教育中的运用开始从传统的"行为矫正"技术逐步向"积极行为支持"转变。积极行为支持是一种更为综合的方法,以积极的、指导性的方法来代替对特殊幼儿行为问题的惩罚,采用系统改变的方法重建个体的生活环境。近年来,行为主义和认知建构主义理论相互交织,在此基础上形成认知-行为主义的残疾幼儿干预理论。

除了受行为主义影响外,生态学理论对教育干预技术的影响也日益增多,特别是针对孤独症幼儿的干预。当前,对孤独症幼儿的干预日益强调激发幼儿的动机和促进其自然社会沟通能力的发展,强调干预效果的持续性和迁移性。在干预训练中被使用的应用行为分析也开始向生态学方向发展,重视家庭与社会情境的作用,并发展了关键反应训练等技术。近些年来,干预反应模式成为学校和课堂应对学生多样性的一种新的干预模式。干预反应模式注重在测试学生对教学与干预的反应基础上进行教学与干预的调整与改革,并在对学生表现动态评估的基础上运用经过科学研究证明有效的方式进行教学。RTI模式与残疾幼儿鉴定程序与安置服务体系联结在一起,使针对"学习困难"的策略与传统的"残疾"教育结合起来,共同构成针对"特殊教育需要"的融合教育服务系统。

（二）教育辅助技术

近年来,教育辅助技术成为特殊教育发展的一个新的探索领域,特殊教育研究者试图通过开发各种教育辅助技术来帮助残疾幼儿克服自身的障碍,更加高效地接受教育。美国在1998年修订的《残疾人辅助技术法》中指出,辅助技术设施是用来增进、维持或改善残疾人个体功能的设备设施或产品系统。辅助技术服务指的是任何直接帮助残疾人在选择、获取或使用辅助技术设施方面提供的服务。辅助技术既可以是各种物化的辅助技术装置,包括低技术的几何模型、录音机、电子图书等,高技术的替代性键盘、触摸屏、点显器等；也可以是各种操作软件，包括文字预处理软件、读屏软件、书面文字转化盲文软件等。

（三）课程与教学设计中的信息技术

信息技术在课程与教学设计中最具有代表性的应用是学习通用设计。学习通用设计是一种以满足学生多样化需求为基础的课程设计框架，包括课程的目标、方法、材料和评估等方面。它将数字媒体技术渗透于课程的各要素设计之中，通过提供多样化的内容呈现、表达与参与方式，从教和学两个方面出发增强课程的灵活性和适应性，向学生提供适宜的符合其需要的支持，克服在传统的"一刀切式"的僵化课程之下学生所遇到的障碍和困难，使残疾学生能够像普通学生一样获得知识、技能和学习的热情。

第二章
智力障碍幼儿的心理与教育

　　智力障碍又称智力缺陷，一般指的是在成长期间（即十八岁前）由于大脑受到器质性的损害或是由于脑发育不完全从而造成认知活动的持续障碍以及整个心理活动（包括语言、运动、社交和认知等）的障碍。在接受良好教育和训练后，智力障碍幼儿在身体机能、认知能力、生活自理、社交技能等方面均能有显著的进步。

　　智力障碍幼儿不仅在智力和适应能力上与普通幼儿有差异，在生理发展上也有一定的不足。智力障碍的因素包括出生前的致病因素，主要有遗传因素和先天获得性异常，其中遗传因素包括染色体异常、先天代谢性疾病以及其他遗传因素。唐氏综合征、脆性 X 综合征、特纳综合征等均为染色体异常所导致，苯丙酮尿症、黏多糖 IH 型、先天性甲状腺功能低下均为不同类型的先天代谢性疾病，多基因遗传引起的先天性颅脑畸形也会导致智力障碍。当孕妇受到环境中病原微生物侵袭而患感染性疾病时，影响严重的可导致胎儿的智力障碍，主要有风疹病毒、巨细胞病毒、单纯疱疹病毒、弓形体病毒及梅毒螺旋体等。某些药物、放射性物质和有毒的化学物质也可能损害胎儿的发育，胎儿受辐射影响的程度与辐射剂量及妊娠时间有关，辐射剂量越大，智力障碍的发生率越高。此外，孕妇吸烟与饮酒也会影响胎儿智力发育。出生时的致病因素主要有早产和低体重、窒息以及产伤。出生后的致病因素主要包括发生性疾病如高热惊厥及癫痫等，中枢神经系统疾病如脑炎和脑膜炎等，此外，脑损伤、中毒、营养不良以及社会心理因素等都可能导致智力障碍。

　　智力障碍的及早发现与鉴别对促进幼儿的发展有十分积极的作用。筛查智力障碍幼儿常用的方法是观察与筛查测验。观察是全面了解智力障碍幼儿发展情况的最基本的方法。智力障碍幼儿往往在某些领域的发展中落后于正常幼儿，对照幼儿的生长发育关键阶段的表现，可以发现幼儿智力障碍的迹象。智力障碍幼儿常用筛选工具包括丹佛发育筛查测验、画人测验、瑞文测验和团体幼儿智力测验。

第一节　智力障碍幼儿的心理发展特点

智力障碍幼儿心理机能的发展,包括感知觉、注意、记忆、语言与思维能力的发展。掌握智力障碍幼儿认知发展过程和现象的规律、特点以及各种影响因素,能够更好地进行智力障碍幼儿教育和训练实践。认知是人对客观世界的认识活动,包括感知觉、注意、记忆、语言与思维能力等。与同龄正常幼儿相比,智力障碍幼儿的认知发展速度慢、发展水平低,且个体差异大。

> ## 一、智力障碍幼儿的感知特征

感知觉是人脑对当前作用于感觉器官的客观事物的反映,包括视觉、听觉、嗅觉、味觉、触觉所获得的客观事物形状与色彩、声音、气味、味道等。智力障碍幼儿的视觉、听觉、嗅觉、味觉、触觉都有不同程度的障碍。在感知信息方面,智力障碍幼儿的速度明显比普通幼儿慢,并且辨别能力低。智力障碍幼儿对颜色的区分晚于普通幼儿,但是对颜色的正确命名发展规律是一样的。首先正确命名的是红色、白色、黑色,其次是黄色、绿色、蓝色,最后才是紫色和橙色。智力低下严重制约了智力障碍幼儿的颜色认知,其颜色认知正确率低于普通幼儿,对于颜色能做到基本感知,但是很难抽象理解其分类标准,对颜色的认知处于较低水平。智力障碍幼儿的听觉分辨也比普通幼儿慢,容易将近似的音节混淆,发音也不清楚。另外,对其他感觉的反应也比较迟缓(如冷热、疼痛的感知)。智力障碍教育教师在教学中必须充分注意智力障碍幼儿这一特点,在教读生字、课文时都必须放慢速度。

> ## 二、智力障碍幼儿的注意特征

注意是心理活动对一定对象的指向和集中,是伴随着感知觉、记忆、思维、想象等心理过程的一种共同的心理特征。注意有两个基本特征,一个是指向性,是指心理活动有选择地反映一些现象而离开其余对象。二是集中性,是指心理活动停留在被选择对象上的强度或紧张度。指向性表现为对出现在同一时间的许多刺激的选择;集中性表现为对干扰刺激的抑制。

注意可以分为无意注意与有意注意。无意注意是没有预定的目标,不需要做任何意志努力的注意。有意注意是有一定目的,需要做一定的意志努力的注意。一般认为,智力障碍幼儿的无意注意得到了一定发展,但有意注意处于缓慢的形成过程之中。

智力障碍幼儿普遍表现为注意力容易分散,对于较复杂的注意力分配存在困难,如需要同时分散注意力去做几件事情的时候,会出现操作困难。在注意广度上,智力障碍幼儿在同一时间内能清楚地知觉到对象的数量明显低于普通幼儿,并且智力障碍幼儿通常也很难将注意力持续维持在某一特定学习任务上。智力障碍幼儿注意的分配与转移也比正常幼儿差,他们很难根据任务的改变把注意从一个对象转移到另一个对象,但却容易根据自己的兴趣及外部刺激的变化转移注意对象,即很容易分心。

> ### 三、智力障碍幼儿的记忆特征

记忆是人脑对经验过事物的识记、保持、再现或再认,它是进行思维、想象等高级心理活动的基础。记忆联结着人的心理活动,是人们学习、工作和生活的基本机能。总的来说,智力障碍幼儿的记忆速度慢,遗忘快,机械记忆较多。

人的记忆,从信息输入到牢记于头脑的过程,可分为瞬时记忆、短时记忆与长时记忆。瞬时记忆又叫感觉记忆,就是说,当刺激停止时,在极短的时间(1~2秒)内头脑中停留的印象。瞬时记忆是感知觉留下的直接印象,转瞬即逝,如经特别注意可转入短时记忆。短时记忆比瞬时记忆保持的时间稍长,但不超过1分钟。短时记忆的信息经过多次反复或编码,对信息加以组织化、联想化、意义化,就成为长时记忆,可保持1分钟以上,直至许多年,甚至更长时间。

综上所述,在记忆的过程中,信息必须经过瞬时记忆、短时记忆才能转化为长时记忆,注意、复述、意义编辑等策略是形成长时记忆所必需的。智力障碍幼儿在进行短时记忆与长时记忆、储存与提取信息上都有一定的困难。记忆力是人脑对过去经验的回忆与再现,是幼儿经验积累和心理发展的重要前提,智障幼儿的记忆力低的前提,使得其心理活动在时间上难以得到延续,心理发展基础减弱,心理能力的成长受到限制。

工作记忆是巴德利(Baddeley)等人于1974年提出的,主要用来描述暂时性的储存与加工。巴德利提出的工作记忆包括三个部分:基于语音的语音环,主要用于记住词的顺序、保持信息;视空图像处理器,主要用于加工视觉和空间信息;类似于注意的中枢系统,主要用于分配注意资源,控制加工过程,这是工作记忆的关键成分。智力障碍幼儿在工作记忆能力方面也存在障碍。科学研究显示智力障碍幼儿的工作记忆"语音环"的能力受到限制,具体表现为不会进行自动复述,轻度智力障碍的幼儿中央执行系统的表现也较差。

> ### 四、智力障碍幼儿的思维特征

思维是指人脑对周围事物概括的、间接的反映。正常思维发展的四大年龄阶段:

①感知运动阶段(从出生到 2 岁),这一阶段是思维的萌芽期,是以后发展的基础。这一阶段的心理发展决定着未来心理演进的整个过程;②前运算阶段(2 岁到 6、7 岁),这一阶段又称前逻辑阶段,这时幼儿开始以符号作为中介来描述外部世界,表现在幼儿的延缓模仿、想象或游戏之中;③具体运算阶段(从 6、7 岁到 11、12 岁),在这个阶段,幼儿已有了一般的逻辑结构;④形式运算阶段(11、12 岁至 14、15 岁),此时幼儿的思维发展趋于成熟,思维能力已超出事物的具体内容或感知的事物,思维具有更大的灵活性。智力障碍幼儿的思维发展顺序与普通幼儿一样,但是速度较慢;另一方面,智力障碍幼儿的思维发展最终达到的水平低,无法达到与正常幼儿相同的发展水平。轻度智力障碍幼儿不能到达形式运算阶段;中度智力障碍幼儿不能到达具体运算阶段。

智力障碍幼儿的思维方式主要为具体形象思维方式,通过对表象的形象进行记忆,不善于分析、综合和抽象、概括,难理解事物的内在联系。智力障碍幼儿在思维的间接性和概括性这两方面都很差。他们的思维常摆脱不了具体事物和表象的纠缠,不能在互相比较中把握事物的本质属性和联系。智力障碍幼儿在分类、归纳方面的能力较弱,因此不易自行整理东西。

除此之外,智力障碍幼儿感知活动发展落后,为大脑的分析、综合提供的信息少,思维活动内容贫乏;其心理需求低引起心理活动动机层次低,思维积极性也相对缺乏,他们常表现出不善于应变、直线而呆板的思考方式以及不会因时制宜的墨守成规的行为。

> ## 五、智力障碍幼儿的语言特征

智力障碍幼儿语言发展晚。正常幼儿一岁半后语言发展迅速,掌握的词的数量急剧增加,到 3 岁末时已基本掌握了语言交际的能力。而智力障碍幼儿一般在 2 到 3 岁时才会说一些单个的词,5 到 6 岁时才会说简短的、内容贫乏的或不合语法的句子。到入学之前,他们的语言发展还很落后。在词汇获得早期阶段,智力障碍幼儿和正常幼儿有相似的顺序:最先获得的都是社会性词汇和少量客体的名称,然后获得关系词汇和更多的表示客体的名称。从词性的角度来看,其获得顺序为名词→动词/形容词→其他各类词。

智力障碍幼儿与正常幼儿句法发展的顺序基本一致,即陈述句→疑问句→被动句→否定句→被动疑问句,智力障碍幼儿句法发展速度缓慢。智力障碍幼儿在表达自己的思想和要求时,常常讲不清楚,说话缺乏条理性和连贯性,颠三倒四,使人无法理解。七八岁的智力障碍幼儿往往只能用简单句子来表达自己的思想和感情,说不出要说的话时就用手势或点头、摇头表达,像婴幼儿一样。

总的来说，智力障碍幼儿的词汇贫乏、语法简单。入学前的正常幼儿，已掌握2500~3000个词语，对词语的内涵的理解较丰富，使用的词类也较全面。而入学前智力障碍幼儿只能掌握几百个词语，而且积极词语非常贫乏，很少使用形容词、副词和连接词，对所掌握词语的内涵理解也有局限。词语的贫乏使智力障碍幼儿常常找不到适当的词来表述日常生活中遇到的事件。语言系统表现主要有语言理解、语言表达两部分，智力障碍幼儿的语言理解也与智力有直接关系，与具象的词汇比较而言，对抽象的词汇理解相对困难。有人认为年龄大的智力障碍幼儿对于语言理解主要依赖于长时记忆中知识的积累，而普通幼儿主要依赖于短时记忆信息。在语言表达方面，语音发展的过程比较缓慢，对语境的理解会有偏差，会出现答非所问和经常转移话题的现象，有的智力障碍严重的幼儿往往不能使用有意义的话语传达信息。

> ### 六、智力障碍幼儿的情绪与行为发展的特点

（一）情绪与行为控制能力差

智力障碍幼儿的情感不稳定、易冲动，易受外界情景的支配，他们的情感表露在外，内心的体验不深刻，比较单调和极端，只有高兴和伤心或满意和不满意，很易时过境迁情绪、反应改变。他们对外界的刺激常不能很好地辨认、理解和做出合理的反应，以致对外界的刺激会做出很原始的反应。这种原始的反应受激情和冲动的支配，不经过是非判断和思考就直接转化为行动，也不考虑所产生的后果。如智力障碍幼儿遇到不满意的事，会将自己心爱的玩具或家里珍贵的东西摔坏。

（二）情绪和行为反应过于直接

智力障碍幼儿情绪表达方式直接，他们通常不会隐藏自己的感受，并且常常伴有外显的行为，例如生气时会吐口水，高兴时会拍手。他们控制和调节情感的能力差，有时当他们的需要未能得到满足时，就会不分场合地大吵大闹。

（三）智力障碍幼儿情绪与行为的发展水平低

相较于正常幼儿，智力障碍幼儿的情绪与行为发展长时间停留在比较低级的水平上，与同龄正常幼儿相比，表现出明显的不成熟。如行为主动性较差，在家里大多不会主动做家务，在学校里大多不会主动完成作业，以及可能存在与刺激不相称的怪异情绪反应。常见的行为问题有社会性问题、注意力问题、攻击行为、强迫行为、怪异行为和轻度智力障碍幼儿特有的行为问题（自我刺激行为、自我伤害行为、侵犯或破坏行为、爆发性行为），常见的情绪问题有抑郁、害怕、易怒。

第二节　融合教育中智力障碍幼儿的教育原则与方法

融合教育是指在平等和不歧视的前提下,不要把障碍幼儿孤立于隔离的、封闭的教室、学校、交通设施和居住环境之内,主张那些有特殊需要的幼儿能真正地和正常发展的同伴一起接受学前教育、基础教育和高等教育,涵盖终身学习的各个阶段和各种形式,最大限度地发挥有特殊需要的幼儿的潜能。广义的融合教育,还可以涉及学习困难、多动症幼儿,甚至天才幼儿、超常幼儿的学习和生活。

> ### 一、激发智力障碍幼儿学习的积极性

教育活动是教育者和受教育者共同积极参与的过程。在教育过程中,如果没有学生的积极性、主动性,教育就不能达到较好的成效。智力障碍幼儿在教育过程中,缺乏的恰恰是这种积极性、主动性。智力障碍幼儿由于智力不足,行为活动、能力有某种局限,自信心往往受到不同程度的损伤,加之周围环境的某些冷遇、歧视,甚至欺凌、侮辱,自尊心受挫伤,会使他们自信心丧失,而产生一种负面心理,严重影响他们身心的发展和缺陷的补偿。这种相互影响,往往会在他们身上形成恶性循环。智力障碍幼儿教育,首要问题是教师与家长配合,恢复和增强智力障碍幼儿的自信心。自信心是一个人获得成功的内在精神支柱。有自信心就能使智力障碍幼儿产生将事情做得好一些的愿望,从而激发他们的内在精神支柱以及学习的积极性、主动性,这是教育取得成效的先决条件。恢复和增强智力障碍幼儿的自信心,激发智力障碍幼儿学习的积极性,是智力障碍教育成功的重要因素之一,应该十分重视。贯彻这条原则时,应注意以下三点。

1.进行学习目的性教育,安抚学习情绪

对刚入学的智力障碍幼儿要进行学习目的性教育,用他们能理解、接受的内容和组织形式,以爱和温暖来消除他们的消极情绪,使他们明确到学校来的任务是学习、学知识、学本领,成为一个对国家、对社会有用的人,成为自食其力的劳动者,使他们感到自己不是被抛弃的人,体会到被尊重被接纳的喜悦,这样他们的自信心会逐渐得到恢复。学习目的性教育,需结合各种教育活动经常进行,可根据幼儿可接受、能理解的程度,从近一些的目标出发,逐步提出比较长远的目标。

2.安排教育的内容适当

在教育内容的安排上,要照顾学生的接受能力,使绝大多数学生能理解,并能够通

过努力完成。这样学生可体会到在学习上获得成功的喜悦,并相信自己是有能力的,通过努力是能够成功的,逐步地树立起自信心,调动起学习的积极性。

3.培养幼儿多方面的兴趣

学习上的兴趣是推动学生进行学习的一种内在动力。智力障碍幼儿往往缺乏这种学习的动力。对智力障碍幼儿的教育应重视培养学生多方面的兴趣。教学内容要有趣味性,教学方法要注意引起学生的兴趣,使教学过程成为师生双方积极活动的过程。

> **二、加强直观性教育**

直观性原则指在教育中利用学生的多种感官和已有经验,通过各种形式的感知,丰富学生的直接经验和感性知识,从而使学生比较全面、深刻地掌握知识,并使其认知能力得到较好的发展。这条原则对智力障碍教育尤为重要。智力障碍幼儿感性知识较贫乏,头脑中生动的表象少,掌握抽象概念很困难,他们的思维多停留在知觉的分析、综合水平和表象的分析、综合水平,他们的注意力又不能较长时间集中,学习积极性较差,对他们进行教育时,应特别强调直观性原则,弥补他们的不足,同时激发他们学习的兴趣,使教育获得较好的效果。贯彻这一教育原则,需根据教育计划和学生年龄特点来进行。直观性手段可多种多样,有实物直观、图像直观、模型直观、幻灯、电视、电影等,也可组织学生外出参观。直观性手段的运用还包括教师的语言直观和示范动作。教师在教育过程中的语言要形象、具体、生动、有趣。介绍新知识时,要做形象的描绘,有时教师还得用手势或身体的动作示范,帮助学生理解和掌握所学的内容。

直观性原则并不是目的,而是一种手段。须知任何知觉材料和表象材料的分析、综合都必须上升到词语材料的分析、综合,才能深入了解事物的本质属性和内在规律。但是在对智力障碍幼儿的教育训练中,这种上升或过渡不宜过快,不能操之过急,一定要根据每个幼儿的个别特点,实现个别化的过渡。

> **三、因材施教**

虽然智力障碍幼儿有共同的身心特点,但他们每个人又都是不同的。他们的个别差异很大,智残程度不同,接受能力也很不相同,即使是同一智残等级的幼儿,个人的缺陷也不会相同。因此,在智力障碍幼儿的一个班级中,教学计划不能只提出统一的方案,那样就不符合学生的实际情况,就不可能达到预期的教育效果。这一教育原则要求真正了解智力障碍幼儿每一个人的特性,真正找出适合他学习以及他需要学习的东西,应根据智力障碍幼儿的个别差异,施以与差异相适应的教育,不允许出现有的幼儿"嚼不烂""吞不下",而有的幼儿却"吃不饱"的现象。

贯彻这条教学原则时,需注意下述三点。

(1)充分掌握每个学生的特点。教师必须对每个学生的身体、智力、受教育情况和家庭背景进行调查和分析,建立健康和学习档案。除此以外,教师还需要对学生做深入观察,掌握每个学生的个性特点和家庭对他的态度,才能正确地提出教育、训练要求,制订有效的教育计划。

(2)制订出每个学生的教育计划,以针对学生之间的差异。智力障碍学校虽然是班级上课,但个别辅导应多些,辅导形式可多样化。

(3)及时检查、修订教育计划。智力障碍幼儿有时在病情上会起变化,有的进校后病情稳定,或有好转,有的病情趋于严重,教师必须了解和注意这些变化,及时修订教育计划。同时,对某个学生的教育计划实施一段时间后如效果较差,教师要检查原因,是教学方法不适合,还是幼儿身体有病变,还是家庭有干扰因素等,这都需要针对不同情况对教育计划做适当改进。

> ## 四、小步子程序训练

所谓小步子程序训练,就是把训练的内容分解成细小的步骤,按预定的目标一步一步有计划地进行训练,最后达到训练的目标。如训练幼儿学会自己穿衣服,就把穿衣的整个动作过程加以分解,教幼儿一步接一步地进行练习,到最终使幼儿学会正确穿好衣服。其他如教幼儿正确发音、说简单的话,或学习书写等,也都可以应用这种小步子程序进行训练。又以教幼儿学会刷牙为例:首先要教幼儿知道什么是牙膏、牙刷,以及放置它们的地方;接下来的动作是拿牙刷,扭开水龙头,把牙刷沾湿,关水龙头,拿牙膏,旋开牙膏盖,挤压适量牙膏到牙刷上,拧好牙膏盖,将牙刷放到口中上下里外刷,扭开水龙头,以牙缸装水漱口,清洗牙刷、牙缸,将牙刷、牙膏、牙缸放回原处,拿毛巾擦拭嘴及手,挂好毛巾。

智力障碍孩子在记忆方面有一定缺陷,如果把刷牙过程几十个动作一下子教给智力障碍孩子,可想而知其难度有多高。我们可把这一刷牙动作按孩子能力细分成十个、二十个甚至更多的小步骤,按顺序每次教几个,待这几个动作完全熟练后再教下面几个动作。如此小步骤地反复练习,直到精确而熟练地掌握为止,这样学习较易有学习成果,而且可缩短学习时间。把一堆动作混在一起教,是一种徒劳而无功的做法。

这种小步子程序训练,实际上也符合普通教育所实施的可接受性原则。把教育和训练的内容分解成"一小步+一小步",以适应智力障碍幼儿的年龄特征和发展水平,容易为智力障碍学生所接受。

实施这一原则在对教育内容作小步子分解时,需注意两点。

(1)一小步一小步地分解和编排,需服从内容本身的系统性,而不是凭主观任意作分解。

(2)注意幼儿的可接受性。学习内容分解成多个细小的步子,要按照幼儿发展水平的实际情况,如对轻度智力障碍幼儿,步子可大些,对重度智力障碍幼儿分解的步子要更细小些。当然分解步子的大小也与学习内容本身的难易程度有关。

＞　五、充分练习,不断巩固

智力障碍幼儿不易记住所学习的内容,容易遗忘,即使有所记忆,也往往很零碎且不准确。因此,教师在指导智力障碍幼儿学习时,对智力障碍幼儿所学的内容必须运用各种方法,充分练习,利用一切机会不断加以巩固,这也是获得教育效果的重要环节。所谓充分练习,是指同样的学习内容,智力障碍幼儿需要比一般正常幼儿练习得更多,甚至是增加几倍的练习。为了不使智力障碍幼儿对练习产生厌倦,教师要运用各种方法和利用各种机会,以达到巩固的目的。

贯彻这一教学原则,必须注意以下几点:

(1)教育内容要给学生留下鲜明的印象。智力障碍学生记忆发展水平较低,不善于有意识记和运用记忆方法,不易记住抽象概念,但易记住形象鲜明的事物和感兴趣的事物、事件。针对这一特点,教师在教学时要多用直观教具和生动的语言讲解,给他们的感官以较强烈的刺激,激发他们的学习兴趣,使他们留下鲜明的印象,并能较长时间保留这种印象。

(2)教育内容要尽可能使学生理解。智力障碍幼儿常有学了但不真正明白,实际并没有真正学会的情况,所以应注意充分练习,应以一定的理解为基础。在练习过程中要加强理解性指导,要在练习中再指导,这样反复练,反复指导,才能使其对学习内容达到学会与记牢并且以后有可能加以运用的地步。

(3)练习要及时且经常。针对智力障碍幼儿易遗忘的特点,指导智力障碍幼儿学习时,应当堂进行练习,加以巩固,然后布置作业进行课后练习,并且一段时间内还要练习,加以巩固。达到一定巩固程度后,再反复给予练习机会,检查巩固程度。

＞　六、重视教育内容的基础性和系统性

普通中小学教育,在教育内容方面都十分重视基础性和系统性。基础性有两层意思,其一是指为掌握某方面知识、技能所应具备的起始水平,其二是对进一步的学习内容具有基础的意义。系统性也有两层意思,其一是指教育内容应有系统性,前后有联

系,循序渐进,安排是有计划的,其二是整个学科到各章乃至每节课的内容,都应有系统性,这样的学习,才利于幼儿理解、记忆、应用和幼儿智能的发展。

　　智力障碍幼儿学校的教育内容虽不同于普通学校,但这些内容同样应该是基础性和系统性的。至于智力障碍学校教育内容的基础性和系统性应该是怎样的这些问题还有待于智力障碍教育工作者在实践中不断总结。

> ## 七、重视各种基本能力的训练

　　对智力障碍幼儿的教育和训练的最终目标在于使他们成为残而不废、能自食其力的社会主义有用人才,因此必须重视各种基本能力的训练,必须重视自我服务劳动能力、社会生活服务能力、职业技术能力等基本能力的训练和培养。

> ## 八、热爱学生,严格要求

　　智力障碍幼儿在学习上有这样或那样的困难,在行为上有种种障碍,在情绪、个性方面常有不良表现。作为智力障碍幼儿的教师,决不能厌恶和嫌弃他们,对他们的不良表现和过错严加训斥,横加指责,而要以满腔热情对待和理解他们,耐心地给予启发、指导。对于他们力所能及的学习任务,必须要他们完成,绝不能因为他们是智力障碍幼儿,而降低该完成且能完成的学习要求。

　　对智力障碍幼儿教育的成功,除了需要教育者比从事一般教育工作的人有更强的无私奉献精神和对受教育者的爱心以外,还要从受教育者的可接受性出发,具有足够的耐心和毅力。

> ## 九、争取家长的协助

　　对智力障碍幼儿教育的效果,与能否获得其父母的协助关系甚大。智力障碍幼儿家长如在课余能与教师采取同一教育态度,帮助智力障碍幼儿复习在学校所学的内容,并依照教师的指导,对智力障碍幼儿实施生活习惯训练,将使课内与课外教育合为完整的一体,增进教学效果。为此,教师在教学时欢迎家长在旁观摩或轮流担任协助者的角色,每周或每两周与家长举行一次座谈会,交换对智力障碍幼儿行为观察的意见,并让家长了解幼儿的学习进度与今后一二周的教学计划。组织家长经常性地来校观摩教学,这样有助于他们把握教学原则和树立正确的教育态度。

第三节　教育康复中智力障碍幼儿的教育原则与方法

对于智力障碍幼儿,应采取什么教育方法呢? 显然,教育的对象即智力障碍幼儿的特征决定了对智力障碍幼儿的教育方法。教师必须根据各个智力障碍幼儿的状况,运用恰当的教育方法,才能有效地达到培养目标,使智力障碍幼儿成为能适应社会独立或半独立生活的公民。

这里根据国内外资料归纳、总结了几种教育智力障碍幼儿的方法。

＞　一、教育康复中智力障碍幼儿的教育原则

(一)建立良好的师幼关系

成功的智力障碍幼儿教育首先是建立良好的师幼关系。良好的师幼关系主要是指学生对于教师的信任,意识到教师是可以信任的人。怎样建立良好的师幼关系呢? 爱是基础。智力障碍幼儿由于本身的缺陷及成长的经历,往往有些胆小、孤独、自卑,不愿与人接触。因此,教师应当积极与他们接触,在交往中使他们感受到教师的仁慈与爱心,渐渐获得他们的信任。一开始,教师可友善而耐心地与他们接触,可以担当一个积极的游戏伙伴,诱导他们去玩。在共同游戏过程中,他们就会逐渐地信任教师,愿意与教师接触,这种接触和交往则是今后进行教育的基础。特殊幼儿的教师,有时还需要像母亲那样去爱和亲近智力障碍幼儿,在真诚友善的气氛中建立起信任和合作关系。孩子一旦信任教师,就能听教师的话,按教育目标进行学习。

(二)制订个别教育的计划,选择明确的教学目标

教师与学生进行直接接触、共同游戏的另一个好处,就是使教师能恰当地估计幼儿现有的能力水平,从而为幼儿制订能反映其能力水平、发展的优势与缺陷,也能明确教育的重点和目标的个别教育计划。

(三)观察幼儿发展水平

观察了解幼儿各个方面的发展水平,这是制订出适当的个别教育计划所必需的。评定幼儿发展水平的最有用工具是几种心理测验量表,如教师无现成的发展检查量表,也可利用一些玩具和游戏活动来进行幼儿发展水平的评定。有经验的教师往往把这种评定工作有机地结合到游戏活动或其他的训练活动中,观察了解幼儿各个方面的发展水平,从而明确教育目标和重点,制订出适当的个别教育计划。

（四）进行任务分析

当近一阶段教育目标确定后,要对教学任务做详细分析,应确定该分哪些步骤进行教育(即小步子程序)。进行任务分析的一般规则是:

(1)根据教科大纲来确定该教学任务的一般教学步骤;

(2)回顾和观察自己与他人完成这一任务所需要的各个步骤,并加以记录;

(3)研究并比较完成这项任务的不同方法,找出最简单的方法;

(4)试分析每一步骤所需的各种技能;

(5)根据教学对象的具体能力状况,确定对该学生的教学步骤。

（五）运用恰当的提示

尽管任务分析使教育目标更加具体,但在实际教学中,教师仍然需要运用许多提示,使幼儿学得更快更容易。当某个学生不能完成某项活动时,可通过提示来帮助他完成。提示包括口头提示、手势提示、示范和身体动作提示。幼儿学会了活动以后,这种临时性提示也就渐渐地不再使用了。教师的口语提醒就是口头提示,它可以是原来指导语的重复,也可以是原来指导语中某些关键词语。手势提示可以是教师用手指着学生动作的方位,也可以用手指出或触动与动作有关的物体。示范是一种更进一步的提示,它是教师演示完成一项活动后,再要求学生模仿来完成该活动。示范的速度要慢,要使学生看清示范动作的每一部分,要突出示范中的重要部分。示范还应与口头讲解同时使用。运用提示时,应注意下述几点:

(1)只有在幼儿需要帮助时才做出提示,提供必要的帮助;

(2)当幼儿需要帮助时,首先使用口头提示,观察后再决定是否用手势、示范或手把手地帮助;

(3)在提示起到一定作用后,为使幼儿较快地掌握,应尽可能快地减少或取消提示。

（六）练习

刚学会的知识必须通过练习才能巩固。根据遗忘具有先快后慢的规律,在学会一种技能后应及时练习,智力障碍幼儿有记忆力差、易遗忘的特点,就更应充分地练习。开始时练习的间隔时间相对短些,随着这种技能的巩固,练习的间隔时间可拉长,次数可相对少些,但还得注意不断练习巩固。

（七）以奖励为主,强化幼儿的正确行为

奖励能提高学生的学习积极性。因为奖励能给幼儿带来愉快,为了继续得到愉快,幼儿就会重复那些受奖励的行为,使行为稳定化、习惯化。用于幼儿特别是智力障碍幼儿的奖励,应是立即或短期内能得到的。要恰当地运用奖励的方法来促进学习。常用的奖励方式有以下4种。

(1)消费品奖励,主要指吃或喝的东西。

(2)操作活动奖励,指在幼儿的恰当行为之后,允许他进行一定的活动作为奖励,如让他玩玩具,给老师当小助手,或让他第一个进行某项活动,这些活动大多是幼儿感兴趣的。

(3)拥有性奖励,指给予幼儿所喜欢的某些小物品,如餐具、皮球、手帕、蝴蝶结等小玩意儿。

(4)社会性奖励,主要指口头表扬与符号奖励。口头表扬要形式多样、内容具体。形式多样指表扬要直接具体地指明所肯定的行为,笼统地表扬效果就不佳。符号奖励是结合口头表扬再加记一个符号,如在名单上贴上一朵小红花或记上一个五角星。一天或一星期后,看谁的五角星或小红花多,以此激励幼儿保持良好的学习成绩,继续向上。还有,教师友善地拍肩、握手,用目光注视、微笑、点头等都可以作为对孩子的奖励形式。

合理有效地使用奖励来促进智力障碍幼儿的学习,还应注意下述几点:

(1)明确奖励的是什么;

(2)选择适合幼儿的奖励方式和内容;

(3)应在幼儿做出要求他做的行为之后立即给予奖励;

(4)在使用其他奖励方式时,应结合口头表扬;

(5)尽可能使幼儿体验到其行为的自然奖励,如正确的言语能使别人理解,使他的口头要求得到满足;

(6)幼儿的正确行为已相当巩固时,应逐步撤消人为的奖励,直到幼儿在没有教师奖励的情况下也能完成动作。

(八)消退法

可用来消除幼儿的不当行为。一个原来受到奖励的行为,现在取消了所有的奖励,这个行为发生的频率就会下降,直到消除,这就是消退法的原理。运用消退法时,需严格控制原来奖励形式的出现,也要防止他人或自然环境所提供的同样奖励出现,这样才能保证所需消退的行为不再出现。幼儿的许多不良行为是别人对他的注意造成的,这一点在应用消退法时应特别加以考虑。如某些幼儿在教室有破坏行为,其目的就是引起教师和同学们的注意。因此,不理睬反而能减少这种破坏行为。

由于不当行为与恰当行为的相对应性,消退法如果与奖励法结合运用,效果会更佳,因为当恰当行为出现时受到奖励,不恰当行为出现时不受奖励,就能更有效地消除不当行为。

> ## 二、智力障碍幼儿康复训练的方法

早期疗育希望通过治疗及教育,提高及发挥智力障碍者的智能与潜力,提升其独立生活能力、自我照顾能力与社会适应能力。智力障碍的幼儿在早期发育上可能有发展迟缓现象,因此若能早期发现、早期治疗,便能提早教育、训练幼儿的适应能力。另外,经由长期的训练较能改善其适应的问题,但智商则较为稳定难以改变。希望通过教育与训练照顾者,使智力障碍者学会如何去处理或适应并发行为及其造成的功能障碍。

康复训练内容包含:居家照顾,正常化生活及教育;家庭问题,包括遗传咨询、婚姻、行为困扰及处理;情绪压力,如忧虑、罪咎、愤怒、羞耻等处理;长期生活处理,包括学习、工作、婚姻、安养及财力来源或支持等。

康复训练依照不同年龄、不同智力水平有不同的训练目标,大致可分为个人适应功能及团体适应功能的提升。个人适应功能主要包含自我照顾、生活自理及动作技巧能力。自我照顾包括是否能自行饮食、如厕、盥洗、仪容整理等方面。生活自理包括是否能协助家事、清洁用品、使用电话、了解时间、购物等方面。动作技巧方面包括大肢体动作及手部精细动作的技巧,如跑、跳、骑脚踏车、开关门、运笔、使用剪刀等方面。团体适应功能主要包含沟通及社交技巧能力。沟通技巧包括口语的理解、口语表达及读写能力。社交技巧包括与他人一起游戏、互动及应对进退、处理人际情境的能力。

（一）智力障碍的语言训练

智力障碍的语言特征有以下 9 种:

（1）说话表现会比较幼稚,常常使用"娃娃语"。

（2）常常使用一个词语表达不同的事物或概念。

（3）使用词语多属具体性的名词或动词,对抽象概念理解较慢。很少使用形容词、助词、连接词,最常使用名词。

（4）句子长度较短,大约维持在一个至两个词的长度。

（5）使用的句子结构简单、缺少变化,以简单句居多。常出现不完整句、非句型的口语表达现象。

（6）听觉理解较差,单词尚可,比较无法理解含抽象概念的复杂句子。

（7）高达 50% 以上的智力障碍者有构音异常的问题:①数个特定语音异常;②整体性构音异常,整体语音的清晰度低;③完全无法发出语音。

（8）约有 20% 的智力障碍者声音异常、粗哑,缺乏抑扬顿挫,单调不悦耳。

(9)语言发展较同龄人落后,其落后程度与智力障碍的严重度成正比,无论在语言理解或是语言表达上都有困难。

智力障碍的语言训练原则有以下9条:

(1)选择适合幼儿程度的教材:依照幼儿目前已有的能力选择适合的难度与分量,以已有经验作为新学习的基础,系统性地反复练习,直到幼儿熟练为止。

(2)选择易引发幼儿学习动机的教材:多选择幼儿感兴趣的实物、玩具、标本、模型或图片等教材,吸引幼儿的注意力,增加幼儿的直接经验,强化幼儿的学习动机。

(3)注意教材呈现的时间并反复练习:若幼儿的反应较缓慢,教材呈现应该采取较缓慢的步骤,并予以反复练习的机会,提高幼儿的理解力与记忆力。

(4)加强幼儿发音的清晰度:配合语言治疗师的建议,选择视觉、听觉或触觉的刺激,帮助幼儿揣摩发音时肌肉的运动,从而正确模仿发音与拼音,如与幼儿面对面或一起看镜子提供视觉线索,或是以手指触碰舌头该摆放的位置以提供触觉线索,等熟练之后再逐渐减少协助。

(5)增加词语储备量:可利用生活情境提升幼儿的词语数量,加强组合词语成为词组的表达能力,进而学会搭配词组与词组,最后形成建构完整句子的表达能力。

(6)加强口语表达的能力:让幼儿养成口语表达的习惯,多鼓励幼儿使用已学会的字词来表达自己的想法,并提升幼儿口语表达内容的完整性,多做开放性的问答,以"为什么""怎么样"等问题来取代"是不是""对不对""好不好""懂不懂"等封闭性的问题。

(7)增加幼儿的实际经验:多利用实际操作、角色扮演、游戏等学习活动,让幼儿在亲身体验中学习,更有助于理解、记忆,且提高学习兴趣。

(8)时时鼓励幼儿沟通,给予适当回应:当幼儿有适时表达时,照顾者必须马上给予正确的回应,或依幼儿的喜好与能力给予回馈,而选择实物、代币或口语鼓励,皆可强化幼儿的学习以及沟通的意愿。

(9)加强亲职教育,使父母成为最佳的协助者:父母是幼儿最亲近且最常接触的人,若父母了解如何帮助自己的孩子,治疗的效果可事半功倍。

(二)智力障碍的物理治疗训练

通过物理治疗训练改善智力障碍者常伴随的肢体动作发展迟缓、肌耐力不足、平衡与协调功能以及心肺体适能等知觉动作问题,同时促进其认知学习的发展。因智力障碍者常伴随其他方面的发展问题,因此治疗师需依其不同年龄、发展程度设计适合的训练计划,没有单一的活动训练是适合所有孩子的,以下仅列出常见的物理治疗方式,照顾者要与治疗师充分讨论后,决定最适合孩子的训练方式。

(1)知觉动作训练:婴幼儿时期开始的早期介入,内容包括强调头部控制、抗重力之躯干与肢体控制、下肢早期承重与爬行训练、稳定坐姿与姿势改变能力等。

（2）功能性活动训练：以日常功能活动或游戏为训练活动，以提升参与动机和功能性独立的目标。

（3）行为改变技术的运用：改善学习动机与问题行为。

（4）平衡与协调训练：训练不同感觉环境下身体的控制与协调能力。

（5）体适能训练：除增加心肺适能、肌耐力外，也有助于体重控制与运动习惯的养成。

（6）辅具的运用：利用适当的辅具有助于改善孩子的功能表现，进而促进其互动与认知发展。

（三）智力障碍的职能治疗训练

职能治疗是以幼儿的功能发展和生活适应为治疗重点的专业治疗。针对智力障碍幼儿，职能治疗师会依据其各项能力发展特点，安排适当的训练内容。

在动作功能方面：以强调幼儿整体动作协调的功能性为重点，尤其强调各项平衡功能、视动协调、手部的操作及工具使用的训练。

在感觉功能方面：协助幼儿发展视觉、听觉、嗅觉、味觉、触觉、前庭觉、本体觉的感觉统合功能与感觉区辨功能。

在幼儿建立基本的动作与感觉功能后，应继续配合幼儿的认知功能发展，提供相关的训练，如注意力、视觉空间概念、记忆能力训练等。

在生活适应方面，职能治疗师会对幼儿日常生活的适应功能进行训练。对于学前的幼儿，以生活自理为目标，使幼儿形成自己用餐，喝水，穿脱衣裤、鞋、袜，盥洗与如厕的能力；对于年纪稍长即将进入小学就读的幼儿，职能治疗师除了加强训练幼儿学习相关能力，如基本的注意力，以及握笔、运笔、剪刀的使用等，还会针对学校团体生活适应与社区生活适应需要的基础能力提供训练，包括人际互动技巧及问题处理训练以及预先为学校学习做准备。对于离开学校或成年的智力障碍者，职能治疗师也会提供一些社会适应及就业转衔的职业评估、职前训练、职务设计及安置的服务。

第四节　智力障碍幼儿的家-园-社区-康复机构协同教育

建构智力障碍幼儿康复与教育的系统支持体系，需要综合利用对智力障碍幼儿康复和教育有益的外部环境，如幼儿园、家庭、社区和康复机构等，以支持智力障碍幼儿的康复与发展。

参考学前幼儿生态化支持体系的建构,我们对智力障碍幼儿的家-园-社区-康复机构协同教育以以下方式建构。

> 一、形成科学教育观念

1.幼儿园及教师树立正确的教育理念,传播科学的教育思想

幼儿园及教师应树立正确的教育理念,培养对智力障碍幼儿的师德情怀,以科学和仁爱的态度因材施教,在为智力障碍幼儿进行康复训练的同时,进行早期教育。同时,多向家长传达先进的教育理念、科学的育儿方式,具体途径可以采用线上线下相结合的方式,如既可以通过家长开放日活动、家长会、亲子活动等现场交流的方式,也可以通过网络、微信群等线上方式进行交流,还可以利用文本形式,扩大交流圈。在交流过程中,教师应使用通俗易懂的语言,提供可操作化的建议,便于家长理解和实施,使家园教育协调一致,这既有利于幼儿园智力障碍幼儿教育工作的开展,也有利于家庭教育质量的提高。

2.家长通过形成正确的家庭教育理念,配合教育工作开展

家庭是社会的基本细胞,是人生的第一所学校。家庭教育是父母或其他年长者在家庭内自觉地、有意识地对子女进行的教育,是学前幼儿生态化支持体系建构的基础。因此,家长要树立正确的现代家庭教育理念,树立正确的幼儿观、教育观。如将智力障碍幼儿看作独立的、具有发展潜能的个体,与幼儿进行平等的交流对话,对幼儿充满耐心和希望;意识到早期教育的重要性,关注幼儿情感需求;意识到教育不仅仅是幼儿园单方面的事情,重视家园合作。家庭教育具有早期性、长期性和亲密性等特点,家长应经常与幼儿园保持联系,与教师建立生态性的关系,配合学前教育工作的顺利开展。

3.康复机构培养科学育儿观念,进行积极的教育康复

康复机构是智力障碍幼儿进行康复训练的重要部门,它具有幼儿教师、社区工作人员与家长不具备的专业性和科学性。康复训练是特殊幼儿回归社会的第一步,康复机构在此过程中起到核心作用,康复训练人员不仅需要具备相应的专业素养与技能,也应树立责任心与爱心,对特殊幼儿充满信心与爱心。康复机构在积极制订和实施康复训练方案的同时,也应与幼儿园、社区和家长建立积极合作关系,及时反馈沟通康复训练进度和效果,争取特殊幼儿的更大进步。

> 二、整合康复与教育资源

1.通过成立社区教育委员会,实现家园和谐互动

在全民教育、终身教育的思潮下,人们逐渐意识到单靠学校封闭式的教育不能满

足素质教育的要求。社区教育委员会成立的宗旨是联通家园,充分调动各方主体积极参与学前教育工作,完善幼儿园、家庭、社会三位一体的教育体系。

首先,社区教育委员会的成立,可以使幼儿园和社区了解该社区内不同家庭的不同需求,从而进行针对性的指导,提高家庭教育的质量。其次,社区教育委员会的成立,使得各方主体积极为社区服务,净化社区环境,建立健全社区教育基地,发挥社区教育功能。如协助社区建立康复训练室和资料室,给智力障碍幼儿及其家长提供一个相互交流、相互学习的场所,营造良好的育人氛围,促进社区的发展。再次,家长及其他社会成员可通过社区教育委员会,督导智力障碍幼儿教育工作。要想保障特殊教育的质量,特殊教育的督导评估必不可少,幼儿园作为支持体系的主体部分,理应接受家庭、社区的监督。在协商建构的基础上,幼儿园、家庭、社区可以建立一个互相补充、支持、制约、监督和富有活力的合作机制,共同参与制订观察记录表,以促进特殊教育工作的顺利进行。社会大众的客观评价是幼儿园成长的航标,幼儿园对社会的引入是其社会性功能发挥的重要表现。

2.通过建立实践基地,整合教育资源

社区是幼儿活动、娱乐与学习的重要场所,是学校教育的有益补充和延伸,是学校教育的校外实践基地。社区中丰富的物质资源和文化资源等是幼儿接触社会、了解社会、熟悉社会的主阵地,是把教育理论用于实践,促进幼儿社会化发展的基地。一方面,实践基地可以借助图书馆、博物馆、科技馆、体育馆、纪念馆、人文景区等形式多样的社会资源为载体进行建立,通过活动参与培养学前幼儿的个性,增强其自主意识和社会适应能力。另一方面,社区中多样化的人力资源、环境资源是幼儿园教育活动内容的来源之一,幼儿园可通过与消防队、敬老院、交警队等取得联系以开展合作,通过"引进来"与"走出去"的方式增加幼儿园主题活动的丰富性,如消防安全演习、交通安全图片展、法制专题讲座、敬老院"献爱心"等活动,弥补幼儿园教育与家庭教育资源的不足,拓展幼儿园课程,让生活走进课堂,使教育内容回归生活。

> 三、营造生态教育环境

幼儿园教育的目标是在教育部门的领导与监督下,根据教育部的要求,有目的、有计划地对学前幼儿进行教育,以促进学前幼儿身心协调发展。幼儿园教育具有专业性,教师可以采用角色扮演、区域活动等途径构建宽松、自然的生态教育环境,让学前幼儿在轻松与愉悦的氛围中学习。此外,教师应以学前幼儿发展为本,尊重学前幼儿的主体地位,根据幼儿身心发展的独特需要,通过一系列主题活动,提升其知识与技能,促进其可持续发展。

幼儿园应建立生态化的教育关系,促进高质量的师幼互动。师幼、幼幼关系是学前幼儿人际交往的核心,教师要把自己的成人感"悬置"起来,缩短师幼之间的心理距离,将自己作为学前幼儿的朋友,平等地融入幼儿的交流与互动之中,及时回应学前幼儿的互动需求。此外,在生态化的教学情境中,采用情境教学法进行师幼、幼幼互动,可以在潜移默化的过程中增强幼儿的自信心,充实幼儿的积极情感体验,让学前幼儿产生情感共鸣,最大限度地促进学前幼儿的发展。

第三章

发育迟缓幼儿的心理与教育

艾映彤、张丽雯

第一节　发育迟缓幼儿的心理发展特点

> **一、发育迟缓幼儿的概念**

目前中国幼儿生长发育迟缓发生率高达 9.9%，总数居全球第二。临床上我们把 3 岁以下发育迟缓的孩子诊断为"运动发育迟缓"或者"精神发育迟缓"；而把 3 岁以上的智力障碍，并伴有适应行为缺陷的孩子诊断为"智力低下"。也就是说，一些早期的发育迟缓可能会导致以后的智力水平低下、学习能力障碍等，本书则侧重 3~6 岁发育迟缓幼儿。

> **二、发育迟缓幼儿心理发展的特点和具体表现**

发育迟缓的幼儿心理发展的特点就是其心理和行为的表现能力明显低于正常幼儿的平均水平。

(一)运动发育迟缓

幼儿运动发育迟缓分为以下几种。

(1)身体发软、运动明显减少、肌肉张力低下的表现在婴儿一个月时表现较多；身体发硬，即是肌肉张力亢进的表现。

(2)反应迟钝：大多表现在听力以及视力上，这是听力或视力系统损伤，又或智力低下的早期表现。

(3)头围异常：头围是脑发育的形态指标，脑损伤婴儿往往会出现头围异常的现象。

(4)体重增加不良：进食减少，哺乳无力。

(5)固定姿势：大多数由于脑损伤导致肌肉张力异常，如弓角反张、蛙位、倒 U 字姿势等。

(6)不笑：三个月的婴儿开始出现微笑现象，运动迟缓则会导致不笑或者推迟发笑时间，四个月大时不能笑。

(7)小手紧握：时常握拳不能张开，或拇指内收，尤其是一侧上肢存在不能伸手抓物的现象。

(8)身体扭转：三到四个月的婴儿出现身体扭转现象，往往提示锥体外系损伤。

(9)头不稳定：四个月大婴儿坐立时，头部无法竖直或者不能抬头。

(10)斜视：三到四个月婴儿出现斜视现象或者眼球运动不良。

(11)注视手：六个月后仍然出现的情况，临床表现为三到四个月大的婴儿不能抬头，七个月大的婴儿不能坐立，一岁还不能走路的现象。

(二)语言发育迟缓

绝大多数孩子在1周岁前后均能开口说话，并且语言表达的能力也会随孩子年龄的增长而增强。而在语言上发育迟缓的孩子，主要表现为：不说话。不说话是在幼儿言语发展过程中形成的一种发育迟缓现象，经过及时矫正是可以克服的，但如果不及时消除问题，有部分幼儿会慢慢形成不良反应习惯或吐字不清，更有可能形成严重的语言障碍，产生阅读困难，影响学习成绩，甚至影响到孩子成长，或影响其成年后的工作和生活。

> 三、发育迟缓幼儿的教育与康复治疗

发育迟缓的幼儿大多年龄较小，身体和心理正处于高速发展变化的时期，如果家长和老师能够早发现孩子发育迟缓的现象，及时对孩子进行教育康复训练，大部分孩子都能恢复，和正常孩子无异。

在发育迟缓幼儿的教育康复治疗方面一定选择利用先进科技提供准确治疗参考意见，为孩子进行全方位、多角度的诊断和分析，以免延误或误诊，导致错失最佳教育康复治疗时机。家长和老师必须严格遵照专家设计制作的个别化训练和治疗方案执行，一刻不能懈怠。有必要增加或辅以药物治疗的，可采用无毒副作用的天然中药平衡调理内脏机能组织，保障孩子正常身体的发育，使康复治疗更高效。

第二节　学前融合教育中发育迟缓幼儿的教育原则与方法

在平等和不歧视的前提下，尽可能将发育迟缓的幼儿安排在所在社区的普通班级就读,并提供最适合其需要的支持和帮助,使不同学习风格、不同能力和背景的发育迟滞幼儿能够得到尽可能好的公共教育。目前,特殊孩子和普通孩子一起接受教育的"融合教育"先进理念,正被越来越多的教育相关人士所接受,全国各地正在展开实践与经验的累积。

但融合教育仍然面临很多现实困难,如理念不统一、经费不足、师资力量薄弱等。学前融合符合我们国家所倡导的"全纳"理念,也是我们在实践中所探索的方向。

> ## 一、学前融合教育中发育迟缓幼儿的教育原则

(一)坚持零拒绝、就近受教原则

对于学前融合教育中发育迟缓的幼儿,提供其受教育的机会,"零拒绝"任何一个发展障碍幼儿,是法律给予的受教育权利,没有人可以剥夺。现行的融合教师与学校接纳可接收范围内的一切发育迟缓幼儿,发育迟缓幼儿可根据实际情况选择离家最近的学校接受教育。按自然比例安排特殊学生在普通班级中,融合教育班级中,普通幼儿与特殊幼儿的比例大约为10∶1,发育迟缓幼儿与普通幼儿在同一个班级中接受教育,不应受到歧视与排斥,并进入与自己年龄相仿的班级中接受教育。

(二)坚持普特共同合作原则

融合教育教师要积极学习,为发育迟缓幼儿提供足够的支持与服务,在融合的背景下积极坚持普通教育教师与特殊教育教师合作,探索最适合幼儿的教育方法。教师的教育应建立在了解学生能力和充分发掘幼儿长处的基础上来进行教学,通过促长补短为发育迟缓幼儿提供充分的教育支持。

(三)坚持早期、补偿教育原则

应尽早地抓住时机,对幼儿进行早期诊断、教育和干预、训练。针对发育迟缓幼儿,及早进行训练和矫正,增强他们的适应能力。在教育过程中,要针对幼儿不同的身心特点,充分地发挥幼儿的内在潜能。由于幼儿的身体、心理各项指标正处在发育时期,可塑性强,所以早期有效的干预训练会产生较理想的补偿效果。

(四)坚持个别化教育原则

据幼儿的身心特征和实际需要,针对每个发育迟缓幼儿实施IEP,不仅是满足每一个接受融合教育的特殊幼儿的独特需要,还在于关注个体的差异,关注个体的教育需要。

学前幼儿在成长的过程中具有其特殊性,如将康复教育方案和功能康复相结合,加强社会康复活动等。为了满足认识的需要和美的欣赏需要,要组织他们学习关于社

会和自然方面的基础知识;指导他们观察自然现象以及与他们生活有关的成人劳动等。学前发育迟缓幼儿受到不良榜样影响等,也可能形成各种不合理的需要,因此,要及时纠正,保证其个性积极性向正确方向发展,防止他们形成不合理的需要。根据发育迟缓幼儿身心发展的实际情况,包括身心条件、年龄特征、发展水平、个性差异,进行有针对性的、有的放矢的教育,促使其潜能得到最大限度的发挥。

(五) 坚持系统教育原则

融合学前教育是一个系统,应将家庭教育、幼儿园教育、社会教育结合起来,不断巩固和发展幼儿教育的成果,这样才能取得良好的教育训练效果。重视家庭教育和加强家园合作,融合教育涉及的人员不只是幼儿园教师,家长、教师、相关专业人员需要通力合作,共同追求在融合环境中帮助特殊需要幼儿和健康幼儿。融合教育应加强教师特殊教育专业知识培训,如果没有提供适当的支持手段,仅仅把特殊幼儿放到普通班与同龄伙伴在一起,分享相同的课程,仍然很难实现真正的融合。特殊幼儿在早期如缺乏正确有效的干预和指导,将导致他们无法适应幼儿园教育,阻碍他们今后的成长和发展。教师需要更多地了解和学习特殊幼儿教育的知识、方法、技巧以及应对措施,提高融合教育能力。

另外融合学前教育的教师要营造一个宽松和谐的班级环境,开展普通幼儿和家长的教育,帮助他们了解、接纳发育迟缓的融合幼儿,引导普通幼儿与其和谐相处,共同进步,这是学前融合教育得以推行的基础和前提。

> 二、学前融合教育中发育迟缓幼儿的教育方法

(一) 融合的支持性构架

实行融合教育需有一批具有相应知识能力的专业人员,尤其要将特殊教育和普通教育相结合,教师和教育管理队伍在融合教育中担起自己的责任,经由相关专家委员会和特殊教育相关专业老师制订发育迟缓幼儿的个别化教育方案,并通过教师和家长的反馈、观察,调整教育治疗目标和方法。班主任主要做教室物理环境的安排,例如,座位、替幼儿选择固定友伴、班级规范的适应,并且机动性地向其他任课老师转达幼儿的特质。除此之外,随时向特教老师通报幼儿在团体生活中的状况。运用特定的技能来促进普通教育和特殊教育之间成功的互动,同时专业人员的介入也大大减轻了普通教师的工作压力。

(二) 改善教学和生活条件,提供必要的物质支持

随着人工智能、教育技术进行辅助教学的普及,建立无障碍设施、资源教室、发育

迟缓幼儿所需康复工具等改善在融合环境中接受教育幼儿的教学和生活条件也是非常重要的。教师、负责制订个人训练计划的专业人士、家长的合作与沟通,形成三者间的良好互动,增强教育干预的效果。

（三）医教结合,重视全方位尝试

如果幼儿的问题比较严重,超过了幼儿园能够把控的范畴,就需要到康复中心甚至医院做专业的康复或治疗,或者请这些专业人员到学校提供支持。而且还需根据不同幼儿的特点提供发展可能,提高幼儿们的综合素养的尝试,让孩子在课程中能够更多地自我表达,提升德智体美劳等方面的综合型培养。

（四）融合教育中对发育迟缓幼儿的具体教育方法

由于发育迟缓幼儿存在认知能力与语言能力较弱等问题,通过图片教学法、同伴示范法、自然情境法等教学策略有助于发育迟缓幼儿理解与掌握新知识,带有针对性且小步骤的训练可有效提升其学习自信心和个人成就感,为将来小学生活及学习更高阶段的课程做好铺垫。

1.游戏疗法

对于年龄较小的幼儿,要注意在游戏的过程中学习语言,在不同的发育阶段加入不同的游戏内容,使幼儿在游戏时应用自己学过的词汇和语句,促进交流行为的发展。

2.手势符号训练

手势符号是利用本人的手势作为一定意义的示意符号,可通过手势符号来表达自己的意愿,与他人进行非语言的交流。对中度和重度语言发育迟缓的幼儿、语言符号未掌握的幼儿以及表达困难的幼儿,均可将手势语作为表达训练的导入方式,逐步过渡到用儿语、口语进行表达的目标。

3.简单文字训练

正常幼儿的文字学习是在全面掌握了语言的基础上再进行的学习。但对于语言发育迟缓的幼儿来说,将文字符号作为语言行为形成的媒介,是一种非常有效的学习方法。另外,文字还可以作为语言的代替手段。文字训练适用于语言理解与表达的发育均迟缓的幼儿;语言理解好而表达困难的幼儿;既有以上原因又伴有构音障碍、说话清晰度低下的幼儿。

4.交流训练

交流训练不需要特殊教材,主要是根据幼儿的发育水平选用合适的训练项目进行训练。交流训练不仅在训练室中进行,在家中、社会中也应随时随地进行,应尽可能帮助患儿参与家庭和社会的活动,鼓励患儿和其他小孩一起玩,鼓励患儿和其他小孩一样活动,增进其社会交往的能力。注意不要把表达的手段只限定在语言上,要充分利用手势语、表情等。其日常生活交流能力的提高,会大大地促进语言的发育,为将来患儿进入社会做准备。

第三节　教育康复中发育迟缓幼儿的教育原则与方法

> 一、教育康复中发育迟缓幼儿的教育原则

(一)坚持增强多感官康复活动,重视其非智力因素、智力因素的培养原则

首先,坚持感官训练,即多听、多看、多摸、多嗅、多尝。运用各种感知、运动、游戏、音乐等疗法,最大限度地开展康复活动,强调融合教育中的生生互动和师生互动。促进情绪、情感健康发展,使学生形成良好的社会适应能力和人际交往能力,以及意志力和学习、解决问题的能力。其次,用幼儿喜欢的方式和方法开展康复教育活动。通过不同内容、形式的活动让他们涉足更多的学习领域,以提高他们综合能力发展为主要目标。通过感官活动积累经验,不断获得各种能力完成学习、发展、成长过程,也锻炼幼儿的心理素质。

(二)坚持诊断性评估原则

诊断性评估原则是指在对幼儿进行教育康复训练之前,通过观察和检测,对幼儿的听力状况、智力状况、家族病史、语言水平等多方面的情况做出判断,并对其结果进行综合分析,形成正确结论,为制订幼儿的教育康复训练计划提供依据。诊断性评估原则要求检测人员要有相应的专业知识和熟练的操作技能。在对幼儿进行诊断评估时,要以国家规定的统一标准为依据,准确检测和记录孩子的有关情况,并给予客观评价,必要时还要对个别学生进行追踪调查或连续观察,无此条件的学校可以在医院或保健所的帮助指导下进行。诊断性评估原则必须保证评估结果的客观性和可靠性。

(三)补偿与代偿性原则

补偿、代偿性原则是指在教育康复工作中,要正确认识幼儿发育迟缓的问题,用科学的态度来看待他们,坚持以"用进废退"的观点对发育迟缓幼儿进行缺陷和功能代偿的训练。代偿是机体受损伤后的一种生理现象,补偿缺陷则需要依靠代偿功能,又需要通过创造某些外部条件帮助代替、改善、恢复受损器官和组织的功能。对视力障碍幼儿而言,要充分利用其残余视力,调动听觉、触觉、嗅觉、味觉等多种感官的参与和作

用,把视力障碍幼儿缺陷补偿、功能代偿的可能转化为现实。

(四)循序渐进原则

循序渐进原则指要严格按照学科知识的逻辑顺序和幼儿的身心发展顺序来对幼儿进行教学。但是对于发育迟缓的幼儿,要根据其身心发展规律对每一个个体进行有序的教育康复。另外值得注意的是,每个幼儿各个方面的能力都会在其生长发育过程中有一个敏感期,在教育中要把握住其关键期,能够使幼儿有更好的发展。

> 二、教育康复中发育迟缓幼儿的教育方法

(一)加强对自身的认知,改善其行为问题

教师可通过角色扮演或创设情境等方式,让幼儿知道在什么场合应该做什么事情。例如,教师分别给幼儿看两张照片,一张是午休室的照片,另一张是厕所的照片,接着以"这是什么地方?""你现在应该做什么?"等询问的方式引导幼儿进行自我思考,当其出现不当行为时,教师便用照片提醒幼儿应该做的事情。另外,如果行为问题是属于自我刺激,可能是因为其无所事事而导致的,教师需适当安排一些幼儿愿意做或感兴趣的事情,转移其自我刺激的行为。

(二)强化精细动作,提升其自理能力

教师可通过穿珠子、剪纸、用筷子夹豆子等活动对其进行精细动作和手眼协调的训练,并将训练目标分成小步骤,适当地辅助幼儿完成训练内容,为后面独立完成穿脱衣服、上厕所等日常活动做铺垫。

在教授幼儿穿脱衣服时,教师需遵循从简至难的原则,先从较容易的脱衣服开始,使幼儿有一定的成就感和自信心后,再通过适合的方式来教授其穿衣服的技巧,例如教幼儿从下往上扣带有大纽扣的上衣;教幼儿拉拉链时,教师将拉链头换成拉环。

在如厕方面,教师需训练幼儿遵循固定的如厕时间及保持便后干净,建议先用适合幼儿坐稳的马桶,在特定的时间提醒幼儿去上厕所,训练用腹部力量排便。如果幼儿坐在马桶上超过十分钟仍无便意,就请其穿好裤子回到教室,过 5~10 分钟再去坐马桶,在顺利完成如厕后给予口头表扬。

(三)制订针对性发音训练,提升其语言能力

首先要知道幼儿发音含糊不清的根本原因是什么,接着找出哪些音发不准确,再对其进行针对性的语言训练。假如幼儿是构音异常,建议教师准备一面大镜子,在镜前放一些提示其正确发音的图片,与幼儿一起面对镜子并排坐,录制其发音过程,教师通过观察、比较幼儿发音的口型、声音等,做一个构音障碍的评估,根据评估结果制订

针对性强的发音训练,提升其语言训练效果。另外,教师可以考虑用自然情境教学法,创设特定的剧情并结合生活实际拟定对话脚本,减少幼儿使用肢体语言的次数,鼓励其在情境中用完整的句子与教师进行对话,在日常生活中泛化其所学内容,使其更好地掌握和运用完整的句式。

(四)运用实景示范,强化其社交互动能力

在日常教学中,教师可采用图片、视频等介绍社交互动的概念和重要性,再通过教师和普通幼儿的实景示范,如被邀请时应该如何回应对方,别人在玩耍时要怎么加入等帮助幼儿学习社交互动的技能。建议教师在集体活动时,将能力参差不齐的小朋友安排在同一组,鼓励每个小朋友参与活动、做出贡献,使大家彼此带动共同完成活动。教师需注重小朋友在活动中的合作、互动,而不是哪一组做得好、做得多。

(五)教育康复中发育迟缓幼儿的具体教育方法

1.言语语言训练

第一,使用互动策略。

(1)幼儿与教师建立信任,接受教师。要寻找语言训练的切入口,首先要让语言发育迟缓幼儿接受教师。经过与家长的多次沟通,从而了解幼儿的兴趣喜好,例如以其喜爱的卡通形象为媒介,通过手偶游戏与幼儿打招呼,消除幼儿的恐惧感。待排斥减少时,教师利用幼儿喜爱吃的糖果逐渐拉近关系。通过抱一抱、亲一亲等肢体的接触,让幼儿找到安全感。这样,在之后的交往与训练中,幼儿的排斥心理逐渐减少,从而顺利接受训练。

(2)通过游戏加强幼儿的眼神交流与专注力。经过第一阶段的交往,幼儿与教师建立了良好的信赖关系。但是,幼儿与教师互动时,可能仍然会注意力不集中。教师通过幼儿感兴趣的"吹肥皂泡"游戏,引导幼儿追寻、注视泡泡,提高专注力和眼神的追随能力。经过第二阶段的训练,幼儿在与教师互动过程中可以持续 1~2 分钟的目光注视。

(3)通过游戏加强幼儿的模仿能力。提高模仿能力对幼儿语言发展起到至关重要的作用。手指游戏是幼儿喜欢的一种游戏形式,教师可以和幼儿一边唱儿歌,一边活动手指,手口并用,在游戏中锻炼模仿能力。通过游戏,幼儿与教师的眼神交流接触的程度、专注力、模仿能力都将得到很大的提高。

第二,使用音训策略。

(1)通过游戏加强幼儿口肌活动能力。利用一些游戏让幼儿进行口唇运动练习,如组织全体幼儿一起玩开火车游戏。在玩的过程中要求幼儿模仿火车响的声音说

"呜",音越长越好;或是让幼儿根据教师播放的音乐(音乐要求节奏鲜明、欢快)做鼓腮、呲嘴、弹舌等动作。

(2)通过游戏帮助幼儿提高气流的控制与分配能力。通过"吹羽毛""吹碎纸片"等游戏帮助幼儿控制气流的分配,"水墨吹画"等让幼儿切身感受到气流,并要求幼儿吹长气、吹短气,加强口肌控制能力。

(3)通过游戏提高幼儿的发音清晰度。在日常生活中,我们利用游戏的方式帮助幼儿模仿发单音、单字、词、短语、句子等,提高发音的频率与清晰度,如可以通过玩"山谷回音"的游戏提高目标音的清晰度。教师可以选定一个目标音,双手做喇叭状放于脸颊的两侧,教师先大声地念出目标音后,请全体幼儿进行模仿回应,最后比比看谁模仿的发音最准确。

第三,使用语用策略。

(1)通过游戏促进幼儿对词语含义的认知。使用图片沟通法为幼儿提供辅助和补充,让其通过指认图片来表达自己的想法,促使其主动发起交流。教师根据需要按类别地制作图片,例如生活适应方面有"喝水""上厕所""吃饭""洗手"等。教师可以大声念出目标词语,如"肚子饿了",要求幼儿从图片中找出相对应的卡片(吃饭)。

(2)通过游戏引导幼儿学说完整、连贯的句子。一段时间的语义训练后,可利用卡片引导幼儿正确使用词汇,进而学说较为完整、连贯的句子。例如,利用卡片进行拼句游戏,将"肚子""吃饭"两张卡片并列放在一起,先提供摸肚子的动作提示,引导幼儿说出"肚子饿要吃饭"的句子。重复练习后,教师不做动作提示,而是直接出示两张卡片,要求幼儿按卡片内容说话。

(3)通过游戏提高幼儿语言表达能力。利用角色游戏帮助幼儿纠正日常生活中常出现的语病,从而帮助幼儿丰富词汇、发展思维、提高口头语言表达能力。教师以游戏者身份介入游戏,根据游戏主题及情节发展适时引导幼儿表达、沟通、协商,并通过对游戏内容(主题、情节)、角色、玩具或材料、规则、背景的安排,有针对性地促进幼儿语言的发展。

注:语言认知训练是一种特殊的训练方法,即加强幼儿的感知、认知、交流及手功能训练,训练方法可以有效地指导孩子们主动进行口部运动训练,对患儿的社会适应能力、语言与学习能力有所帮助,保证了他们的语言沟通能力的提升。通过对语言发育迟缓的幼儿家长采取调整养育方式、丰富幼儿语言环境等普通家庭训练,同时幼儿进行专业感觉统合功能训练、专业语言训练和幼儿早期的互动式阅读等训练后,语言发育迟缓幼儿的语言表达可有明显进步,在3岁前对患儿进行干预可明显降低语言障碍的短期和长期不良影响。

2~3岁是幼儿口头语言发展的关键期,综合干预的方式对语言发育迟缓幼儿的语言和智能发育水平具有明显的促进作用,对语言发育迟缓的幼儿在语言训练过程中结合感觉统合功能训练、精细动作的训练、认知能力训练可以促进智能的发育,提升训练的效果,值得推广。

2.沟通能力训练

第一,通过感兴趣的事物,提升其仿说能力。

教师需先加强幼儿沟通的意愿,幼儿对某一件事物的浓厚兴趣可以成为教师引导其主动沟通的一个切入点,并围绕其展开对话,需要注意的是,在引导幼儿主动表达的过程中,教师的用词需要明确、清楚、前后一致。另外,家长也需要在家开展一些类似的活动,鼓励孩子多开口说话。

除此之外,教师可以根据幼儿需要,让幼儿接受一些具有针对性的口腔训练帮助其更好地发音,比如吹气、紧闭嘴唇再张开、嘴唇用力发出不同的声音、舌头体操、用下颚去咬或去咀嚼较硬的东西等。

第二,强化注意力训练,激发其沟通意愿。

教师要利用不同的时机与幼儿交流,让幼儿习惯与人对话,增强其社交能力。比如当幼儿正在看下雨,有雨滴落在窗户上、地面上,打在叶子上,这时教师可以尝试看着幼儿说关于下雨的话题,让其先习惯听教师说话的时候被看着,再慢慢学会自己说话时也看着对方。

第三,加强规划教育,引导其正确表达。

语言发育迟缓幼儿表达能力、沟通能力的培养离不开家校合作、协同育人。家长需要与教师保持一致的教育步调,帮助幼儿建立学习、生活最基本的良好习惯,从其生活经验、学习经验出发,展开交流和沟通,激发沟通意愿,维持交往兴趣,为幼儿将来更好地适应学习生活打下基础。

3.重复经颅磁刺激联合语言认知训练

对患儿的视觉先进行刺激,治疗时使用颜色鲜艳或闪光的物体;有规律地引导幼儿听儿歌、音乐,通过玩各种能发出动听的声音的玩具刺激听觉,鼓励其通过感觉去寻找声源;在看动画或听音乐的同时,引导患儿跟随声音进行模仿,反复操作,以加强患儿对语言的理解和表达;开展情境对话训练,应用一对一训练方式,加强对常用口头用语词汇的理解、运用。

4.网状密集式悬吊训练联合常规康复训练

对幼儿进行发育评定后制订个体化康复训练计划,通过本体感觉性神经肌肉促进技术、Bobath疗法、Rood疗法等诱发患儿该月龄阶段正常的运动,抑制异常姿势,从而促进生长发育;同时开展生物电反馈、经皮电刺激等在此基础上进行联合网状密集式悬吊训练。具体包括:①适应练习,②核心力量训练,③稳定性训练,④运动控制训练。

5.重复经颅磁刺激辅助干预

运动训练:根据患儿运动发育水平、运动姿势及模式,进行坐、站、走、爬、跑、跳、单腿站立以及躯干核心力量、平衡及协调能力训练,改善粗大运动能力。

丰富的感觉统合训练:在运动训练的基础上进行各种前庭感觉及本体感觉统合训练,促进运动平衡及协调能力发育,如荡秋千、滑滑梯、钻时光隧道、蹦床等。

认知及语言发育训练:根据患儿认知及语言发育水平,设计训练计划和内容,如在情境中的模仿、指认,强调让幼儿在游戏中进行简单事物理解、模仿、表达及操作能力训练,提高认知能力及语言表达能力,同时加强记忆力、注意力、定向力及日常生活能力训练。

家庭训练:患儿在治疗期间,医务人员根据患儿发育情况,针对性指导和培训家长在家庭日常生活和社会交往中引导患儿进行训练,以游戏互动形式引导患儿参与人际交往,游戏中感觉统合训练、模仿训练、指认训练、理解表达及丰富词汇量训练,加强日常生活训练。

第四节 发育迟缓幼儿的家-园-社区-康复机构协同教育

> 一、家庭的教育

发育迟缓的幼儿最终都是要回归正常的生活,所以,家长不可因为孩子的发育问题而忽略了对于孩子居家生活的教育。居家生活是指家庭生活中的基本能力,如家事清洁、衣物整理、食物料理、家庭布置、家庭沟通等。家长应有意识地让孩子参与到居家生活中,尽量去完成一些力所能及的居家活动。这样一方面能让幼儿通过活动参与到日常的生活中,在家中有归属感和胜任感,增强孩子的自信心;另一方面也能通过居家活动为孩子回归正常的生活做好准备。

如有需要可以引入康复机构对发育迟缓的幼儿进行"居家教育评估",对幼儿的居家生活能力进行短期目标的规划,通过家长的日常家庭教育去实现。

作为发育迟缓幼儿家长,家长要有意识地从幼儿园、社区或康复机构处获得教育和帮助发育迟缓幼儿的方法,不断地自我提升。

> **二、幼儿园的教育**

幼儿园教育是目前融合教育的主阵地之一,也是发育迟缓幼儿恢复正常的重要教育环节。目前我国正在大力发展融合教育,有越来越多的拥有特殊教育专业背景的教师加入学前教育的事业中。发育迟缓幼儿在幼儿园将获得更为专业、更细致、更有针对性的个别化康复训练,最重要的是由于幼儿在幼儿园的时间优势,能让幼儿的康复训练达到足够的强度和针对性,使孩子有更大的可能性尽快恢复正常。

> **三、社区及康复机构的教育**

社区是人们共同生活的一定区域,也成为占有一定地域的人口集中体。社区由人口、地域、制度、政策和机构五要素构成。生活在同一社区的人们的社区认同感、归属感和参与感构成了社区意识。任何社区都有特殊人群,而特殊幼儿又是这一群体中更特殊的群体。特殊幼儿社区生活教育是特殊幼儿生活技能教育的重要组成部分,它肩负着帮助特殊幼儿适应社区生活,回归主流社会的重任。

康复机构并不只是社区要素中"机构"的其中一种,它是发育迟缓幼儿实现回归的重要环节。家长在康复机构中可以找到特殊教育的专业从业者,通过他们寻求专业的帮助。康复机构中还会有一些康复训练的专业器械,它们有系统性,由专人负责清理、实现资源共享的同时,还能让家长和老师们更专注于孩子的教育和训练。

> **四、家-园-社区-康复机构的协调教育**

与其他有特殊需要的幼儿相比较发育迟缓的幼儿是所有特殊幼儿中最有希望能复原、恢复正常状态、回归正常生活的群体。利用好布朗芬布伦纳在发展心理学中提出的个体发展模型"生态系统理论",使影响发育迟缓幼儿个体发展并相互影响的一系列环境系统(家、园、社区、康复机构)协同教育,实现发育迟缓幼儿的最终回归。在康复的道路上,家长和老师要综合地、协调地应用医学、社会、教育和职业的措施,对幼儿进行训练和再训练,使其活动能力达到尽可能高的水平。

第四章
孤独症谱系障碍幼儿的心理与教育

俞先茹

　　有这样一群孩子,他们犹如天上的星星,一人一世界,独自闪烁。他们有视力却不愿意和你对视;他们有听力却对世界充耳不闻;他们有语言却不愿和你多说半句;有行为却总与你的愿望相违;他们沉浸在自己的世界里,不愿沟通,也不愿交流,就如同那天上的星,闪烁而遥远,他们是"星星的孩子",也是我们口中的孤独症幼儿。

　　孤独症谱系障碍(Autism Spectrum Disorders,ASD)是目前在国际学术领域备受关注的一个名词。孤独症谱系障碍包括了卡纳型孤独症、阿斯伯格综合征,是一种发展性障碍。通常以社会互动、语言交流以及兴趣行为等表现偏离正常为共同临床特点。这种障碍给幼儿的交流及社会化发展都带来了明显的负面影响。由于孤独症的致病成因纷繁复杂,目前学界尚无统一明确的表述,加之孤独症个体差异往往较大,行为表现众多,对于孤独症幼儿的治疗目前多以教育和行为训练为主。因此,只有在充分了解孤独症谱系幼儿的发展特点基础上方能进行有的放矢的教育。

第一节　孤独症谱系障碍幼儿的心理发展特点

　　孤独症谱系障碍作为一组十分复杂的神经发育疾患在近年来发病率持续上升。根据美国疾病预防控制中心的统计资料,美国孤独症的发病率从 2000 年到 2014 年增长了 119.4%,每 68 名幼儿中就有 1 名患有孤独症。而在我国,孤独症患病率也在逐年攀升。可见,孤独症已成为严重的全球公共健康问题。随着患病率不断升高,孤独症幼儿对公共服务的要求也越来越高,如何让孤独症幼儿能够适应社会生活,需要社会各方面的关注和努力。为了更好地去开展孤独症谱系幼儿的教育,我们首先得了解其心理发展特点。

＞　一、孤独症谱系障碍的概念及诊断

　　"孤独症谱系障碍"这一名词诞生约有 30 年的历史。孤独症谱系障碍(ASD)是以

在不同程度上呈现社交互动障碍、语言和非语言的沟通障碍，以及重复动作为特点的一组神经发育型障碍的通称。

提到"孤独症"，往往会听到另外两个词——"卡纳型孤独症"和"阿斯伯格综合征"。我们有必要对这两个词做一个简要回顾。"卡纳型孤独症"是由美国精神病科医生卡纳(Kanner)提出的。卡纳于1942年首次发现了11例有共同行为模式的幼儿：①很难与他人发展人际关系；②言语获得迟缓或丧失曾发展良好的言语能力；③有重复的刻板行为；④缺乏想象力；⑤擅长机械记忆；⑥强迫性地坚持刻板的机械操作；⑦有正常的生理外表。卡纳根据希腊语"自我"(autism)一词的原意，将这些幼儿命名为"孤独症幼儿"，他认为这些幼儿是把自己封闭在自我世界的幼儿。由于卡纳这一重要发现，人们就把那些看上去极度孤僻冷漠、寡言少语甚至没有语言、缺乏社交能力并且有机械和刻板行为的幼儿称为"卡纳型孤独症"幼儿。这类幼儿中75%以上还伴有智力发展落后的症状，因此也被认为是典型孤独症幼儿。

德国儿科医生汉斯·阿斯伯格(Hans Asperger)于1944年根据自己的独立观察也提到4名伴有人际交往、行为互动等精神发展障碍的孤独症幼儿，这类幼儿便被称为"阿斯伯格综合征"患者。这类幼儿由于没有表现出明显的智力迟缓和语言能力低下，因此往往被误认为是"性格孤僻""不谙世事"而被忽略。直到20世纪80年代，"阿斯伯格综合征"才引起广泛关注。

由于卡纳型孤独症患者中部分幼儿没有十分显著的语言障碍，智商也在75以上，这些幼儿和阿斯伯格综合征患者十分相似，很难将其区分开来，又因为孤独症幼儿往往具有某种特殊能力，因此罗纳·温(Lorna Wing)于1980年根据世界卫生组织所制定的诊断标准ICD-9修订版和美国精神医学协会制定的诊断标准DSM-Ⅲ，提出了"孤独症谱系障碍"这一概念。将"卡纳型孤独症"和"阿斯伯格综合征"一并归为孤独症谱系。凡具备①社会性互动、人际交流欠缺；②行为与兴趣有固着性和反复性特点的幼儿均被称为孤独症谱系障碍幼儿。

如何诊断孤独症谱系障碍幼儿？目前进行诊断时使用的依据多是根据美国《国际疾病分类》第10版(ICD-10)与《精神障碍诊断统计手册(第4版)》(DSM-Ⅳ)来进行。2013年颁布的美国《精神病诊断与统计手册(第5版)》(DSM-5)取消了幼儿孤独症和阿斯伯格综合征的概念，以孤独症谱系障碍代替了除雷特氏症以外的广泛性发育障碍各个类别，并将孤独症谱系障碍的核心症状由三个变为两个，即①社交沟通及社会互动困难；②刻板的兴趣及重复行为。具体表现为：①社会互动、情感沟通存在缺陷，社会交往方式异常；②存在沟通缺陷，对眼神接触、手势、身体语言等理解及使用存在障碍；③发展和维持人际关系困难；④重复、刻板的行为或者语言；⑤坚持惯常，对细小的变化难以接受；⑥狭窄的兴趣；⑦感觉通道异常，对特定的声音、光敏感等。

＞　二、孤独症谱系障碍幼儿的注意、感知觉发展特点

（一）孤独症谱系障碍幼儿的注意特点

注意是心理活动或意识对一定对象的指向与集中，注意有两个特点：指向性与集中性。在对孤独症谱系障碍幼儿的注意研究中发现：孤独症谱系障碍幼儿的注意特征是敏感与迟钝并存。在临床观察中也发现，孤独症谱系障碍幼儿大多会有与注意力缺陷多动障碍（Attention-deficit hyperactivity disorder，ADHD）幼儿一样不能维持注意力的症状。孤独症谱系障碍幼儿是否无法集中注意力？其实不然，弗里思（Frith）于1989年研究发现，孤独症谱系障碍幼儿只对自己有兴趣的刺激加以注意，而对其他刺激置若罔闻。换言之，孤独症谱系障碍幼儿不是不能集中注意力，而是他们不能有效地控制自己的注意力。或者说，孤独症谱系障碍幼儿在某些方面注意力极好，而在其他方面却表现得很迟钝。我们分别从对物的注意、共同注意两方面来分析孤独症谱系障碍幼儿注意的特点。

1.对物的注意特点

研究发现，孤独症谱系障碍幼儿对物的注意力明显长于对人的注意。与正常幼儿比较，孤独症谱系障碍幼儿对物的注意有自己独特的特点。①运用感觉。当孤独症谱系障碍幼儿注意自己感兴趣的物体时，他们往往会出现"嗅"或者用力抚摸的现象，并且这一特点会持续延续到孤独症谱系障碍幼儿成年后。②注意细节。孤独症谱系障碍幼儿往往对物品细节过分关注。当他们注意物体时，他们会聚焦物体的一个点，关注物体局部而非整体。正是由于孤独症谱系障碍幼儿对物品细节过分关注的特点，导致他们转移注意力时出现明显困难。③偏好熟悉。孤独症谱系障碍幼儿常常会专注于令他愉悦的熟悉的刺激，而对陌生的感官刺激漠然处之。由于孤独症谱系障碍幼儿对物的注意具有固着性和局限性，致使他们只能在一次注意过程中处理极为有限的信息，从而导致对信息认识和理解不够全面。

2.共同注意

共同注意是指与他人共同对某一事物加以注意的行为。形成共同注意是幼儿进行信息表征所必须具备的条件，是心理理论发展的前提，同时也是社会认知的重要基础。

研究发现，正常幼儿在8~12个月就开始具备了共同注意的能力，而大多数的孤独症患儿却表现出定向反应迟钝、注意的维持及组织作用差、缺乏对一定对象的指向与集中的问题。众多研究发现，孤独症谱系障碍幼儿共同注意能力的特点可以用"缺"和

"少"两个字来概括。①孤独症谱系障碍幼儿很少出现共同注意行为。研究发现,孤独症谱系障碍幼儿的共同注意行为出现率显著少于智力障碍幼儿。并且孤独症谱系障碍幼儿几乎没有用指点行为来唤起他人对自己感兴趣的对象,如玩具等的注意。②孤独症谱系障碍幼儿缺少对人的注意。在社会互动中,为理解他人传达出来的信息,人必须在专注社会情景的同时专注说话者的言语、面部表情以及肢体表情。如果缺乏对人的注意,个体就很难理解全部的交流信息。而孤独症谱系障碍幼儿就缺乏这种能力。研究发现,孤独症谱系障碍幼儿缺乏参照性视线。一项对3~6岁孤独症谱系障碍幼儿的系列研究发现,孤独症谱系障碍幼儿对唤起他们注意的手势和语言均无反应,而且也没有自发地引起他人注意的行为,也未发现孤独症谱系障碍幼儿与实验者之间任何的一会儿看人,一会儿看物的"人与物"交互性的参照式行为。

(二)孤独症谱系障碍幼儿的感知觉发展特点

人对客观世界的认识是从感觉开始的。孤独症谱系障碍幼儿的感觉能力发展看起来并无异常,但在视觉、触觉、听觉等方面仍然有敏感与迟钝并存的特点。他们中有些人对感官刺激多呈现选择性反应,会出现过度偏好或过度排斥某种刺激,而对有些刺激则反应不足的现象。

1.孤独症谱系障碍幼儿视觉发展特点

很少有研究报告孤独症谱系障碍幼儿视觉能力有严重障碍,而报告他们视觉特异性的研究则不在少数。

周念丽等人的系列研究发现,孤独症谱系障碍幼儿大多都有出类拔萃的视觉空间能力,对于正常人来说极其隐蔽不易察觉的某些物体或特征元素,不少孤独症谱系幼儿却能够洞察入微。而有的孤独症谱系障碍幼儿还拥有超凡的视觉加工能力,这一能力在他们完成总体视觉信息受到干扰的任务时往往会比他人更胜一筹。此外他们的这种视觉空间优势还表现在视觉搜索、路线记忆、地图学习等方面。大多孤独症谱系障碍幼儿都能更好地理解视觉空间形式的信息,例如擅长视觉空间排列,在拼图和积木任务中表现优异。

2.孤独症谱系障碍幼儿听觉发展特点

通过医学诊断检测出孤独症谱系障碍幼儿听觉异常的研究报告十分少见。但孤独症谱系障碍幼儿家长回忆自己孩子的成长过程后发现这些幼儿在婴儿期听觉发展的特点:孩子在0~2岁对人的声音不感兴趣,即使多次呼唤其名字也毫无反应。因此,许多家长会以为孩子有听力发展问题而去医院就医。结果却是,他们对某些音频具有过度敏感的听力,而对另一些音频又听力不足。其实,不少孤独症障碍谱系幼儿不仅没有听力障碍,相反,他们对于环境中一些声音会极其敏感,甚至能听到正常人听不到的声音。

　　3.孤独症谱系障碍幼儿嗅觉味觉发展特点

　　很多研究表明孤独症谱系障碍幼儿嗅觉和味觉发展正常。但也有不少孤独症谱系障碍幼儿在嗅觉和味觉方面有其独有的特征,表现为某些孤独症谱系障碍幼儿对特定的食物和气味的反应极为独特和固着。例如,有些孤独症谱系障碍幼儿偏食现象很严重,对某些食物的气味和局部特征很敏感,比如拒绝吃加了豌豆的土豆泥;而有些孤独症谱系障碍幼儿却又对某些味道极其喜爱;还有一些孤独症谱系障碍幼儿嗅觉异常敏感,甚至可以闻到隔壁房间的护手乳液的味道。

＞　三、孤独症谱系障碍幼儿的记忆发展特点

　　记忆是包含了组织、存储和利用信息的一系列活动的复杂心理过程。记忆的形式有瞬时记忆、短时记忆和长时记忆。记忆能够被再认和回忆。在对孤独症谱系幼儿记忆的研究中发现,孤独症谱系幼儿记忆有一些独有的特点,即优势的机械记忆能力与薄弱的意义记忆能力并存。这一特点可在以下几个方面得到验证:

　　(1)孤独症谱系障碍幼儿在收集信息材料时通常采用整体搬移的形式,而不擅长于重组和灵活整合信息来进行存储和记忆。在孤独症谱系障碍幼儿中,有的能对列车时刻表倒背如流,有的对家中物品放置了然于心,稍有变化就能立即察觉。这正是由于孤独症谱系障碍幼儿在机械记忆和视觉记忆上具有很强的优势。因为机械记忆是不需要对收集到的信息进行灵活整合运用的。

　　(2)孤独症谱系障碍幼儿在记忆过程中存在编码障碍。布歇的研究发现,孤独症谱系障碍幼儿的记忆特征中有"新近性"效果,即对新的材料的短时记忆能力较强,而对需要通过意义理解、对材料进行编码记忆时则显得十分吃力。金格和道孙对孤独症谱系障碍幼儿的分类能力进行研究时发现,面对新材料这些幼儿难以使用编码对事物的共性加以概括,形成"单一总括表象"。或许正是由于孤独症谱系障碍幼儿偏好用一种固定编码模式来对信息进行储存,一旦这一模式被破坏,他们对信息的编码就难以进行。

　　(3)孤独症谱系障碍幼儿的程序记忆要好于事件回忆。一项研究发现让孤独症谱系障碍幼儿用自由回忆的方式回忆个人经历,其回忆数量要比对照组少很多,而当进行程序记忆任务时,孤独症谱系障碍幼儿的成绩和对照组一样好。

　　综上可知,孤独症谱系障碍幼儿的记忆特点是,以照相式原封不动的机械记忆为主,而对需要灵活整合信息的意义记忆力不从心。

> 四、孤独症谱系障碍幼儿的情绪发展特点

情绪是个体心理发展中非常重要的一部分,是幼儿的认知和行为的唤起者和组织者,在协调人物认知、人际关系上有着不容忽视的作用。近年来,对孤独症谱系障碍幼儿的情绪、情感发展的研究逐年增加。大家开始意识到孤独症谱系障碍幼儿之所以不能很好地进行人际互动,主要原因可能就在于他们对他人的情绪情感理解存在困难,同时在自我表达上缺乏恰当的方式。在本节我们着重从孤独症谱系障碍幼儿的情绪理解和情绪表达两方面讨论其情绪发展。

(一)他人情绪理解

情绪理解能力是根据他人的面部表情、声音、行为等信息识别对方的思想、情绪、情感等心理状态,并能够理解该情绪状态产生的原因,以及做出合适反应的能力。

早在 1943 年,卡纳就提出了孤独症幼儿有"先天性的情绪接触障碍"之说,即认为孤独症谱系障碍幼儿难以识别他人的面部表情,对他人情绪等方面的意识特别薄弱。赫伯逊(Hobson)也进一步提出了孤独症幼儿的"情绪认知障碍论"。对孤独症谱系障碍幼儿基本情绪理解的实验研究发现,孤独症谱系障碍幼儿在对他人的面部表情认知上,与身心年龄相近的普通幼儿甚至是智力障碍幼儿之间都有显著差异。在一组针对 4~16 岁的孤独症谱系障碍幼儿对面部表情进行配对和判断表现愉快的面部表情的研究中发现,孤独症谱系障碍幼儿的成绩明显劣于唐氏综合征幼儿和普通幼儿。也有研究发现,孤独症谱系障碍幼儿的视觉空间认知能力发展极不平衡,一般的视觉空间认知能力突出,但对带有情绪表现的面部表情的视觉认知能力偏低。是否孤独症谱系障碍幼儿真的是先天缺失?周念丽等人的一项研究发现,孤独症谱系障碍幼儿与心理年龄相仿的智力障碍幼儿和普通幼儿相比,在对他人的面部表情认知方面,并没有很大差异,甚至在"表情提示"条件下,他们的成绩还略优于智力障碍幼儿。这说明孤独症谱系障碍幼儿对他人的面部表情认知并非浑然不知。此项研究也发现,孤独症谱系障碍幼儿对"惧"的情绪最难认知。这也提示我们,在对孤独症谱系障碍幼儿进行社会认知干预时,可以先将"惧"这一情绪放一放,着重使孤独症谱系障碍幼儿去理解"喜""怒""哀"这三种基本情绪。

(二)自我情绪的表达

情绪的表达是指个体将内心的情感世界表现为外显性的面部表情、肢体表情或口头言语等形式,是人际交往中重要的媒介手段。

孤独症谱系障碍幼儿,特别是无口头言语表达能力的低功能孤独症谱系障碍幼

儿,由于语言发展严重落后及存在社会交往能力障碍,他们往往只会用哭闹、叫喊、发脾气,以及自伤或攻击他人的形式来表达情绪。因此教育工作者需要学会通过观察他们特殊的情绪表现,理解孩子的内心世界。

婴儿的面部表情是孩子和母亲交流的重要方式,是唤起母亲感情的重要源泉。母婴之间的联系在这种交流中建立起来,是婴儿健康成长的关键。但对于大多数孤独症谱系障碍幼儿来说,从他们来到这个世界起,其面部表情的表现与同龄的普通幼儿就有着较为明显的差异,这种差异主要表现为两个方面,一是能表现的面部表情种类少,二是表现得不合时宜。

王梅和杨磊在对孤独症谱系障碍幼儿表情及变化诱因的研究中发现,孤独症谱系障碍幼儿表情的种类没有普通幼儿丰富。大多数孤独症谱系障碍幼儿能够表达"喜、怒、哀、惧"四种基本情绪,但他们中只有少数幼儿会表现出惊讶的表情。而在低功能孤独症谱系障碍幼儿的脸上几乎从未出现过其他基本情绪,这也说明了孤独症谱系障碍幼儿面部表情发展存在异常。

不合时宜地表现面部表情也是孤独症谱系障碍幼儿的另一特点。尽管他们会表现"喜、怒、哀、惧"四种基本情绪,但他们往往不能够结合现实状况来正确适宜地使用自己的面部表情表达情绪。例如有的孤独症谱系障碍幼儿会在没有任何负面事件出现的情况下大哭不止。由于他们表达的情绪常常与彼时彼地的氛围不相符合,因此常令人摸不着头脑,难以应对。

人在某些特定情境下,如痛苦、害怕、有困难和受委屈时,往往会找自己亲近的人帮忙,即表达自己的情感需求,即使是幼儿也会如此。但孤独症谱系障碍幼儿在表现自己的情感需求时往往会有所不同。

雷克斯对年幼的孤独症谱系障碍幼儿在各种场合中发出的声音进行研究发现,这些孩子在表达自己需求时发出的声音非常独特,与正常幼儿和智力障碍幼儿发声完全不同。除了发声具有独特性外,有的孤独症谱系障碍幼儿很少依靠肢体语言来表达自己的情感需求。低功能的孤独症谱系障碍幼儿不太会用点头表示"同意",摇头表示"不要"。而有时情况却恰好相反,有的孤独症谱系障碍幼儿不管对方的性别和年龄,无法揣度别人的情感,看见谁都会上前一把抱住别人,引起对方的不悦。

孤独症谱系障碍幼儿在移情获得与表现上也存在一定的缺陷。移情可分为情感性移情和认知性移情。情感性移情是指个人在情感上体验他人的内部情绪;认知性移情是指人在理智上洞察、理解他人的内部经验。

孤独症谱系障碍幼儿在情感性移情方面存在明显不足。出现这一问题可能的原因是他们感受他人的情感体验能力不足。孤独症谱系障碍幼儿主要通过观察他人的面部表情而获得即时感受,很难真正理解他人的喜悦、恐惧、痛苦和挫折,因而缺乏与别人经历相同情感体验的能力。

> ## 五、孤独症谱系障碍幼儿的语言发展特点

语言是人际交往中必不可少的符号和社会交际工具。它能使我们相互交流思想、抒发情感。发育正常的幼儿,无论何种民族,无论使用何种语言,对母语的获得和发展都具有规律性。

幼儿期是幼儿口语发展的关键时期,也是人类获得语言的重要发展阶段。通常情况下,3岁左右的幼儿可以掌握母语的全部发音和简单的语法规则,掌握1000个左右的词汇。但是研究发现,有一半以上的孤独症谱系障碍幼儿存在语言发展滞后的问题。由于部分孤独症谱系障碍幼儿只对某些特定的声音敏感,而对他人的话语充耳不闻,他们常被误以为是听力障碍。在排除听力障碍和发音器官障碍的情况下,研究者发现,其实大部分孤独症谱系障碍幼儿都存在不同程度的语言障碍,或是接受性语言障碍,或是表达性语言障碍。接下来我们聚焦孤独症谱系障碍幼儿言语理解和言语表达两方面来分析其语言发展特点。

(一)言语理解特点

言语理解就是对他人语言的理解能力。研究发现,高功能孤独症谱系障碍幼儿对单词和意义的理解并不逊色于智力障碍幼儿,他们的语言障碍在于对语言概念的高度信息处理能力不足和不会对概念进行灵活运用等问题上。中轻度智力障碍幼儿一开始在单词的意义理解和概念掌握上要比高功能孤独症谱系障碍幼儿速度慢,但当他们切实理解和掌握句、疑问句、人称代词及语法的使用后,其语言发展水平就能缓慢接近普通幼儿了。而孤独症谱系障碍幼儿的语言发展却有其独特的特点,主要就表现在对语义的理解上。

低功能孤独症谱系障碍幼儿因只能获得很少的词汇量,其要获得语词理解能力有较大的难度。但高功能孤独症谱系障碍幼儿却不同,他们能够掌握正常乃至异常多的词汇量,也能够理解单个词汇和概念,但他们的语义理解却存在以下几个主要问题:①不能利用语义信息来提高单词系列的回忆效果,在理解句子时,高功能孤独症谱系障碍幼儿更倾向使用语法策略,而不是语义策略;②不能根据语义情境来解释单词,这说明孤独症谱系障碍幼儿虽然能够掌握基本的语词,但无法运用这些基本的语义功能来完成较复杂的记忆、语言等任务。

为了解释孤独症谱系障碍幼儿出现的这一现象,不少研究对该现象出现的原因进行了探索。日本东京大学的一项研究发现,图形和语词都能促进孤独症谱系障碍幼儿

的语义加工,但图形的促进作用更为明显,普通幼儿则表现为语词促进优势,并且孤独症谱系障碍幼儿的语词理解能力与其非语言智商存在显著相关。这说明高功能孤独症障碍幼儿能够像正常人那样理解基本词汇,更有可能是依赖于较低水平的知觉能力,尤其是视觉加工能力。

（二）言语表达特点

相较于言语理解,孤独症谱系障碍幼儿在言语表达方面呈现出更多的困难和特点。研究发现,约75%的低功能孤独症谱系障碍幼儿口头言语获得迟滞或能力缺损,口头语言能力与同龄幼儿相比明显落后,有的孤独症谱系障碍幼儿甚至终生无语。15%左右的中功能孤独症谱系障碍幼儿在言语表达上呈现出回声性语言、代词混乱、韵律失调等问题。10%的高功能孤独症谱系障碍幼儿虽然有一定的口头语言表达能力,但会出现因不符合说话情景从而使人难以理解的怪异的独特语病。孤独症谱系障碍幼儿难以理解他人的隐喻、幽默,他们说话时声调单调、呆板,声音太高或太低,也无法维持话题,对别人的反应也毫不在意。这些现象称为"语义-语用"缺陷。下面我们分别对不同功能孤独症谱系障碍幼儿的言语表达特点进行分析。

1.回声性语言

回声性语言是常出现在低功能孤独症谱系障碍幼儿语言表达中的一个显著特点。回声性语言属于一种"完形语言"记忆,也即"作为一种记忆形式或整体形式的口语,这种口语形式可能是规则应用的结果,说话者并不清楚这些语言的内部语义结构"。

回声性语言可细分为"即时性"和"延时性"回声语言两种。"即时性回声性语言"是指重复刚刚所听到的单词或句子。例如,当你问一个孤独症谱系障碍幼儿:"你今年几岁了?"他的回答还是:"你今年几岁了?""延时性回声性语言"是指孤独症谱系障碍幼儿重复在过去的某一时刻听到的话语。回声性语言对孤独症谱系障碍幼儿来说是百害而无一利吗? 近年的研究发现,在孤独症谱系障碍幼儿不能理解话语,没有学会回应他人的语言技能时,回声性语言使得他们具有了交流的倾向,产生与交流对象谈话的轮流现象,这样有利于他们学会及维持与他人的交流。

2.语义表达的特点

语义就是语言形式所表达的内容。语言研究者将语义分为词素义、词义、句义、话语义和篇章义。对孤独症谱系障碍幼儿语义表达的研究主要还是集中在单词、句子和篇章三个层面。

人称代词的错用和避用是孤独症谱系障碍幼儿语义表达常见的一个特点。"代词逆转"是孤独症谱系障碍幼儿运用语言时经常出现的一个现象,也被视为诊断孤独症谱系障碍幼儿的重要指标之一。通常情况下,孤独症谱系障碍幼儿在交流中会把自己说成"你",把交谈对象说成"我"。这反映出孤独症谱系障碍幼儿在对自己和他人的概念进行概念化加工过程中存在问题。此外,孤独症谱系障碍幼儿在与人交谈中还会出现回避使用人称代词的倾向。

奇异新词的杜撰与使用是孤独症谱系障碍幼儿语义表达的另一显著特征。一些高功能孤独症谱系障碍幼儿在言语表达过程中常常会"创造新词"。例如他们会把去游泳说成"去鳄鱼"。弗尔登(Volden)的一项研究对80个孤独症谱系障碍幼儿、智力障碍幼儿和正常幼儿使用的新词或特异性语义进行了编码,结果发现,孤独症谱系障碍幼儿使用更多的新词与特异性语言,其新词使用频率随着语言的复杂性增加。

3.语用表达的特点

"言语的语用论"是在语言学中专门研究社会交流中,通过对语言的选择,给谈话对方所带来的语言效果的一个领域。语言的语用充分体现了语言的社会性功能。研究者们发现孤独症谱系障碍幼儿在语用表达上也有其特点:在会话中,喜好拘泥于某一细微处;会在会话中,对某一话题做多次的重复;又或者是一个人独占话题,随意打断或改变对方的话题。

对孤独症谱系障碍幼儿言语交流行为的研究发现,孤独症谱系障碍幼儿通常缺乏社会性言语行为。虽然他们在运用语言提出要求、进行想象和自我管理时,似乎与正常幼儿不存在差异,但是,他们却很少使用指向人的一些社会指向性的言语行为类型,如评论、展示、感谢听者等。

有关孤独症谱系障碍幼儿会话技能的研究发现,孤独症谱系障碍幼儿发起话题能力比其他幼儿更差,他们较少主动发起交流。有研究发现,孤独症谱系障碍幼儿在高结构化社会环境中,如参与仪式活动,他们有较强的发起会话的能力,而在低结构化社会环境中,如游戏互动,他们发起会话的能力就较弱。研究还发现,在发起会话能力上,智力障碍幼儿和正常幼儿更为接近,他们在非结构化情景中会表现出更多的发起会话的现象。对这一结果,罗林斯认为孤独症谱系障碍幼儿的会话技能问题主要是因为,他们缺乏足够的会话所需的交互意识。

在对孤独症谱系幼儿语篇能力的研究中,主要讨论的是叙事的语用能力。叙事能力又可分为"在情境叙事能力"和"去情境叙事能力"。在情境叙事能力是指表述时对交流对象、场景以及交往目的的敏感性和适宜性。去情境叙事能力是指表述时对不在面前的事件、人物、发展结构的敏感性和适宜性。关于在情境叙事能力的研究发现,孤独症谱系障碍幼儿在叙事时对交流对象、情境的敏感性不够。罗西(Losh)等研究者使用一本28页的无字图书让被试对一个没有听过该故事的听者叙事。研究发现,以听者不知晓故事为前提,在图画书阅读的情境中,12岁孤独症谱系障碍幼儿在使用因果关系的语言及表达内部状态的词汇方面与智力障碍幼儿和正常幼儿相似;但是孤独症谱系障碍幼儿不能识别引起人物内部状态的原因,他们在标识情感与解释行动时倾向于简单化,易于提供更多的模糊不清的代词;同时,孤独症谱系障碍幼儿很少使用评价方式来传递信息,以便保持听者的参与状态。在另一项使用玩偶剧引发孤独症谱系障碍幼儿和唐氏综合征幼儿叙事的研究中发现,孤独症谱系障碍幼儿更容易出现语用的问题,包括使用奇异的或不适当的话语、很少考虑听者需要及背景知识的话语。这些研究都说明孤独症谱系障碍幼儿语言的主要问题是语用发展障碍。对孤独症谱系障碍幼儿而言,语用发展障碍有可能导致语言的其他方面发展滞后。

第二节　融合教育中孤独症谱系障碍幼儿的教育原则与方法

融合教育是一个较新的教育概念,在这一概念出现之前,我国常使用的概念是"随班就读"。目前在我国融合教育还处于发展阶段。对孤独症谱系障碍幼儿实施融合教育,是一个极具挑战性的课题。

> ### 一、孤独症谱系障碍幼儿融合教育模式

从 20 世纪 80 年代开始,国外的心理学家和教育工作者在理念上就已经确定了将孤独症谱系障碍幼儿的社会化发展,尤其是他们的社会技能和社会能力作为融合教育的主要内容。在融合教育中将促进孤独症谱系障碍幼儿的社会化发展的有效方案分为三大领域:强调社会化经验的重要性;在个别化教育计划中包含社会技能的内容;提供与普通幼儿进行社会互动的机会。在我国,目前较缺乏完整的融合孤独症谱系障碍幼儿教育理论模式及课程资源。接下来我们对周念丽等人提出的针对孤独症谱系障碍幼儿进行学前融合教育的理论模式进行介绍。

学前融合教育是指在幼儿园附设特殊教育班,让有轻度发展障碍和较严重问题行为幼儿在普通班中接受保教,在我国幼儿园针对孤独症谱系障碍幼儿开展融合教育却困难重重。为了能让 3~6 岁的孤独症谱系障碍幼儿能真正享受正常化教育理念的成果,根据查芬"充分教育模式"中所言及的"在幼儿的每个发展阶段,都能保证根据其个别需要进行教育"的理念,周念丽教授团队针对孤独症谱系障碍幼儿身心发展规律,结合普通幼儿园或学校工作特点,建设性地构建了孤独症谱系障碍幼儿融合教育模式。该融合教育模式主要包括体系模式、形态模式和联合模式。

(一)融合教育的体系模式

融合教育的体系模式是指在普通幼儿园构建出一个以园长为核心、以特教班负责教师为基础、以全园教师为整体的团队式保教体系模式。

在这一模式中,园长与特教班教师以及全园教师之间关系紧密,是建立了良好互动的保教整体。在此模式中幼儿园园长所起的作用是:①增强全园教师对孤独症谱系障碍幼儿进行保教的意识;②把握"融合教育"的实施方向,让教师能够根据孤独症谱系障碍幼儿各类特殊性,完善融合教育知识,改进具体指导方法;③及时配备特教班教师。该模式中特教班负责教师的主要任务是接受幼儿园园长的指导和给予幼儿实际工作及心理上的支持,及时与全园其他教师沟通信息。就孤独症谱系障碍幼儿的发展情况、保教要点等信息进行沟通,以利于临时被加配进来的教师能立即投入融合教育中。模式中全园其他教师的职责是自觉了解对孤独症谱系障碍幼儿所进行的"融合教育"的意义、理论和方法,自觉了解本园孤独症谱系障碍幼儿的概括。在需要自己的情况下,能根据孤独症谱系障碍幼儿的特殊情况,与保教班的教师组成团队,承担起必要的保教责任。

(二)融合教育的形态模式

融合教育的形态模式是指教师根据孤独症谱系障碍幼儿在普通幼儿园的普通班里接受融合教育的实际情况,适时、适地采取不同样式的保育形态的一种模式。

在这一模式中保教形式分为"集体保教"和"个别保教";保教内容有"统一保教"和"自由保教"。在融合教育形态模式中,根据保教形式和保教内容的不同组合又可分为以下几种:①"集体与统一"。当教师想对全体幼儿实施预先设定好的教学计划,特别是想让普通幼儿通过游戏等教学活动,来增强对孤独症谱系障碍幼儿的理解和关心时,可以采用此模式。采用该模式的前提是孤独症谱系障碍幼儿自愿参加活动。②"集体与自由"。当教师希望孤独症谱系障碍幼儿与普通幼儿交往,但是孤独症谱系障碍幼儿又跟不上普通幼儿的活动节奏时,可以让他们以自己的方式参与到集体游戏等教学活动中。③"个体与统一"。当孤独症谱系障碍幼儿很想参与到集体活动中,又受到身心条件限制时,教师可通过根据他(她)的实际发展水平,对统一互动的数量、时间和内容做出相应的调整,使其也能与普通幼儿一样感受到成功的喜悦。④"个体与自由"。当孤独症谱系障碍幼儿不能或不想参加集体统一活动时,可根据其本人的意愿,让他(她)选择感兴趣的内容方式,以其喜爱的方式进行个别教育。但这和融合教育的初心相违背,所以慎用此方法。

(三)融合教育的联合模式

融合教育的联合模式是指普通幼儿园与入园的孤独症谱系障碍幼儿的家庭、社区、治疗机构以及康复机构相互携手,以多方联合的方式对孤独症谱系障碍幼儿进行一种融合教育的模式。

> **二、融合教育实施原则与方法**

融合教育的实施对孤独症谱系障碍幼儿终生发展有着极其重要的意义。目前我国已有一部分幼儿获得了接受融合教育的机会,但由于我们对孤独症谱系障碍幼儿的融合教育研究起步较晚,在实际教学中,尤其是在融合教育实施原则的把握方面,国内的教育实践工作者仍处于摸索阶段。开展融合教育实施原则的研究,可以提高融合教育课堂教学的针对性,使教育更加有效。

就目前国内所能收集到的有关研究资料,我们可将孤独症谱系障碍幼儿的融合教育原则概括为指导性原则和操作性原则两大方面,接下来我们将具体介绍所涉及的融合教育原则以及相应的策略方法。

(一)指导性原则

指导性原则以对孤独症谱系障碍幼儿实施特殊教育的基本理论为基础,对融合教育课堂教学理念的理解具有整体指导作用。落实贯彻指导性原则能够帮助融合教育教师理解教学特点,开展适合班级幼儿的教学活动。融合教育课堂教学的指导性原则包括早期干预原则、个别化原则、平等性原则、发展性原则和缺陷补偿原则。

1.早期干预原则

早期干预原则是开展学前特殊教育的根本原则,也是融合教育工作的理论依据。早期干预是指针对已存在或可能存在发展障碍的孤独症谱系障碍幼儿实施预防、鉴别、治疗和教育的一系列措施。早期干预原则要求:首先,为特殊幼儿提供入学前的融合教育,让孤独症谱系障碍幼儿切实享有接受学前教育的权利。具体教学实践中,教师应对幼儿各类发展障碍早发现、早干预和早治疗。在孤独症谱系障碍幼儿能力发展早期阶段,教师如能抓住幼儿发展关键期,及时干预,能帮助孤独症谱系障碍幼儿更好地发展其基本能力。其次,教师在课堂教学中既要有意为孤独症谱系障碍幼儿提供适合他们能力发展的教学环境,设置相应的教学内容,也要对他们各方面能力发展有一个整体把握,及时发现或制止潜在障碍的发生。

2.个别化原则

个别化原则源于孔子的因材施教理念,它要求教师在充分掌握学生个体差异的基础上,认识和照顾到学生的不同需求,制订合理的、详尽的个别教育计划,实施适合幼儿发展的教学,并根据个体参与教学活动的实际情况对其做出相应的评价。

在融合教育课程研究中,个别化原则既是开展教学的一项基础理论,也是课堂教学中的一个难点。由于教育的对象是孤独症谱系障碍幼儿,他们在行为和能力等方面的表现既不稳定,也不全面。因此教师需要借鉴医学、教育学、心理学以及社会学评估报告来了解孤独症谱系障碍幼儿的个体发展差异,还应在实际教学过程中多观察,设身处地地从孤独症谱系障碍幼儿的立场去看待他们的行为、兴趣、能力、需要等方面的表现。在此基础上发现孤独症谱系障碍幼儿之间的个体差异,通过合理的教学安排、课程内容以及教学方法的选择,使幼儿获得最大限度的发展。

需要注意的是,个别化原则不等同于一对一的个别教学。在融合教育课堂中教师开展的应该是在集体教学条件下适应并兼顾个体发展的个别化教学,是教学内容、要求以及评估的个别化。

3.平等性原则

平等性原则是指在融合教育教学中,教师要对所有幼儿一视同仁,为他们提供公平的适合发展的学习机会。这就要求教师不仅要从形式上,更要从情感上接纳有特殊需求的孤独症谱系障碍幼儿,尊重他们的特点,使其获得适合其水平和需要的和谐发展。

平等性原则要求教师做到两点。第一,在教学过程中既要面向全体幼儿,又要兼顾有特殊需要的幼儿。不能顾此失彼,普通幼儿和孤独症谱系障碍幼儿的共同发展是融合教育的目标,教学决不能以牺牲一方的发展为代价。教师应运用巧妙的教学组织与教学方法使孤独症谱系障碍幼儿与普通幼儿相互促进形成良好的学习环境。当然,在教学中,教师还应该防止对孤独症谱系障碍幼儿的过分保护,不能包办或者限制他们的某些活动。这不仅不能使其能力得到训练和发展,还容易造成他们的依赖心理。第二,教师在教学中要正视幼儿的差异,把握班级的整体情况,为幼儿确立不同教学目标并通过运用分层教学或小组游戏等方法,使每个幼儿在课堂上获得适合自己能力的最大收益。

4.发展性原则

发展性原则要求融合教育班级的教师在教学过程中应该用发展的眼光看待每一个幼儿,组织适合的教学内容,运用恰当的教学方法,为他们提供适合发展需要的恰当的教育,最终达到让孤独症谱系障碍幼儿和谐发展的目的。

发展性原则要求教师做到三点。第一,肯定孤独症谱系障碍幼儿作为一个独立的个体的发展的必然性。教育的目的就是促进个体发展,孤独症谱系障碍幼儿也有其发展的可能性和必要性。第二,在融合教育课堂中,基本知识经验和基本能力的教学被认为是幼儿发展的核心内容。教师不能因为幼儿某些方面的缺陷而忽视或者特别重视特定知识或能力的发展。对于孤独症谱系障碍幼儿的教学及评估应该以普通幼儿的标准为基础,根据个体的实际情况适当地降低发展速度方面的要求,而非人为地剥夺其某方面能力发展的权利。第三,在教学过程中,教师不仅要关注孤独症谱系障碍幼儿各方面能力的全面发展,也要关注到其未来的发展。

5.缺陷补偿原则

缺陷补偿性原则表明,当人体的某一器官发生病变或功能障碍时,经过系统的训练,可以建立新的条件联系,调动受损器官的残余能力或利用其他器官的能力对失去的功能进行补偿和替代。

这一教学原则要求教师能够根据幼儿障碍的实际情况,灵活地改进教学方法,提供丰富多样的环境刺激,拓宽孤独症谱系障碍幼儿的活动范围,最终发掘他们潜在的能力优势。

（二）操作性原则

融合教育课程中的操作性原则直接涉及课堂教学活动的开展,以实践经验为基础,整合了学前教育和融合教育课堂教学操作的成功经验。操作性原则包括主体性原则、直观性原则、游戏参与原则、成功性原则和安全性原则。贯彻落实操作性原则,有助于教师更好地把握和理解融合教育的各项指导性原则,使教学活动能够更好地面向全体幼儿,满足所有幼儿的发展需要。

1.主体性原则

主体性原则认为任何人都是在以主体的身份与外部世界相互作用的各种活动中发展自己。它强调在教学过程中,每个幼儿都是能动的、发展的主体。在融合教育课堂中,主体性原则要求教师将每个孤独症谱系障碍幼儿看成一个有尊严、有动机的相对自主、不断发展的个体,为他们创造各种能带来新感受的环境,从而帮助他们从各种感受中获取新知识。

在融合教育课堂中主体性原则要求教师做到两点。第一,充分发挥孤独症谱系障碍幼儿的积极性,特别是要根据孤独症谱系障碍幼儿个性发展的特点,充分发挥其自主性,让他们具有自我调节和控制的能力,有表现自己的意愿和能力的可能,激发孤独症谱系障碍幼儿对活动的兴趣,使他们真正成为学习的主体。第二,发展幼儿的主体性活动并不意味着教师放弃了对于幼儿的教育而任由其发展。教师在教学活动中的任务是指导幼儿,并为其创造良好的自主活动的环境。

2.直观性原则

课堂教学中的直观性原则指的是教师为学生提供易于感知的和具体的知识,使概念的形成过程以事实、实物和形象为基础。

根据幼儿发展心理学的理论,幼儿期是人的生命历程中,依靠直观、具体经验来获得对事物认识、形成态度和行为方式的主要阶段。这段时间幼儿主要通过直观的实际刺激对外界进行了解和认识。在融合教育课堂中,教师应充分地利用直观的教学手段、形象生动的语言,丰富幼儿的感性经验,帮助他们建立具体事物与抽象文字符号之间的对应关系,以促进他们的发展。同时,教师在选择和运用直观教学时还应该综合考虑包括教学目标、教学内容、孤独症谱系障碍幼儿认知特点、实际能力等多方面因素。既要考虑到班级中正常幼儿的发展需要,也要照顾到孤独症谱系障碍幼儿的能力水平。

3.游戏参与原则

游戏参与原则要求教师能够充分发挥游戏对幼儿的吸引作用,让所有幼儿都能够积极主动地参与到教学中。对于任何一个孤独症谱系障碍幼儿来说,游戏都是他们最乐于参与的活动。游戏参与原则不仅有利于融合教育课堂中孤独症谱系障碍幼儿在他们喜爱的活动中自然地掌握相应的技能,更有利于促进孤独症谱系障碍幼儿与正常幼儿的相互交往,提高孤独症谱系障碍幼儿的自信心,引导普通幼儿对孤独症谱系障碍幼儿形成正确的爱护与帮助态度,并让他们对所处的社会人际关系交往方式有所了解。

在融合教育课堂中,最理想的教学游戏能够体现并满足幼儿不同能力的发展需要。因此教师应该对每个幼儿的能力都有一个客观而清晰的认识,并能够根据个体的能力和各自的教学目标,策划并组织包含不同层次游戏的教学活动。同时,在融合教育的课堂中,教师应当利用孤独症谱系障碍幼儿与普通幼儿共同游戏的机会,设计创造可能的环境,发展培养个体适应社会和建立正常人际关系的能力。

4.成功性原则

成功性原则基于孤独症谱系障碍幼儿的成就动机。无论孤独症谱系障碍幼儿存在多少心理障碍,也无论其障碍程度如何,他们都有获得成功的愿望和需要。成功性原则表明,在教学过程中,教师需要运用小步递进和积极强化的方法,激励孤独症谱系障碍幼儿主动获得成功。

在融合教育中,教学应该以每个幼儿的成功为目标,促使幼儿获得成功体验。由于个体本身的差异,成功的标准也因人而异,教师要学会创设均等取得成功的机会,在教学内容的设计、教学方法的选择、教学活动的组织乃至教学的反馈与评价上都要充分考虑到有特殊需要的学生的具体情况,鼓励幼儿树立成功的信心,为幼儿提供适应的帮助,创设获得成功体验的环境,使每个学生都成为成功的学习者。在教学过程中,教师要尤其注意对孤独症谱系障碍幼儿进行及时的正面反馈,可采用口头表扬、实物奖励或荣誉奖励等方法,让他们获得精神或物质上的成功体验。此外,还需创设机会让孤独症谱系障碍幼儿获得同伴认可的成功体验。教师可在教学过程中,引导全班幼儿对孤独症谱系障碍幼儿的进步给予恰当的关注和认可。

5.安全性原则

安全性原则是对孤独症谱系障碍幼儿进行教育过程中备受关注的一项内容。所谓安全不仅包括通常意义上的生理机体方面的安全,还包括了孤独症谱系障碍幼儿成长过程中心理环境的安全。也即,教师要为孤独症谱系障碍幼儿的健康成长提供全方位的保障。在融合教育课堂中,由于孤独症谱系障碍幼儿的特殊性,相关的安全保障需要教师格外关注并做周密安排。

首先,教师在安排教学活动时应充分考虑活动过程的安全性。良好的环境创设、系统的操作流程、灵活的应急措施都是教师在开展教学活动前应充分考虑的问题。其次,教师还需要注意孤独症谱系障碍幼儿的心理安全。教师应努力为所有幼儿创设一个宽松、和谐、平等的爱与被保护的活动环境,以促进包括孤独症谱系障碍幼儿在内的所有幼儿的身心健康发展。

第三节　教育康复中孤独症谱系障碍幼儿的教育原则与方法

教育康复是针对特殊幼儿全面康复的基本途径。通过教育与训练的手段,提高特殊幼儿的素质和能力。这些能力包括智力、日常生活的操作能力、职业技能以及适应社会的心理能力等方面。接受教育康复对孤独症谱系障碍幼儿而言十分必要,在教育康复的帮助下孤独症谱系障碍幼儿的部分功能和潜在能力能够获得最大限度的发挥,使他们的身体、精神和适应能力,获得最大限度的改善或恢复。目前并没有针对孤独症谱系障碍幼儿的特效药,也没有一种方法能够彻底治愈孤独症谱系障碍,但通过一系列的教育康复训练能够帮助孤独症谱系障碍幼儿接近正常水平或者回归到主流社会中生活。

> ### 一、孤独症谱系障碍幼儿教育康复原则

对孤独症谱系障碍幼儿开展教育康复训练需要遵循的原则包括:早干预早教育原则、及时纠正原则、循序渐进原则、及时强化原则。

早干预早教育原则是指对孤独症谱系障碍幼儿的康复教育要重视早期干预。早发现、早诊断、早训练对孤独症谱系障碍幼儿十分关键。对孤独症谱系障碍幼儿而言,早期干预和早期教育有重要作用。一方面,可以补偿、矫正已经存在的发展缺陷。因

为在障碍发展的早期,器官的功能及行为都还具有很大的可塑性,通过早期干预可以"抢救"和保存孤独症谱系障碍幼儿的残存能力,使之建立或保持相应的能力。另一方面,在学龄前期有许多幼儿发育的关键期,抓住这些关键期进行智力开发、语言发展、人格塑造等,可以取得事半功倍的效果。

及时纠正原则。在教育康复过程中,孤独症谱系障碍幼儿出现错误是非常普遍的现象。但不能放任错误行为发展,错误需要及时纠正,不能任其得到练习和强化,因为错误的行为一旦被巩固,需要花费更多的努力才能纠正。因此,要对孤独症谱系障碍幼儿经常出现的一些错误的言语、行为习惯及生活习惯方面给予及时纠正。

循序渐进原则是开展教育的一般原则,是指教学内容、教学方法和运动负荷等的顺序安排,要由易到难,由简到繁,逐步深化提高,使学生系统地掌握基础知识、技术、技能和科学的锻炼方法。对孤独症谱系障碍幼儿的教育康复同样需要遵循这一原则。虽然孤独症谱系障碍幼儿的发展存在很多特殊性,但作为一个个体其发展是具有规律性的,因此,在进行康复训练时,必须考虑到孤独症谱系障碍幼儿自身的发展特点及特殊需求,有针对性地制订系统的教育康复计划。

及时强化原则。由于孤独症谱系障碍幼儿发展的特殊性,他们会出现不少不适宜不恰当甚至是偏激的行为。当孤独症谱系障碍幼儿出现过于偏激的行为时,应该对其行为采取限制的措施,进行适当的惩罚,而比较严格的限制措施主要针对有危险动作的幼儿。惩罚不是目的,而是为了纠正行为,它应该与及时强化相结合,惩罚他们的不良行为,强化他们的积极行为,甚至强化他们所不具有但是对于成长是很需要的行为,从而使他们能更好地发展。

> **二、孤独症谱系障碍幼儿教育康复方法**

孤独症谱系障碍幼儿的康复训练,不应该单纯地只关注幼儿的外在行为表现,更应该注重教育康复过程中关系的建立,如亲子关系、师生关系以及治疗关系,强调幼儿情感和社会认知的发展,通过基于幼儿经验、兴趣、特长的各项活动促进幼儿感知-运动、语言-沟通、情感-社会等能力的综合发展。基于这一认识我们将为大家介绍孤独症谱系障碍幼儿教育康复的常见方法。

(一)应用行为分析(ABA)

应用行为分析植根于斯金纳的新行为主义学习理论,由美国加州大学洛杉矶分校的洛瓦斯(Lovaas)教授创建于1977年。它包括以行为分析为原则而设计的用以改善问题行为、形成可测量的和有社会意义的行为的干预策略。ABA的指令可以以各种方式进行,如分段回合教学法、自然教学、自然语言范式等。但很多行为分析师主张采用

"分段回合"（Discrete Trial）形式的指令，它包含 4 个部分：尽量简洁的指令，幼儿的回应，教学人员对幼儿回应的反应，两次尝试之间的时间间隔。但研究发现，应用行为分析这种方法对孤独症幼儿的机械的行为有帮助，但对孤独症幼儿的社会化行为的帮助不显著。

（二）关键性技能训练法（PRT）

继洛瓦斯教授创立应用行为分析之后，美国加州大学的凯格尔（Koegel）教授进一步提出了 ABA 的另一种情境化的干预方法——关键性技能训练法（PRT）。PRT 以游戏为基础、关键行为为目标，瞄准孤独症谱系障碍幼儿的核心障碍，产生最快的干预效果，使孤独症谱系障碍幼儿回归正常发展轨道。PRT 强调在自然环境中对幼儿的动机、自我管理及主动性等关键性的技能进行干预，以关键领域的改变带动一连串其他行为的正向改变，同时强调家长的参与。PRT 是建立在对近年来孤独症谱系障碍治疗全面回顾的基础上的，是被证实的 11 种有效的孤独症谱系障碍干预方法之一。

（三）图片交换沟通（PECS）

PECS 是邦迪（Bondy）和弗罗斯特（Frost）于 1998 年提出的针对改善孤独症幼儿社会沟通能力的干预手段，以提高孤独症幼儿在社会情境下自发的、功能性的沟通能力。PECS 采用的衡量标准包括亲子互动中幼儿的自发性语言、共同注意、请求行为的频率等多个具有社会意义的沟通变量，借由强化物、循序渐进的阶段、图像和句子，帮助孤独症幼儿建立实用的沟通技巧。因为操作简便，PECS 在家庭和学校环境中被广泛使用。

（四）社会故事法

社会故事法是 1991 年由卡罗尔·葛雷（Carol Grav）提出的孤独症干预方法。它并不直接教授社会技能，而是利用孤独症谱系障碍幼儿的视觉加工优势，通过故事编写，向孤独症谱系障碍幼儿解释环境中可能会发生的事件，指出重要的社会线索，指导幼儿做出符合社会规范的行为或社会技能。随着时间的推移，社会故事法在表征形式上也发生了改变，由最初的文字形式扩展到可根据孤独症谱系障碍幼儿的兴趣选择图片、照片、录音录像带、视频等多种形式。

（五）基于发展、注重个别差异、以关系为基础的模式（DIR）

2003 年威尔德（Wielder）和格林斯潘（Greenspan）提出了"基于发展、注重个别差异、以关系为基础的模式"（DIR）。其中的 D 代表幼儿发展早期的发展性能力，包括共同注意、参与、互动回合、问题解决、创造性的想法、抽象思维；I 代表具有个体差异的感知觉处理，如听觉和视觉的处理；R 代表能够提高情感、认知的社会性互动的关系和必要环境。DIR 模式干预的主要目的在于让幼儿形成自我意识,成为有意图、能进行互动的个体,与他人建立情感联系。

(六)人际关系干预疗法(RDI)

美国临床心理学家史蒂芬·古特施泰因(Steven Gutstein)针对孤独症的核心缺陷,基于数十年的临床经验提出了人际关系干预疗法(Relationship Development Intervention,RD1)。该方法着眼于孤独症幼儿人际交往和适应能力的发展,强调父母的"引导式参与",在评估幼儿当前发展水平的基础上,采用系统的方法循序渐进地触发孤独症幼儿产生运用社会性技能的动机,进而使其习得的技能在不同的情境中迁移,最终发展出与他人分享经验、享受交往乐趣及建立长久友谊关系的能力。

(七)SCERTS 模式

孤独症干预的"SCERTS"(Social Communication,Emotional Regulation,and Transactional Support)模式以家庭生活中的人际交流、幼儿情绪情感的自我调节、交往支持作为三个主要的干预维度,注重运用象征手段实现功能性的社会交往,为直接处理孤独症幼儿的主要问题提供了一个综合的心理-教育干预的框架。SCERTS 模式具有综合性特征,即它致力于理解孤独症幼儿与环境和他人相互作用的方式、充分的家庭生活背景和功能性的任务要求,根据孤独症谱系障碍幼儿心理发展的需求,规划周全地利用高度结构化(重复性和可预测性)的训练方案,通过周围成人和幼儿玩伴的细心帮助,利用有效的学习机会,随时随地进行干预。

(八)艺术与音乐治疗

近年来,艺术疗法,如绘画、园艺、泥塑、音乐等艺术形式在孤独症谱系障碍幼儿教育干预中的应用逐渐增多。运用最广的当属音乐治疗。其教育的核心理念是原本性音乐教育,这种原本性的音乐教育重视体感,以节奏为基础,以综合性、参与性、创造性和互动性为基本原理,课程内容包括嗓音造型、动作造型、互动音乐游戏与戏剧表演、声音造型等。这种方法能够在很大程度上促进孤独症谱系障碍幼儿的感知运动、语言沟通、情感交流及社交的发展。

第四节 孤独症谱系障碍幼儿的家-园-康复机构-社区协同教育

在这一节中,我们将对孤独症谱系障碍幼儿的服务与教育拓展到更大的环境中。社会生态学理论将家庭、学校、康复机构归为幼儿生长的微观环境,而社区是一个中观环境。孤独症谱系障碍幼儿的成长必然会受到周遭环境的影响。微观环境对孤独症谱系障碍幼儿的生命成长有着非常重要的影响,而社区,直接涵盖家庭、学校、康复机构,其影响也不容小觑。因此,对孤独症谱系障碍幼儿的教育不是聚焦某一个环境即可,而是需要家-园-康复机构-社区的协同教育。本节我们将根据社会生态学理论,从社区这一中观环境入手来讨论对孤独症谱系障碍幼儿的家-园-康复机构-社区的协同教育。

> 一、家庭-社区的协同教育

家庭-社区的协同教育,更多的是强调社区与孤独症谱系障碍家庭的相互渗透、相互支持。

（一）为父母提供支持

为人父母本是一件令人喜悦的事,而孤独症谱系障碍幼儿的家长恐怕是为人父母中最艰辛的一个群体,他们所承受的精神和物质压力要远超出我们的想象。为了能给在经济和精神上都承受巨大压力的孤独症谱系障碍幼儿父母一种支持,让他们能够以一种健康的态度和乐观的心态去接纳孩子,社区可以为父母提供一些必要的支持,助这些父母一臂之力。

1.提供必要的情感支持

情感支持可以分为两个方面的支持,一是疏导家长的负面消极情绪,二是给予父母正确的情感激励。

当孤独症谱系障碍幼儿的家长独自承受巨大精神压力而面临潮水般的负面情绪难以排解时,如果有人愿意耐心地倾听,可以让家长感到欣慰。社区可以招募本社区具有心理学、教育学、社会工作等相关经验的志愿者,在家长需要倾听者时,能够有一个具有同情心且态度温和的倾听者在家长身边。同时,社区也可通过讲座等方式,帮助家长正确认识情绪,让家长了解自己的不良情绪态度可能会抑制自己孩子的身心发展,教给他们正确处理情绪的方法。正面的情感激励可以用微笑和接纳的态度来使家长获得信息。当孤独症谱系障碍幼儿在社区生活遇到困难,社区工作者可以帮助他们进行一些沟通交流,从而减少父母承受的巨大精神压力。

2.提供信息支持

孤独症谱系障碍幼儿的家长大多数都迫切需要知道该如何面对自己的孩子并且为孩子拟定未来计划的资料;了解孤独症谱系障碍的诊断和预后的帮助;了解如何面对因孩子的特殊性而给日常生活所造成的影响。他们还想要了解可利用的教育与服务机构、设施,以及哪些机构和方法能够干预训练自己的孩子,使孩子能在最大限度上接近正常幼儿。这些信息我们都应该想办法让家长获得，社区可以组织专门的志愿者设立专栏，收集信息定期发布。也可以将这些家长组织起来，请专家为他们面对面做讲座获得信息，同时，家长之间也可以一起分享自己的照顾体验，这样在群体中不仅可以舒缓情绪，还能共同商讨解决问题的办法。

(二)家庭-社区的协同教育

在对孤独症谱系障碍幼儿实施家庭-社区协同教育时，可以组织孤独症谱系障碍幼儿家庭和正常幼儿的家庭共同参与互助共享，将家长们的支持理解充分调动起来，提高双方家长的教育能力，促进孤独症谱系障碍幼儿和正常幼儿的共同发展，充分利用社区资源及家庭资源为孤独症谱系障碍幼儿的教育提供支持。在社区中，可以"普通幼儿家庭、孤独症谱系障碍幼儿家庭、幼儿园、教育康复机构的多方平等参与、互助共享"为原则，成立家长互助联谊会。所在社区的每一个幼儿的家庭都应是联谊会的成员，共同参加互动活动。为孤独症谱系障碍幼儿家长提供情绪支持及信息支持平台。

> **二、幼儿园-康复机构-社区的协同教育**

对孤独症谱系障碍幼儿而言，他们的独立性和活动性会比普通幼儿差，社会性发展滞后，受周围环境的影响更大，也更需要系统、全面的教育，仅仅依靠幼儿园、康复机构的资源，靠丰富教学内容的做法远不能满足孤独症谱系障碍幼儿的特殊需要。而社区的自然环境和人文环境天然蕴含着丰富的学习资源，对孤独症谱系障碍幼儿的多方协同教育，可以充分利用社区和周边环境的教育资源，拓展孤独症谱系障碍幼儿的生活与学习空间。构建幼儿园-康复机构-社区协同教育可以从以下几方面开展工作。

(1)与社区教育系统的联动。实施融合教育的幼儿园、学校可与社区内或社区周边的特殊学校、教育康复机构联合，建立不定期的交流沟通，从这些专门机构中吸取相关特殊教育的知识和经验，帮助制订和调整教育内容。与此同时，实施融合教育的幼儿园、学校还可与社区内及周边的各职能部门联合，寻求残疾人联合会、妇女联合会、幼儿保健所、计划生育委员会、所属街道等职能部门的支持，形成多部门分工合作、共同关怀和帮助孤独症谱系障碍幼儿及家庭的联合网络，集合多方力量为孤独症谱系障碍幼儿制订适应的个别干预计划，促进他们发展。

(2)与社区内个体成员之间的联动。首先，实施融合教育的幼儿园、学校、教育康复机构可以呼吁社区内的行业专家、社会工作者、教师成为志愿者。让社区中一些学有所长的专家或教师成为导师，不定期到这些实施融合教育的幼儿园、学校、教育康复机构中对教师、家长进行培训指导，促进孤独症谱系障碍幼儿的干预训练。其次，还可呼吁社区内的大中专学生成为志愿者。通过社区的宣传,呼吁有爱心的大中专学生利用课余时间到实施融合教育的幼儿园、学校以及教育康复机构中,与孤独症谱系障碍幼儿形成多种形式的互动,让孤独症谱系障碍幼儿感受到来自他们的温暖和活力,促进其社会性的发展。最后,实施融合教育的幼儿园、学校以及教育康复机构可以通过社区呼吁普通幼儿家长成为特教工作的义工。呼唤那些具有爱心的普通幼儿家长作为义工,不定期入园/入校协助教师开展工作,还可以不定期地带孤独症谱系障碍幼儿外出游玩,帮助他们更好地认识世界、认识社会。

(3)服务社区,实施教育安置整合社区资源。实施融合教育的幼儿园、学校以及教育康复机构可利用与社区的紧密联系,充分发挥其优势和专业力量,对社区内及周边社区的孤独症谱系障碍幼儿定期评估,以其作为教育诊断的依据之一。同时,为社区内的幼儿提供接受教育干预的机会。

第五章
超常幼儿的心理与教育

俞先茹

不同文化背景中,不同时代中,我们都听过"神童""天才""超常""天资优异的幼儿"等这样一些词。这些概念所表述的究竟是一个什么样的群体呢?电影《少年班》中来自西安交大的"少年班"导师周知庸,前往全国各地寻找了 22 名智力超群的天才少年,他们就是这个群体的代表。我们也称他们为超常幼儿。

1978 年以后,由于现代化建设对于拔尖人才的迫切需要,国家开始关注并推进超常幼儿的教育,相继在中国科技大学、西安交通大学等 12 所高等院校成立了少年班,70 多所中小学开办了实验班,对一些资质优异的幼儿进行比较系统的教育和培养。

第一节　超常幼儿概述

＞　一、超常幼儿的界定

超常幼儿(supernormal child)这一概念是由我国心理学家刘范、查子秀等于 1978 年首先提出的,也有其他学者会使用天才幼儿和专才幼儿(gifted and talented children)等概念。不同国家不同地区对超常幼儿的称呼略有不同,如新加坡称为"高才幼儿",我国台湾地区则称为"优资幼儿"。虽然称呼不同,但其概念的内涵与外延基本一致,都是指智慧和能力超过同龄幼儿发展水平的幼儿。

在不同时期,人们对超常幼儿的定义也是不尽相同的。换言之,超常幼儿的界定随着时代的变化而不断改变。

在美国,超常幼儿(天才幼儿)早期的定义是与斯坦福-比奈智力量表的成绩紧密联系在一起的。这一量表最早是由法国医生比奈制作,斯坦福大学教授刘易斯·特曼(Lewis Terman)将其完善。当幼儿 IQ 值为 130~140 或等于任何一个公认的分数,他/她即被称为天才。其在同龄幼儿人数中的比例为 1%~3%。

20 世纪 70 年代初,美国教育部规定了天才幼儿应包含以下几方面内容:①一般智力;②特殊学习能力倾向;③创造性思维;④领导能力;⑤视觉与演奏艺术;⑥精神推动能力(该方面后来被删除)。他们认为只要在上述某一方面或多个方面天资优异并有杰出表现的幼儿都是天才幼儿。

20世纪80年代初,泰伦鲍姆(Tannenbaum)提出了天才幼儿的心理社会定义,他认为天才是由以下5种因素交互作用而产生的:①一般能力(也即一般智力);②特殊能力;③非智力因素;④环境因素;⑤机遇因素。

国际上对超常幼儿的定义较为一致的看法是引用1972年《马兰德报告》(Marland Report)中的定义:超常幼儿是指在一般智力、特殊学术能力性向、创造思维能力、领导才能、视觉或表演艺术能力、心理动作能力等一种或多种能力领域中具有成就或潜能的幼儿。

对于超常幼儿的内涵的界定,我国学者认为,首先,超常幼儿是有特殊需要的幼儿,普通教育无法满足其发展的需要;其次,超常幼儿的"超常"可以表现在认知能力(智力)、创造力、学业能力、领导力、特殊才能(艺术、表演、运动等)等不同的领域,在其中一个或多个领域表现出显著的能力水平;最后,超常幼儿的"超常"有生理与遗传因素,但后天环境与教育是"天才"能否发展为真正的"专才"的关键,教育不仅要关注其认知和智力因素,还要关注其社会性发展。

> ## 二、超常幼儿的成因

千百年来,大家一直对这些表现非凡的幼儿十分好奇。人们惊讶于他们的出众,同时又深深疑惑,这些孩子独特的才智从何而来? 我们对这些孩子冠以"天才""神童"的称呼,以上天恩赐来解释他们的与众不同。但始终无法揭开超常幼儿成因的全部奥秘,随着科学的进步,我们得以瞥见这神秘的一角。

人们往往会有一种认识,这些超常幼儿的才能是神赐或者上天赐予,近年来的脑科学研究让我们对超常幼儿的产生有了新的认识。

环境因素对大脑发育的影响从胚儿时期就会开始。当前虽然没有大脑发育与环境刺激因素有关的直接实证研究,但已有研究发现,基因为大脑各部分的发生、发展设定了既定的程序,但不同基因的开/关及其排列组合还是会受到环境因素的影响。如胎儿期神经元细胞的凋亡等会受到外界环境因素的影响。因此,我们仍有理由相信,胎儿时期良好环境是使优良的基因转变为现实的前提条件。

学习与发育成熟不可分离,也即脑的良好发育必须在适宜的外界环境刺激下才能实现。就像如果要学会跳水必须要下水练习,否则只有健全的身体,具备跳水的能力,但没有进入水下环境练习,还是不能真正学会跳水。诺贝尔医学奖得主坎德尔在分子水平上对学习和大脑发育的关系做了研究,证明了有机体与外界的互动学习过程会改变大脑的神经连接,并且能够加强经常使用的突触的强度。可见,在良好的后天培养教育环境中进行学习与智力的发展存在着必然的联系。

大脑的可塑性是持续终生的。对大脑发育的研究发现,不同脑区在不同的年龄发展阶段存在突触的过剩生长期和随后的修剪期,研究者推测这是某种特定能力发展敏感期的生理基础。因此,在敏感期对幼儿加以训练和教育可以达到事半功倍的效果。另一方面,对幼儿大脑可塑性的研究发现,在幼儿稍晚的年纪借助丰富的环境,仍可使他们的大脑得到进一步的发展。我国学者查子秀在20年间对140余名超常幼儿进行追踪研究发现,超常幼儿的成长类型可概括为:跃进式、渐进式、V形前进式(波浪式)、后起式和滑落式。

脑的良好发育还需要稳定安全的环境,包括身体和社会情绪的安全。格林斯潘和刘易斯提出假说,认为婴儿是先学习辨别情绪,然后才学习认知分类,也即,情绪的发展为认知的发展提供了基础。当幼儿不能感受到情绪上的安全时,其信息加工能力必然会受到影响。因此,我们可以推测,幼儿的社会情绪安全感对大脑的健康生长和神经发育有着至关重要的作用。

除此以外,社会文化背景与超常幼儿的产生也有很大关系:首先,时代文化背景深刻地影响着人们对超常幼儿能力的认知,继而使得不同社会中天才人群的特点有所不同;其次,超常幼儿自身在成长过程中也不可避免地受到所处社会文化的影响。

> **三、超常幼儿的鉴别**

(一)超常幼儿鉴别的程序和过程

为了能够更好地为超常幼儿提供适合其发展需要的教育,促进超常幼儿的发展,首先要完成的一件事就是发现他们,并对他们进行科学规范的鉴别。我国对超常幼儿的鉴别,目前主要有两种情况:一种是个别鉴别;另一种是集体鉴别。总体来说,对超常幼儿的鉴别是通过下列程序进行的。

1.推荐

由家长或者教师推荐。一般会要求填写一份书面调查表,了解幼儿的各项情况,包括幼儿的基本情况、发展发育史、超常的主要表现、家庭的基本情况、家长对幼儿的教育情况、幼儿在学校的教育表现等。

2.初试

一般是对主科知识和能力的考查,以及进行一般智力测查。通过学科测验来测查主科知识和能力,一般智力测查通常采用《韦克斯勒幼儿智力量表》(WPPSI)、《瑞文标准推理测验》等。

3.复试

对在初试中表现优异,达到标准的幼儿,通过进一步的复试来全面考察其认知能力、创造力和个性特征。目前,有的学校会采用我国超常幼儿研究协作组编制的《鉴别超常幼儿认知能力测验》对认知能力进行鉴别,或使用我国修订的国外常用的智力测验量表进行复测,另外也会使用修订的创造力量表对幼儿的创造力进行复测。有些学校采取面试的方式,安排有经验的教师进行面试,直接观察幼儿有关方面的实际水平和其他的非智力的个性特征等。对于具有特殊才能的学生,则根据不同的特殊才能的标准进行考核,也请相关专家对幼儿的作品(如绘画、作文、作品或者音乐才能展示等)进行专业评定。

4.试读或继续考察

对通过复试的幼儿,综合分析他们的初试和复试材料,确定参加超常幼儿试读班的学生,经过一定时间(一个月或以上)的试读(教育干预),进一步了解幼儿的学习能力、学习态度、个性特征及其他表现,并在追踪研究和教育实验过程中进一步考察和鉴别。

(二)超常幼儿鉴别的原则

对于超常幼儿的鉴别原则,学者提出主要有以下七条:①鉴别必须使用"多元能力"的概念;②鉴别工具必须能证明该幼儿相较于同龄者能展现英才的能力;③鉴别工具能提供有关幼儿能力与需求范围的证据;④鉴别工具及方式能够兼顾"潜能"与"成就";⑤鉴别工具及方式能够鉴别出不同语言、经济、文化背景与特殊族群的幼儿,并提供给每个人公平的鉴定机会;⑥采用弹性的鉴别工具及鉴别流程,以能鉴定出每位幼儿不同能力为主要考虑;⑦鉴别结果要有助于教育规划。

第二节　超常幼儿的心理发展特点

超常幼儿作为一类特殊幼儿,他们的健康成长可以为国家的发展提供智力支撑。长期以来超常幼儿的智力发展特点备受学者的关注,近年来,越来越多的学者开始关注超常幼儿的心理发展过程,本节将对其进行简要的介绍。

> 一、超常幼儿的认知能力发展

日常生活中,认知过程无处不在。去超市买东西,我们在认知;去美术馆参观,我们在认知;坐在课堂上听课,我们在认知;思考如何度过即将到来的假期,我们还是在认知。认知活动是人类的高级心理过程,虽然看不见,摸不着,却是决定我们外部行为的内部心理机制,因此认知活动在人类的生存和发展中扮演着极为重要的角色。对超常幼儿认知发展与特点的研究也是超常幼儿研究中十分重要的一个内容。

何为"认知"和"智力"概念一样,因为其本身内涵极为复杂,且随着人们的认知发展而不断变化,我们很难给"认知"下一个准确的定义。弗拉维尔(Flavell)曾提出,传统上对于认知的看法,倾向于将其限制于人类心智比较特别、比较明确的"智力"过程和产物,主要包括心理实体中比较高级的心理过程,如思维、想象、创造、计划和策略形成、推理、问题解决等过程。而近年来的研究则认为,认知活动还应该包括一些可能相对较低级、较少需要纯粹的皮质层活动参与的成分和更具有社会心理方面性质的成分(如语言等)。在实际认知过程中,认知互动是多个成分和过程参与的动态、立体的心理过程,我们很难为其划分一个清晰的边界。为了方便阐述,在本节中,我们关于认知的概念主要是指获得、处理、组织与使用知识等较为高级的心理过程。

(一)超常幼儿的信息加工速度

信息加工速度也称为加工速度、认知加工速度或心理加工速度,是单位时间内完成任务的数量。信息加工速度是一个抽象概念,一般认为有三个层次。①感觉运动速度。这是最基础的层次,它反映了对刺激迅速做出简单反应的能力,如手碰到烫水马上缩回来。②知觉速度。反映的是对刺激迅速做出简单的知觉判断等反应的能力,如判断两张照片是否为同一个人。③认知速度。它涉及较为高级的认知活动,例如回忆、联想等。由于该层次的认知活动大都受到经验以及策略方面的影响,所以加工速度在这一层次上的作用很难准确把握。

对信息加工速度的研究大多选用反应时和检测时两个指标。反应时是指从刺激呈现到反应开始之间的时距。检测时是指当正确率达到一定水平时(一般是85%或90%),观察者正确地辨别一个明显的刺激特征所需要的最短呈现时间。

对不同年龄、不同能力水平以及不同文化背景的人群进行研究发现,信息加工速度和IQ两者之间存在可靠且稳定的相关。科恩等人通过简单反应时和选择反应时等九种基本认知任务,对年龄为13岁的天才幼儿和非天才幼儿的信息加工速度进行比较,发现在各项任务中天才幼儿的信息加工速度都明显快于非天才幼儿。我国学者对超常幼儿的基本信息加工能力研究后发现超常幼儿存在独特之处。邹枝玲等人对各25名7岁超常幼儿和常态幼儿进行研究,以选择反应、图形匹配、心理旋转和抽象匹配为基本认知任务,对超常和常态幼儿信息加工的正确率和反应时做了分析后发现:①超常与常态幼儿对不同任务的反应时变化趋于一致;②超常幼儿的信息加工能力显著优于常态幼儿,具体表现为反应时更短或正确率更高;③超常幼儿与常态幼儿信息加工的差异与任务难度有关,表现为任务难度越大,差异越显著。研究者据此推论,在知觉层面上,超常幼儿的主要优势表现在加工速度快,而在表象或相对复杂的思维层面上,超常幼儿的优势则表现为正确加工信息的效率高。

(二)超常幼儿的问题解决能力

在我们普遍认知中,"聪明人"往往就是那些善于解决难题的人。比如动画片中的"一休哥"、足智多谋的诸葛亮、铁齿铜牙的纪晓岚等。20世纪80年代,斯滕伯格对普通人头脑中聪明人的概念进行调查研究,发现在人们列出的众多指标中,最为重要的因素就是"解决实际问题的能力"。

现代认知心理学通常将问题解决定义为一系列有目的有指向的认知加工过程。该定义有三层含义:其一,问题解决具有明确的目的性,不是自动化加工的,带有"个人"色彩,也即是否存在问题是需要视个人的具体情况而定的;其二,问题解决是在目标指引下的一系列心理操作;其三,问题解决的活动必须由认知操作来进行,其本质是一种思维活动。

与普通幼儿相比,超常幼儿往往在问题解决方面更具优势,这种优势主要表现在他们的策略运用能力上。研究发现,超常幼儿拥有更多的策略知识。在面对一个新的问题情境时,超常幼儿对问题的理解往往更深刻,在策略选择上更精细、适当和有效。在问题解决过程中,超常幼儿将会在问题表征、策略的计划和选择上耗费更多的时间,而普通幼儿则是把更多精力放在策略执行上。

> 二、超常幼儿的社会性发展

每一个完整的个体,都是知、情、意的统一体。我们通常会更为关注超常幼儿的认知发展,对于他们智力因素的特征了解也更多。但作为完整幼儿的他们,又由于他们身心发展的特殊性,我们有理由相信他们的个性和社会性发展同样会有特征。这些特征往往是在与成长的大环境、与人的互动过程中形成的。作为超常幼儿的他们,社会性发展究竟会有哪些特点?接下来我们从情绪发展、个性形成以及自我发展三个方面进行讨论。

(一)超常幼儿的情绪发展

情感是人类的重要本质属性之一,每个完整的个体都有自己的情绪情感。很多研究者认为情绪是个体的内在驱动力,只有个体在情感上认为某些事情重要,才会想方设法去解决它,我们的情感会创造出有意识的注意力,从而产生解决问题的行为。也可以说,情绪对于智力的发展可能起到促进或者抑制的作用。因此,研究超常幼儿的情绪情感发展同样十分重要。

超常幼儿往往具有较高水平的认知能力,但是认知能力发展并不能预示他们的情绪情感发展也可以达到高水平。从整体来看,超常幼儿的社会情感特征主要表现为:①具有更好的情绪调节能力;②有较高的能量水平,可能导致情绪的兴奋性、高度敏感性、不假思索的言语以及无尽的想象力,以及可能极端高昂或者低落的情绪反应;③更独立、更少附和和顺从同伴的观点、更具控制力、更强势、更具竞争性;④在幼儿早期和青春期一直都表现出更高的坚持性和注意力水平,更好奇、更享受学习、喜欢掌控或挑战;⑤过度的自我批评,以及基于不合理的对自己的高期望而导致的不现实的自我评价,导致完美主义;⑥对自己认知能力有积极的自我认知、对学业的成败有较多的自我控制的自信;⑦更喜欢与自己智力相当的同伴,社会交往上更喜欢年长的幼儿或者成人;⑧在班级同学中有一定的威望,同学往往把他们当作第一(超常男孩时常如此),其主要影响因素是超常幼儿的自我概念等;⑨经常表现出领导能力,而且积极参与社区的活动;⑩倾向非常理想主义,在很小的时候就寻找公平正义,他们对于价值和道德问题更加敏感,他们通常对他人的感受和权力很敏感,并对他人的问题产生共情,因此很多超常幼儿对社会问题非常关注。

从整体看,超常幼儿情绪的发展还是表现出很多积极的特征,和同龄幼儿相比,超常幼儿的焦虑水平更低,更容易适应。虽然个体具有很大的差异性,但研究表明,超常幼儿的情感、情绪特征类似于比他们年长的群体的特征,超常幼儿的情感/情绪特征也存在性别差异。总体而言,超常幼儿和普通幼儿相比,会表现出更多的独立性和内在动机,会更灵活,自我接纳度更高,心理调适力更强。

（二）超常幼儿的个性发展

在日常生活中,我们会经常使用到"个性"这个词语,我们会说某人很有个性。但究竟何为"个性"?《中国大百科全书》(心理学卷)认为人格是"个体特有的特质模式和行为倾向的统一体"。也有学者认为,个性是具有动力一致性和连续性的持久自我,是个人在社会化过程中给人以特色的身心组织。国内的心理学教科书把人的个性一般分为倾向性、气质、能力和性格。倾向性是个性的核心,决定着人对社会环境的态度和行为的动力系统,主要包括需要、动机、兴趣、理想信念以及价值观,它支配和协调着人的个性的其他方面。气质是人的神经系统的强度、速度、灵活性、力度的平衡和稳定性。能力是那些直接影响人的活动效率、使活动的任务能够顺利完成的那些最必要的个性心理特征,通常可分为一般能力和特殊能力。性格表现为人对现实的稳定的态度,以及与之相适应的习惯化的行为方式的个性心理特征。个性的这四个方面是相互联系相互影响的,并非孤立的一个部分,而是作为整体而存在。

超常幼儿的个性发展也遵循一般的个性发展规律,即从不随意性到随意性,从他律性到自律性,从表面性、片面性到深刻性、完整性,从动摇性到稳定性。所不同的是,超常幼儿个性发展的速度比常态幼儿快得多,个性发展的水平也明显地高于常态幼儿。

中国超常幼儿协作研究组根据调查的追踪研究,在《中国超常少儿教育的理论与实践——超常教育与潜能开发》一书中概括了超常幼儿的个性特征,包括兴趣广泛,求知欲旺盛,动机水平高,意志坚强,自信心、好胜心强。并且在对超常幼儿和常态幼儿进行的比较研究中发现,超常幼儿在主动性、坚持性、自信心、求知欲、理想抱负、独立性、好胜心和自我意识等方面的测验得分都超过了同年龄常态幼儿的平均数,有的还达到显著水平。上海师范大学袁军、洪德厚等用中国超常幼儿研究协作组编制的《中国少年非智力个性心理特征问卷》(Chinese Adolescence Non-intellective Personality Inventory,CANPI)对南京师范大学附属中学和苏州中学的少年预备班学生及上海早慧少年共 49 人进行的测试结果也表明,这些智力优异的少年在抱负、求知欲、好胜心、独立性、坚持性、自我意识等六个非智力个性心理因素上的平均得分均高于全国样本的平均数,且差异极为显著,这说明超常幼儿的非智力个性因素也显著优于常态幼儿。

虽然超常幼儿个性发展的各个方面都达到超常水平,但他们仍然是幼儿,幼儿身心发展不平衡的规律依然适用于他们。甚至在某些方面超常幼儿身心发展的不平衡性更为显著,从而使超常幼儿的个性发展具有特殊性,有学者将这种不平衡性称为"不同步发展综合征",具体表现为:①运动发展与智力发展不同步;②智力的不同方面发展不同步;③智力和非智力个性特征之间发展不同步;④幼儿行为和社会要求发展不同步。

(三)超常幼儿的自我发展

自我是个体发展中一个重要且复杂的概念,心理学的不同分支对自我从不同角度进行研究,对自我这一概念,不同学者在理论层面和操作层面都有各自的命名和定义。在实际研究中,研究者倾向通过"自我概念"和"自尊"的分析来探讨自我的本质和内涵。通常我们认为自我是个体对自己的一整套复杂且动态发展的感知和看法,而且是在我们与他人、外界的互相作用中形成、变化和发展的。个体对自我的看法,会指导其行为,决定个体对世界和他人的看法。对于超常幼儿而言,由于他们认知发展以及社会性发展的特殊性,注定他们将具有独特的自我概念,而这些自我概念反之又会作用于他们其他能力的发展和表现。

通常我们将超常幼儿的自我概念分为学业自我概念和社会自我概念。对超常幼儿自我概念的研究并未得到一致的结论,研究中发现"天才"这一标签对幼儿自我概念产生的影响可分为两大类:一种认为这个标签化过程对"天才"幼儿的自我概念和自尊的影响是积极的,但也有研究者认为对这种积极影响要进一步分析,提出超常幼儿的学业自我概念的发展要优于社会自我概念;而另一种认为将超常幼儿纳入特殊班级,被贴上标签后,反而会降低其自我概念和自尊水平,这可能是因为社会比较的作用,在普通班级内的"天才"幼儿其能力超乎寻常,而在特殊超常班,这仅是一种典型能力,正是由于这种转变,可能会降低超常幼儿的自我概念。

一些研究表明超常幼儿的学业自我概念比同龄幼儿强,也就是说对自己学业能力的看法和知觉较为正面积极,但也有研究表明二者之间不存在显著差异。而在非学业自我概念方面,研究者发现不一样的结果。伦祖利等人在综述中指出,超常幼儿的行为自我概念较强,而体能自我概念比同龄幼儿略弱。但其他学者的研究则发现在体能自我、外形自我、同伴自我和一般自我概念上,超常幼儿的得分均显著高于高成就的非超常幼儿,还发现随着社会环境的变化,同龄幼儿的自我概念在学业和非学业自我的多个维度上均有显著提高,而超常幼儿的自我概念则基本没有显著变化,并在一些维度上低于同龄幼儿。

另一些研究发现,超常幼儿的自我概念存在性别差异。有研究发现,超常女孩在某些具体的领域里要比超常男孩具有更低水平的自我概念,比如,学业超常的女孩在社会性相关的分量表(如求助、自卑)上的得分低于男性。还有研究显示,超常女孩的自信心从小学到中学是不断下降的。而施建农等人对9~13岁超常幼儿的自我概念的研究发现,不管是不是超常幼儿,都存在显著的自我概念的性别差异,但与先前的一些研究结果有很大不同,他发现排除超常幼儿的年龄和智力水平因素,女孩自我概念的各个方面均显著高于男孩自我概念的那些方面。

大部分超常幼儿不存在自尊上大的缺陷,但在一些报告的个案中却看到有部分超常幼儿在自尊发展中存在一些问题,尤其是低自尊的问题。低自尊可能导致高水平的焦虑,更加容易导致幼儿出现身心失调的问题,导致效率变低,甚至出现破坏性行为。每个幼儿的自尊都是在与外界,尤其是在与最亲近的人的互动中慢慢建立"一层保护壳"而形成的。而很多超常幼儿极有可能是在绝望的情绪里来建构这样的保护壳,他们有可能要成为"一个完美的孩子",不能让每个人失望,但这是不可能做到的,而且人们对超常幼儿的期望也相对更高。在人们知道一个幼儿是超常幼儿时,会认为他/她可以更好地完成某项任务,"既然你是天才,你肯定会"这样的观念实际上无法让超常幼儿形成积极的自尊和自我概念。这很有可能是导致超常幼儿出现低自尊的原因。

第三节　超常幼儿的教育

美国学者布鲁姆经过长达 20 年的研究发现,对 90%的学生有效的教学方法,对 10%的好学生是不利的,而对那 3%的超常幼儿而言更是极大的压抑和抑制。因此,对于超常幼儿实施特殊教育十分必要。那对超常幼儿开展特殊教育究竟是何含义? 对超常幼儿的教育应该如何进行? 超常幼儿的教育有哪些不同于普通教育的基本原则? 超常教育的教师又需要具备哪些专业技能? 我们将在本节展开探讨。

> **一、超常幼儿教育概述**

(一)什么是超常教育

超常幼儿的教育,简言之即,为超常幼儿提供的教育,它属于特殊教育的范畴。要开展超常幼儿的教育,我们首先要明确我们的教育对象——超常幼儿。目前对超常幼儿并没有统一的定义,学者们比较认可的是超越单一高智商的定义。一般认为超常幼儿会在以下六个方面的某一个或某几个表现出特殊才能:①一般智力;②特殊学术性向;③创造性或生产性思考能力;④领导能力;⑤视觉或表演艺术的能力;⑥心理动作能力。越来越多的学者认同超常幼儿的超常表现在多个维度,不同领域,因此在进行超常幼儿的教育时,不应该只关注其成就的潜能,而是应该关注超常幼儿发展的需要。

施建农认为,"超常教育"既不是超乎寻常的教育,也不是使常态幼儿成为超常幼儿的教育,而是针对超常幼儿身心发展特点而进行的旨在使他们得到良好发展的教育。超常教育不是"另类教育",应该把超常教育视为教育大家庭里的一员,既是广义的特殊教育,也是普通教育的有机组成部分,同时又是教育理论创新、制度创新、方法创新的有益尝试。

查子秀认为,根据对超常幼儿全面、科学的认识,超常教育应具有以下几点性质。第一,超常教育是全面发展的教育。超常幼儿的心理是智力、个性及创造力相互联系和制约构成的,培养超常幼儿不能只单方面开发智力或发展某方面特长,而应是全面发展的教育,是高素质的教育。第二,超常教育是因人而异的教育。由于超常幼儿有许多类型,不同类型的超常幼儿有着不同的需求、特点,因此设计超常教育时,不能大一统,而应因人而异,真正贯彻因材施教。第三,超常教育是创造性教育。研究发现,创造力是超常幼儿心理的主要成分之一,只有创造性的教育才能发展超常幼儿的创造潜力。第四,超常教育是特殊和一般相统一的教育。超常幼儿与普通幼儿相比有着明显的差异,他们在很多方面都表现出独特特征。但另一方面,超常幼儿同样也是幼儿,与普通幼儿又有相同的方面。因此,超常教育要处理好特殊教育与普通教育的关系,使两者相辅相成,以达到最佳的教育效果。

(二)超常教育的原则

与普通幼儿相同,超常幼儿的教育目标同样是最大限度发挥幼儿的潜能,满足超常幼儿的发展需要,把他们培养成能对社会的进步和发展做出积极贡献的人才。在很长一段时间里,对超常幼儿的教育多偏重智力和认知能力的训练。随着对超常幼儿研究的深入,越来越多的学者意识到超常幼儿的社会情感、个性、自我等领域的发展对超常幼儿同样重要,并且应当在教育中有所体现。那么,和普通教育相比,超常幼儿的教育需要强调以下 4 条原则。

1.因材施教,实施差异教学和个别化教学

超常教育本身就是因材施教原则的体现。因材施教是一个古老而富有生命力的教育原则,它要求教师要根据学生能力、素质、个性发展的需要,施以正确的引导和教育,要灵活地运用教学方法和教学内容。不仅个别化形式的超常教育要施行因材施教,学校集体形式的超常教育也同样需要贯彻因材施教的原则。

开展教学活动要贯彻因材施教的原则。首先,教师要评估测定超常幼儿学习类型,尽可能使教师的教学与个体的学习类型相匹配;其次,在对超常幼儿的教学组织当中,教师要尽可能使能力、兴趣和性格相近的幼儿组合在一起,这样有利于教师分组指导,也有利于幼儿的讨论分享;最后,要提倡个别化的教学,允许超常幼儿按照自己的速度来学习。

2.基于兴趣,促进创造力发展

超常幼儿一般都具有较为浓厚的学习兴趣和创新的意识,但这种强烈的学习内在动机能够维持,教师的引导起到很关键的作用。在超常教育过程中,教育工作者应从学习目标的增设、学习内容的更新、奖励方法的改变等方面防止超常幼儿学习兴趣和创新意识的减退。

超常教育要基于超常幼儿的兴趣,激发超常幼儿的内在动机,使超常幼儿保持对学习的热情和对任务的执着度,这样才更有利于超常幼儿智力和其他潜能的发挥和发展;同时在强烈的内在动机的基础上,更有效地促进创造力的发展。教师要创设丰富的"易感应的环境",让幼儿在其中有多种机会接受刺激,也有多种形式的机会进行探索和尝试,鼓励幼儿独立从事操作性的活动等,与此同时教授幼儿必备的一般的思维技能和知识,以及特定的技能等,促进超常幼儿的创造力发展。

3.关注非智力因素的作用,促进超常幼儿全面发展

智力上的突出表现是超常幼儿的一大特征,这也是超常幼儿接受超常教育的基本条件。但我们必须意识到,仅仅有超常智力并不能让这些幼儿顺利成长。在超常幼儿的发展过程中,他们可能会出现不同类型、不同性质的发展不平衡,如认知、情感和意志行为发展的不平衡,学习和社会交往发展的不平衡。为了能使超常幼儿全面平衡地发展,就要求教师在平时要密切注意到超常幼儿的需要,及时给予指导和心理疏导,以促进每个幼儿知、情、意的统一。

智力因素与非智力因素的同步发展,是培养高素质人才必须遵循的一条客观规律。非智力因素是指人在认知活动中,不直接参与认知过程的心理因素,包括动机、理想、抱负、好胜心、独立性、意志的坚定性、情绪的稳定性、自我意识等。非智力因素在一个人的成长过程中,具有定向、提供动力、引导、维持和强化的心理功能。它不仅可以促进智力的发展,而且可以调节情绪,保持心理的平衡。因此,在超常教育中,要重视对超常幼儿非智力个性特征的培养。

4.培养独立性,提升自主学习能力

超常幼儿很小就会主动探求,自己学习。随着自我意识的发展,到了少年期,自觉能动性更强。不仅自觉、创造性地学习,而且自我设计、自我完善,因而这类幼儿既是受教育者,也是自我教育者。对这些超常幼儿而言,在一个信息爆炸、知识快速更新的社会中,保持自己超乎常人的学习和工作能力就十分重要。

在超常教育中,要善于发展他们的独立和自主性,培养他们的自学能力,创造自主学习的氛围和条件,循序渐进,给予一定的方法指导。在教育、教学方式上,要变灌输式为启发式,变封闭式为开放式,学生能从被动的学习状态逐步转为主动的学习状态。学生学会自主学习,成为终生的自主学习者。

(三)超常幼儿的早期教育

幼儿发展的研究表明,生命早期的六年对幼儿的发展至关重要,为后续的学习以及认知发展奠定了基础,也是幼儿社会化和适应性行为形成的关键期。研究发现早期积极的教育环境对于幼儿一生的发展都有着重要的正面影响,对超常幼儿也是如此。该如何对超常幼儿进行早期教育,才能避免发生"方仲永"之殇呢?

研究者发现,系统科学的早期教育项目能为超常幼儿提供更为全面的发展。现有的特殊的超常幼儿学前教育项目,一般都致力于以下几个目标领域:①思维技能,如观察、预测、分类、分析、综合和评价能力;②好奇心和恒心,特别是在进行创造性的问题解决过程中;③在不同方面的创造性表达,包括艺术、戏剧、运动和舞蹈以及语言等;④在传统学业技能方面的坚实基础,根据个人的能力制订个别化的拓展的学习任务;

⑤社会认知意识,包括对他人需要的感知、社会问题的解决能力等;⑥粗大和精细肌肉协调能力。

除此以外,大部分幼儿发展心理学家和教育学家都认为超常幼儿的超常是先天遗传和后天养育相互作用的。在超常幼儿发展的早期,家庭和家长往往起着独特的作用,是最重要的环境因素。因此,超常幼儿早期教育中一个重要的内容就是为家长提供科学的育儿指导。研究者为其归纳出以下几点通用原则:①创造一个有丰富刺激输入的环境;②鼓励幼儿学习新的经验并巩固新经验;③在社会和情绪领域,对待幼儿的方式和要求与其他幼儿一样。也有研究者给出一些具体可行的做法:①尽可能为幼儿提供丰富的经验,包括特别安排的出游或旅行以及在幼儿表现出兴趣的领域提供相应的课程;②提供可以促进幼儿才能发展的物品,如工具或者建筑材料等;③跟孩子一起玩一些既有趣又能帮助幼儿学习推理、理解和合作的游戏。

> 二、超常幼儿的安置与教育模式

超常幼儿的安置与教育是紧密相连的,安置不是简单地把超常幼儿放在"普通班"还是"超常班"的问题。安置是科学的超常教育中的重要环节,在对超常幼儿进行专业、全面的评估和鉴别后,要根据每个超常幼儿的需要和现实情况进行合适的安置,并制订相应的教育方案。"对超常幼儿的安置方式一定是因人而异的,适合的就是好的。并不是所有的超常幼儿都适应压缩学制的超常教育,也绝不是上了超常班的孩子才是超常幼儿。"

现有对超常幼儿的教育安置方式归纳起来主要有以下三类。①加速教育,包括个别式和集体式。个别式是允许超常幼儿个人提前入学、跳级、提早毕业;集体式为缩短学制的特殊班,各种学科的快速学习班等。②充实教育,即学校或社会团体组织的各种课外或校外的教育活动。超常幼儿可以根据兴趣或特长选择参加,通过这类活动,使他们获得加深、拓宽的教育。充实教育的内容,形式多种多样,如各种兴趣小组、培训学校(或班)、寒(暑)假的冬(夏)令营、个别指导的学习以及独立研究等。③能力分组,即按智力、能力类型和水平分别接受教育,包括特殊学校、特殊班级或在班内分组学习。无论采取何种安置模式,我们都必须关注教育安置方式可能会对超常幼儿的发展产生的影响。此外,超常教育的教学效果也不完全是由安置模式决定的,它取决于多方面的因素,尤其是教师的素养、教学水平和教学条件等。无论何种模式都要依据超常幼儿的特点和水平,基于能提供的教育条件来选择,结合各自的长处和优势,以促进超常幼儿的全面发展为最终目标。

(一)国外超常教育安置与教育模式

国外目前存在的超常幼儿的安置与教育模式大致可以分为以下七种。

(1)加强班(充实班):在普通班由普通教师给资质优异幼儿提供增补性的教育项目,这是目前采用得最多的教育形式。至于充实和增补哪些内容、采用哪种形式,要根据资质优异幼儿的情况和教师的水平而定。

(2)辅导教师项目:这种教学模式是将幼儿安排在普通班学习,但另请经过专业训练的辅导教师对资质优异幼儿进行特殊的辅导和帮助。

(3)资源教室:这种教学形式是让幼儿部分时间离开普通教室到有专门设备的资源教室接受专门的特殊教育教师或顾问的指导和帮助。但资质优异幼儿大部分时间还是在普通班上课。

(4)社区辅导项目:这是指定期到校外请学有专长的专家、学者到学校来给资质优异幼儿做专题报告。学生能尽早地进入社会,了解某一学科的发展,增加学生兴趣和开阔眼界。

(5)独立学习项目:为资质优异幼儿提供独立学习探索、实验和调查的机会,把他们较早地引入研究领域,培养他们独立学习和工作的能力。

(6)特殊班:把学习程度大致相同的资质优异幼儿编成单独的特殊班以便接受系统的指导和训练。

(7)特殊学校:让幼儿进入专门为特殊幼儿设立的特殊学校接受超常幼儿的教育与训练。

此外,随着科学技术的发展、电脑和网络的普及,远程教育与网络学习模式对超常幼儿教育而言也是一种快速发展的方式,能够弥补传统教室教育中的一些缺陷。

(二)我国超常教育安置与教育模式

我国对超常幼儿教育的研究起步较晚,但发展迅速。目前我国超常幼儿的教育安置和教育模式主要有以下类型:

1.超常学校或超常班

在超常学生比较集中或具备条件的地区,根据学生的特殊才能,建立超常学校或超常班。我国的超常学校主要针对有特殊才艺的超常幼儿,如舞蹈学校、音乐学校、体校、美术学校等。而针对智力超常幼儿的教育班,始于1978年中国科技大学创建的少年班。进入20世纪90年代,全国各地兴起了各种"实验班""理科班""快班"等,从某种意义上说,也是一种准超常幼儿的实验班。目前,我国已有四十余所中小学建有超常幼儿(少儿)实验班,十多所大学招收超常少年大学生。

2.暂时性超常班和单科超常班

暂时性超常班,对于智力超常的学生,有些课程如体育、音乐、社会、劳动技能等也可以和其他同龄学生一起学习,而有些课程,如数学、物理或英语则可以根据他们的特殊需要,组成暂时性超常班进行学习。单科超常班是对于那些在某方面有特殊才能的超常幼儿,如英语能力超常或美术能力超常等,可以在学习相关的课程时,将他们集中在一起,组成单科超常班。教师也可以为他们定期组织一些专门性的提升活动,训练他们的创造思维,促进他们个人特长的发展,包括提供加深难度的学习材料、专题讲座、实践参观活动等。这种模式适用于按正常年龄入学,按正常学制学习,但是在数学、外语、物理、化学等某一学科有兴趣、有特长的智力超常幼儿。

3.普通班级就读

在普通班级就读,并提供一定的资源支持,这是目前我国大部分超常幼儿接受一定程度的特殊教育的主要模式。这一模式有利于超常幼儿与常态发展的学生在一起获得与自己年龄相符的各种经验,也促进超常幼儿的社会化。而且专门为超常学生采取的一些教育教学措施,特别是那些培养他们创新精神和创造性思维的方法策略也适用于其他课程,对普通班的常态发展学生也十分有益。但是这一模式,需要教师具备鉴别和发现超常学生的能力,并乐于为超常学生提供个别化的教育,满足超常学生的特殊需要。

艾映彤

第六章
视力障碍幼儿的心理与教育

第一节　视力障碍幼儿的心理发展特点

视力障碍又称视觉缺陷、视力残疾,是由于各种原因导致双眼视力低下并且不能矫正或视野缩小,以致影响其日常生活和社会参与。视力残疾包括了盲和低视力。视力障碍幼儿的特点有以下3点。

1.感知活动特点

视力障碍幼儿听觉和触觉比较灵敏,但在形状知觉、空间知觉以及知觉与动作的统合等方面比正常幼儿困难得多,尤其是对距离的准确知觉和深度知觉比较弱。虽然听觉也可为方位和距离知觉提供一定信息,但往往获取的信息是不全面、不完整的。

2.语言和思维特点

视力障碍幼儿获取语言的方法和正常幼儿基本相同,但他们的语言概念不是通过阅读和视觉输入获得的,所以,视力障碍幼儿的词汇缺乏感性基础,缺少视觉形象,经常出现词与视觉形象相互脱节的现象,不能准确地把握一些视觉性词汇的内涵。

3.个性特点

视力障碍幼儿的活动受到限制,得到的经验非常有限,有的还会表现出被动和依赖的状态。视力障碍幼儿对失明能做出良好的心理调整,能正确地对待自己的局限性,表现出积极向上的精神。但是,视力障碍学生的情绪倾向于消极、独立意向较差、自制力较好,在与人交往方面,他们一般不主动和人交往,显得比较孤独。

> 　一、视力障碍幼儿心理发展的一般性

视力障碍幼儿与普通幼儿的心理发展在某些方面有相同的规律,即二者都遵循相同的发展顺序,都是从低水平到高水平。心理发展趋势如下:视力障碍幼儿心理发展趋势与普通幼儿发展趋势相同;视力障碍幼儿与普通幼儿心理发展同样受先天因素和后天因素制约;环境和教育都是两类幼儿心理发展的决定条件。

在强调视力障碍幼儿与普通幼儿发展规律相同的同时,并不否认视力障碍对幼儿发展的影响。视力障碍一方面直接影响着个体获得某些需要利用视觉才能习得的认知概念,如颜色或三维空间的概念;另一方面,视觉的损伤间接让幼儿在生活环境中被剥夺了许多学习知识及交往技能的机会,因而缺乏这方面的经验。这种视力障碍造成的直接与间接影响,使视力障碍幼儿形成了与普通幼儿不同的特殊性,主要表现在认知特征、个性特征和心理特征三个方面。

> **二、视力障碍幼儿心理发展的特殊性**

（一）认知特征

1.感知觉

视力障碍幼儿的视觉感知渠道完全堵塞或者严重受阻,无法对事物的色彩、形状、大小及三维空间等形成明确的概念。视力障碍幼儿由于视觉缺陷,听觉、触觉、动觉、嗅觉等成为他们感知客观事物的主要途径。

视力障碍幼儿存在视觉表象缺损,他们对事物的感知有时具有片面性、不完整性,如较难识别物体的颜色、明暗度、透明度、准确的空间关系等特点,较难形成完整的知觉;由于视觉缺损导致获取感性信息减少,感性经验的缺乏又直接影响其对事物认识的全面性及概括性,易产生以偏概全的错误思维。

视力障碍幼儿在空间知觉方面比正常幼儿困难得多,尤其是对距离的准确知觉和深度知觉。研究发现,视力障碍幼儿对空间关系的认知显著迟钝。因为空间知觉的形成虽与视觉、听觉、触觉、嗅觉、动觉均有关系,但以视觉为主。视力正常个体常依靠双眼线索来进行距离、方位、深度等空间知觉。虽然听觉也可为方位和距离知觉提供一定信息,但往往不太准确,触觉对物体大小、距离知觉的形成,限制也十分明显。视力障碍幼儿的空间认知困难,其定向能力也较差,但他们的时间认知一般较好。视力障碍幼儿的特异性感觉被认为是盲人的第六感觉,即有时能即时感觉到所处环境的障碍物,并自动远离或避开。这种对障碍的特异感觉是其他感觉器官综合作用及长期练习的结果,还是其他特殊原因所致,具体还不太清楚。

视力障碍幼儿的听觉比较灵敏。视力障碍幼儿通过听觉可以了解事物的空间位置与距离,辨别熟人还是生人;通过听觉来模仿、掌握语言,发展思维;通过听教师讲课、听广播、听电视、听读报等获得知识,接受教育;通过听觉了解周围环境,定向行走,避开障碍物,以保证自己的安全。但是,视力障碍幼儿的这些能力并不是天生的。研究表明,最初视力障碍幼儿和普通幼儿的听觉能力没有明显区别,有的视力障碍幼儿甚至不如普通幼儿。视力障碍幼儿听觉灵敏是因为他们失去视觉后更多地依靠听觉，使听觉得到锻炼，实际上是在生活实践和学校训练中形成的。通过实践和训练，他们的听觉感知力、听觉辨别能力、听觉记忆能力得到了提高。

视力障碍幼儿的触觉也十分灵敏。有的视力障碍幼儿能利用灵敏的舌尖来穿针引线。"以手代目"，学习点字盲文，掌握文化知识，是视力障碍幼儿学习的重要方式。训练有素的视力障碍幼儿利用灵敏的触觉、听觉可以学会使用普通录放机、手机、MP3、学习光盘等。通过盲用电脑软件，视力障碍幼儿也能利用普通计算机系统获取信息，进行学习与工作。视力障碍幼儿通过触觉可以认识物体的形状、大小、重量、硬度、温度、光滑度等特性。视力障碍幼儿通过手与脚底的触觉可以感知道路与地形的各种特征，结合动觉、听觉、嗅觉所提供的信息，在头脑中形成"心理地图"，为定向行走带来方便。视力障碍幼儿触觉灵敏也不是天生的，也是生活实践与教育训练的结果。

触觉与动觉的联合称为触摸觉，它是一种主动的感知觉。触摸物体是视力障碍幼儿认识事物的重要形式。视力障碍幼儿有两种触摸方式：综合触摸和分解触摸。前者是指对较小物体的整体触摸，如用双手一下子就能完整感知芒果的形状。但较大的物体则必须采用分解触摸，先分解触摸物体的不同部分，然后在心理上将这些部分组成一个整体。视力障碍幼儿触摸觉的训练顺序一般是：第一，让视力障碍幼儿触摸三维实体，如辨别各种水果、各种形状的积木块；第二，触摸辨别与实物形状相似的凸起平面图形；第三，触摸辨别凸起的由小点组成的几何图案；第四，触摸辨别盲文点字符号。触觉的认知不只有形状，还有质地等。

嗅觉在视力障碍幼儿视觉缺陷的补偿中也起着重要作用，它可以弥补听觉、触摸觉的某些局限性，使视力障碍幼儿对事物获得较为完整的概念。所以视力障碍幼儿也常利用嗅觉来判断方位、认识事物、学习知识。如根据气味来判断食堂的位置，根据药店、水果店的特有气味来定向行走，根据不同人身上的独特气味来认人等。所以也要重视他们嗅觉的训练和保护。

感觉的补偿，实际上是在生理代偿的基础上，通过主观努力和社会帮助（包括教育、科技的帮助）而实现的，是生物现象和社会现象的综合。

2.记忆

对于视力障碍幼儿而言，他们主要凭借听觉和触觉获取信息，该方式获取的信息往往是不全面、不完整的。视觉经验的匮乏、视觉表象的难以形成，致使低年级视力障碍幼儿表现出以机械记忆为主的特点。进一步研究发现，视力障碍幼儿单纯依靠触摸，对物体进行再认的成绩也远低于正常幼儿。此外，在工作记忆方面，中低年级视力障碍幼儿的工作记忆明显落后于正常幼儿，随着年级的升高，这种差异逐渐减少，并趋于消失。先天全盲的幼儿因不能用视觉感知事物,故缺乏视觉记忆表象。他们也会做梦,但对梦境的回忆缺少事物的视觉形象。

视力障碍幼儿通过其他感觉通道所获得的表象可因感觉的补偿作用而得到加强,如听觉、触摸觉的表象。实验证明:盲人通过触摸凸形地图,能够相当准确地再现一张局部地区的地图。这说明通过触摸觉也能形成心理地图,但视力障碍幼儿要形成较大范围、较复杂的心理地图就相对困难。

视力障碍幼儿视觉表象保留的质量与数量取决于失明的时间和程度。一般而言,五岁是个关键期,即五岁前失明的,视觉表象极易消失;五岁后失明的,其表象有可能保留。成年失明盲人甚至可以保留个人书写笔迹的特点,乃至终生。这些保留的视觉表象对视力障碍幼儿的学习、生活和将来的工作有非常重要的意义,为认识事物提供了比较具体的参考框架。但是,这些视觉表象若得不到强化,随着时间的流逝,就会逐渐暗淡,甚至消失,故教师要注意帮助他们经常巩固和利用这些已获得的视觉表象。五岁后失明,已学会一些汉字的视力障碍幼儿,经常复习、使用这些汉字,将有益他今后的发展。

此外,视力障碍幼儿的听觉短时记忆和长时记忆均比普通幼儿好。视力障碍幼儿获取外界信息的能力受到限制,某些活动受到限制,不能进行模仿学习,使学习有一定的困难。形象记忆能力较差,但听觉记忆能力较强,记忆的广度大于正常人,如通过对方的声音不仅能判断他是谁、在哪个方向、离自己有多远,甚至还能判断他的情绪和健康状况等。因此,视力障碍幼儿的听觉记忆能力优于正常幼儿。

3.想象

视力障碍幼儿有多种多样的想象。视力障碍幼儿能够根据课文和教师的语言描述,结合自己的经验,再造人物的形象或课文的意境。他们借助于触觉、动觉,利用已有的表象能够编织精美的织物。有的视力障碍幼儿能够在头脑中想象棋局的对垒形势,甚至不用棋盘也能把象棋下得非常出色。

当然,失明对视力障碍幼儿想象的影响也不可否认,具体表现有 3 种。

(1)视力障碍幼儿进行以视觉表象为材料的想象十分困难。当有人问盲人学者斯柯罗霍道娃能不能想象颜色时,她坦然答道"当然不能","但是既然我能利用有视觉的人的语言,那么我也就可以用描述它们的字眼来谈各种不同的颜色和色度"。

(2)视力障碍幼儿的想象有时带有个人的愿望和情绪的色彩,有时则歪曲了事物的形象。视力障碍幼儿有时会把对他们要求严格,而说话又不是很注意语气、语调的教师想象成面目可憎的人,而将态度和蔼、说话悦耳动听的教师想象得非常美好可爱。

(3)消极,爱幻想。视力障碍幼儿在上学、生活等方面会遇到很多困难,也可能得到过分的照顾。有的视力障碍幼儿不能正确对待,就会出现依赖他人或畏缩消极的现象;有的以幻想逃避现实困难,在空想中消磨时光。空想是一种消极的想象,它对人的意志力起销蚀作用。

4.言语与思维

思维与言语有密切的关系。了解视力障碍幼儿的思维首先要了解其言语发展的特点。

视力障碍幼儿的言语发展有以下 3 种特征。

(1)在模仿学习言语时,因看不到口型,有的音发不准,或有口吃、颤音等现象。有的视力障碍幼儿语气不当、"抑扬失调",主要是鼻、喉部等眼盲并发症所造成的。一般视力障碍幼儿在用表情、姿势、动作来帮助说话的能力上也比较欠缺。但是学习言语主要依靠听觉,所以失明对视力障碍幼儿掌握言语的影响并不太明显。

(2)视力障碍幼儿使用的词语有时缺乏感性基础,词语与形象相脱节,有语意不合的现象。他们会用"公鸡""火柴"等词汇,但一旦接触到实物却不知是什么东西,这会影响其形象思维。

(3)视力障碍幼儿有学习和使用言语的动机。言语是视力障碍幼儿满足交往需要和获得信息的主要方式。故有"盲人健谈"之说,他们比较注意倾听别人的讲话,包括广播、电视等,所以他们词汇的掌握以及口语的发展有可能比普通幼儿要快一些,这是他们言语发展的有利条件。

但是视觉缺陷确实会给视力障碍幼儿思维的发展带来一些不利的影响,主要表现为如下 3 点。

(1)缺乏感性经验分析,综合能力较差,形成概念较慢。人从外界获得的信息,约80%来自视觉,失明影响了视力障碍幼儿的观察和感性认识的积累,其综合分析常常不够全面,抽象概括水平常常不够高,他们所掌握的概念的内涵常常不够准确,外延有扩大或缩小的现象。如把苍蝇和蜜蜂当成完全一样的昆虫,以为"会飞"是它们的共同本质特征。视力障碍幼儿尤其对过大的、过小的、变化的、抽象的事物形成概念有一定的困难。

视力障碍幼儿认识空间特征——形状、大小、方位、距离等的困难,可能会影响空间概念的掌握。但如果教学能联系实际,视力障碍幼儿是能够学习几何并能够理解立体几何图形的。视力障碍幼儿形成概念一般较慢,但并非全都如此。特别是低视幼儿和后天失明的视力障碍幼儿,他们的残余视力或失明前的视觉经验,在概念的形成中仍然可以发挥很大的作用。

(2)有时因某些概念不清或误解,会影响视力障碍幼儿判断推理的正确性。如有的视力障碍幼儿把"动"的概念仅仅理解为"用脚走路",所以,当他们听说云在空中飘动时,就推理为"云是长脚的"。视觉信息、直接经验的缺少,使视力障碍幼儿思考问题可能会有主观片面性,或孤立静止地看问题。这不是视力障碍者固有特点,因为健全人也有此类现象,只不过视力障碍者因生理缺陷更易产生这种倾向而已。

（3）词汇扩大速度较快,但形象思维较贫乏,进行抽象思维较困难。视力障碍幼儿的词汇,随着一年一年的学习,扩大得比视觉正常的幼儿要快一些。但是视力障碍幼儿并不能经常将正确的词与形象相互联系。当教师没有对视力障碍幼儿形象思维的发展给予应有的注意,而是满足于学生的词的知识时,常常会有这种现象,导致具体表象和抽象概念之间的分离和形象思维的贫乏,增加了视力障碍幼儿抽象、概括的困难。

视力障碍幼儿之所以有上述不足之处,其原因是缺乏适当的学习经验,并不是视力障碍幼儿天生就不善于进行抽象思维。据研究,视力障碍幼儿的智力并不比普通幼儿低。视力障碍幼儿智力分配较常态分配更偏散,即分布在两个极端的部分偏多,视力障碍幼儿中特别聪慧的和智能不足的比例均比普通幼儿高。

5.注意

视力障碍幼儿在认知发展上虽有一定滞后,但在注意方面却表现很好。视力障碍幼儿只能根据其他感官如触觉、听觉、嗅觉等来获取信息,因此需要大量有意注意。为此,视力障碍幼儿需要不断加强有意注意的能力,有意注意便得到不断强化,并得以发展,加之视力障碍幼儿来自视觉通道的干扰很少或完全没有,故视力障碍幼儿比视力正常幼儿在听觉注意方面有较大优势。例如,和视觉正常的人不同,视力障碍者对声音刺激的定向反应增强了,并且长时间内不消退,声音对视力障碍者有着不同的信号意义。

（二）个性特征

视力障碍幼儿可能有一般残障者都有的情感特点,如孤独感、自卑感、敏感、依赖性强、自尊心强、情绪反应强且不稳定、富有同情心等。另外,多数视力障碍幼儿情感体验比较深沉而含蓄,即使内在情感很丰富,也很少爆发式地对外表达,他们喜欢对问题进行深入的思考和探索。国内有研究表明,视力障碍幼儿的人格品质（忍耐性、固执、领导力及一般适应性等）明显不如普通幼儿,但优于听力障碍幼儿和智力落后幼儿。

不是所有的视力障碍幼儿都有个性和社会问题,但是由于视力障碍,他们的活动受到限制,得到的经验非常有限,一些视力障碍幼儿甚至表现出被动和依赖的状态。有关研究表明,视力障碍幼儿对失明能做出良好的心理调整,能正确对待自己的局限性,表现出积极向上的精神。他们的情绪、情感的深刻性较好,通过教育能形成较好的理智感,即从深刻的认识活动中培养一种比较稳定的、深刻的情绪体验。但是,视力障碍幼儿的情绪倾向于消极,独立意向较差,自制力较好。在与人交往方面,他们一般不主动和别人交往,显得比较孤独。

多数研究表明,普通幼儿和视力障碍幼儿在个性特点上并无大的差异。但也有研究显示,视力障碍幼儿确实存在着几个较为显著的个性倾向,如沉溺于幻想、焦虑、有依赖性、自卑感、内疚感,并且视力障碍幼儿在情绪、人际关系、自我意识等方面均与普通幼儿存在差异。

1.情绪

视力障碍幼儿认为自己情绪经常变化的人占 41%,而对照组普通幼儿中只有29%。随着年龄增大,心情经常愉快的视力障碍幼儿显著减少,有 47% 的视力障碍幼儿常感到别人在注意自己,内心较敏感。

2.人际关系

视力障碍幼儿有孤僻倾向的占 13%,对照组普通幼儿中仅为 10%。此外,视力障碍幼儿有 23% 的人只愿与视力障碍幼儿交朋友而不愿与普通幼儿交往。这反映了他们与普通幼儿之间的心理隔阂。

3.自我意识

视力障碍幼儿 45% 对失明能做出良好的心理调整,认为失明虽使活动受限,但只要自己努力,仍能干许多事情,表现得积极向上。7% 有退缩人格、依赖心理。中间类型占 48%,其中有 27% 的视力障碍幼儿有自卑感。

4.独立意向

视力障碍幼儿表现出独立意向的仅有 17%,而对照组普通幼儿有 35%。视力障碍幼儿表现出有自制力的占 60%,与对照组普通幼儿相近。

失明与不良个性的形成没有必然的联系,社会偏见是造成视力障碍幼儿与普通幼儿心理隔阂的主要原因。这是一个相互作用的关系:全社会应在提高普通人对视力障碍者认识的同时,也应教育视力障碍者要正确对待普通人。

(三)视力障碍幼儿的心理特征

视力障碍幼儿的心理发展与普通幼儿相比既有共性也有个性,共性远大于个性,但是他们的个性又是客观存在的,多数视力障碍幼儿在感知觉、记忆、想象、言语与思维、注意、情绪、人际关系、自我意识等方面与普通幼儿有明显的差异,我们要正确客观地认识视力障碍幼儿存在的这些差异,给予他们及时有效的教育。

第二节　学前融合教育中视力障碍幼儿的教育原则与方法

最初,融合教育只是一种对特殊幼儿进行教育安置和教学策略的建议,但是,近十几年来,融合教育不只是单纯地指某种特教安置形式和策略,而是一种渗透着人文主义精神,促进正常幼儿和有特殊需要的幼儿共同发展的教育思想。这种教育思想的形成与人权意识、教育的机会平等、教育以人为本等思想是一脉相承的。

而视力障碍是指由于各种原因所致的双眼视力损伤,难以从事正常人能从事的工作、学习或其他活动,包括盲和低视力。视力障碍幼儿的心理特点主要是认知发展滞后、情绪困扰、行为偏差、人际交往适应不良,倾向于选择与有同样障碍的幼儿交往,学习动力失调。视力障碍幼儿的生理特点主要是一般有"盲相",但这并不是视力障碍幼儿必有的特点,视觉缺损,听、触、嗅等其他感知觉功能强,一般运动功能发展迟缓也是视力障碍幼儿的特点。

比起让视力障碍幼儿待在特殊教育学校,回归主流更利于他们的发展。首先,在普通学校,视力障碍幼儿能够获得公平的教育机会,如教育资源、环境资源等。其次,回归主流有利于视力障碍幼儿的身心发展,在其与普通幼儿的学习生活中,能够促进视力障碍幼儿的能力发展,帮助他们形成稳定的人格发展。再次,在普通学校中,视力障碍幼儿能够获得教育关怀。在合作、理解、包容的学习生活氛围中,视力障碍幼儿能获得伦理性关怀。最后,让视力障碍幼儿回归主流同样有利于普通幼儿健康成长。与视力障碍幼儿交往,能够帮助普通幼儿形成乐于助人的良好品质、学会帮助别人的实际技能以及促进其学业发展。

因此,视力障碍幼儿是需要回归主流,进入普通学校进行融合教育的。在对视力障碍幼儿进行融合教育的时候,老师要注意哪些原则,使用什么样的方法才能更好地促进视力障碍幼儿的融合呢?

> ### 一、视力障碍幼儿融合教育的教育原则

近年来特殊教育已经成为主流,而视力障碍幼儿进入普通学校进行融合教育的比例不断提高。为对视力障碍幼儿进行更好的融合教育,教师应注意以下几点教育原则。

（一）正向行为支持原则

正向行为支持原则要求教师通过对学生行为进行全面功能性评估,在教学过程中

为其提供有针对性的行为干预,从而促使学生形成良好的社会适应行为。不同于传统,视力障碍学生课程中需要的评估的过程做出了一些调整。

第一步,评估视力障碍学生当前遇到的障碍;第二步,确定需要调整的内容;第三步,进行课堂内的调整。在视力障碍幼儿的融合教育中,首先要对其进行功能性评估:通过观察幼儿的问题行为与课堂环境之间的关系,来了解此行为并为此后的行为干预提供依据。其次,通过获得的结果来分析,寻找问题行为的诱因或前置事件,从而有针对性地对环境等因素进行调整,开展实施个别化教育计划,最终达到幼儿问题行为减少的目标。此外,该原则要求教师采用"调整课堂环境因素来适应个体恰当行为的培养"来对需要干预的问题行为进行干预。教师应该关注环境来寻找诱发学生适应行为的前置条件并加以利用。

（二）以活动为基础的干预原则

以活动为基础的干预原则又称活动本位原则,要求以幼儿为教学活动的主体,在各类活动中融入个体发展的个别化目标,合理安排先行因素及预测行为后果,以培养幼儿的功能性和生成性技能,该原则强调了4个要点。

(1)要以幼儿为互动教学的主体。充分体现融合教育强调"以学生为本"的教育理念。

(2)要求教师以各种自然环境中发生的事件为教学内容,以幼儿的日常中易出现的活动作为课堂教学的重点,利用 PRT 法(关键性技能训练法)进行干预。

(3)要求提供恰当的先行因素和行为后果。利用《行为矫正技术》中的 ABC 行为观察法可以对幼儿某一特定行为进行观察并找到诱因和行为结果,从而在教学过程中调整这两个条件,进而得到有效的干预。

(4)强调要培养幼儿的功能性技能和生成性技能,如幼儿独立适应某种社会生活的技能和可以灵活迁移、适应多种社会环境的技能。

（三）发展适应性原则

发展适应性原则要求:①教师在融合教育课堂里,综合分析视力障碍幼儿的年龄发展适宜性和个体发展适宜性;②在实施教学活动时,教师要根据幼儿不同时期的发展需求设置教学内容和课堂环境,并充分考虑到其与正常幼儿能力水平的个别差异,为其个别能力的培养与发展提供相应的经验支持,使课堂教学切实满足他的发展需要;③在融合课堂教学过程中,教师要全面把握幼儿个体发展的适应信息,从而在教学安排中为其提供适应当前能力的经验条件,满足个体进一步发展的需要。

（四）个性化教育与多方参与合作原则

要求在视力障碍学生的融合教育中,教师与教师之间、正常幼儿与视力障碍幼儿之间、家庭学校社区之间要积极合作,以此为视力障碍幼儿的融合教育创建支持性的家庭、学校、社区的学习环境。并在此基础上多方合作,在实施个别化教育计划的指导下使幼儿进行正确的学习选择,能够通过多种学习机会和教学模式参与学习之中。

> **二、视力障碍幼儿的融合教育方法**

在视力障碍幼儿的融合教育中教师不仅要牢记教育原则,还要掌握一定的教育方法,只有好的教育方法才能让视力障碍幼儿在融合中获得更好的成长和进步,以下是我们通过收集资料整理的几种教育方法。

(一)构建支持学习的服务体系

此方法要求教师建设有助于视力障碍幼儿安全学习和生活的物理环境,但是值得注意的是教室内的实物的固定位置,不要经常变动;教室的门应处于关上或全开的状态,以免视力障碍幼儿碰撞;如果走廊上有开启的窗户,应提醒幼儿注意,或让他们戴上有帽檐的帽子;帮助视力障碍幼儿选择合适的座位;为低视力的幼儿提供合适的助视设备;使用台灯、放大镜和可调节角度的课桌;使用电子助视器;使用大字课本等。

(二)创建接纳残障幼儿的良好氛围

在视力障碍幼儿融合的学习与生活中,教师应帮助普通学生了解视力障碍的简单知识以及视力障碍幼儿的需要,并且教会普通学生帮助视力障碍幼儿的方法。例如,向视力障碍幼儿打招呼时,首先应记住视力障碍幼儿的名字,并表明自己的名字和身份;用正常的语调与他们交谈,但要离开或想终止谈话时,应该让他们知道你有此打算;帮助视力障碍幼儿行走时,不要紧抓他们的手臂,推着他们向前走,而应让他们挽着自己的手臂,跟随自己而行;指示方向时,要具体地说"左面""右面",不要说"这边""那边",如果遇到地面有高低不平的情况,如有楼梯,要说"现在上楼梯"或"现在下楼梯",不要说"这儿有楼梯"。

(三)调整教育教学的策略

在视力障碍幼儿的融合教育中,教师应该根据具体情况调整教学策略。教师应该测定残余视力的水平;帮助视力障碍幼儿理解并接纳自己残障的事实;替代或变通课程;调整教学方式;如果与视力障碍幼儿讲话,请先呼唤他们的名字来开始谈话,并让他们明白老师在与他们说话;教师在可能的情况下,尽量利用直观教具、彩色图片、大字印刷的简单图表及字卡来进行教学,并教导他们适当地利用放大镜来学习;无论在黑板上写什么都读一遍,清晰而准确的解释会帮助其他幼儿有效地学习;加大观察对象与背景的对比度;适当延长幼儿做作业和考试的时间等。改变教学策略能使视力障碍幼儿更好地融入课堂教学。

(四)增加同伴辅导,选好"小助手"

融合教育不仅可以帮助视力障碍幼儿更好地成长,也有助于普通幼儿的成长和发展,普通学生与特殊需要幼儿在一起,不仅不会受影响,其认知能力、与他人的合作能力等也都能得到较好的发展。另外,在融合教育环境中的普通幼儿能快速地解读特殊幼儿的需要信号并做出恰当的反应,其社会帮助技能水平远高于在传统教育环境中学习的幼儿。有机会与障碍幼儿互动、一起成长的普通幼儿,长大以后会变得更宽容,他们成年后会对社会中的弱势人群具有更深刻的理解和尊重。

除了以上这些原则及方法以外,还需要我们多加注意的事项有:第一,普通教师与特殊教师要彼此合作,共同教育学生;第二,老师应专注学生的能力,而非学生的障碍;第三,校长在融合教育中所扮演的角色是领导者和支持者;第四,融合教育需要时间和精力,更需要时常开会沟通和协调;第五,鼓励家长参与,家长与老师合作无间,创造出全面皆赢的成果;第六,要注重合作学习、主题教学、同侪支持,善用计算机科技教学。

在融合教育背景下,视力障碍幼儿的融合教育原则主要考虑以下几点:首先,对学生进行评估之后,针对其主要的问题行为,特别是干扰课堂的行为进行干预和矫正;其次,无论是在课堂教学中,还是在问题行为的矫正中,都要以活动为基础,充分发挥学生的主观能动性;再次,要求教师的课堂教学要符合视力障碍学生的身心发展特点;最后,争取多方合作与支持,促进视力障碍学生的发展。

第三节　教育康复中视力障碍幼儿的教育原则与方法

对于视力障碍幼儿的教育与安置方式来说,盲和低视力的障碍幼儿是随班就读的对象之一,我国现行的视力障碍学生教育安置有随班就读、特殊班、盲校和低视力学校等形式。教育部规定,盲校学制为九年一贯制,入学年龄一般与当地普通小学相同,在特殊情况下可适当放宽,盲校每班班额以 8~12 人为宜,如果有视力障碍兼多重障碍学生,班级人数可适当降低。盲校对盲生和低视力学生应该实行分类教学,为低视力学生开办低视力班,对于人数不足以编班的低视力学生,可以和盲生混合编班,但应积极创造条件与同班分类教学。

> 一、视力障碍幼儿的相关课程设置

特殊教育学校在对视力障碍学生进行教育时,要参照课程的目标、遵循相关课程的设置原则来展开。视力障碍的学生身心发展规律与正常的幼儿发展一致,在进行培养时,目标应当和普通幼儿相近。特殊教育学校在视力障碍学生的课程目标设定时,要注意4点。

(1)要全面贯彻党的教育方针,促进障碍学生的全面发展,尊重学生的个性发展。积极引导学生进行各种潜能的开发,补偿视觉缺陷,克服障碍所带来的种种困难,适应现代生活的需要。

(2)学生具备爱国主义、集体主义和民族精神,热爱社会主义,继承和发扬中华优秀传统和革命传统。

(3)培养学生的社会主义民主法治意识,遵守国家法律法规和社会公德,依法维权。

(4)逐步形成正确的世界观、人生观、价值观。能够积极认识自己的障碍,具有乐观进取、自尊、自信、自立、立志成才的精神和顽强的意识,培养学生的社会责任感,形成健康的心理意识。

为了能初步形成社会适应能力和人生规划意识,学校在进行视力障碍学生课程指导时,要遵循4条原则。

(1)普遍性和特殊性相结合的原则。视力障碍的学生首先作为人群中的一员,他们与普通人群有着众多的相同点。坚持抓住视力障碍幼儿与普通幼儿教育的相同点,从视力障碍幼儿的自身身心特点出发,抓住视力障碍学生的普通性,关注其特殊性,对学生进行潜能开发和缺陷补偿,调整教育内容和课时数,促进学生的全面发展。

(2)继承、借鉴与发展相结合的原则。特殊教育学校在对视力障碍的学生课程进行设置时,应从本地和本校的实际出发,可以查阅和借鉴我国各地视力障碍幼儿教育的成功经验,立足全面发展的理念,此外要学习借鉴和吸收国外视力障碍教育的有益经验,整合相关学科的资源,将教育与医学、心理、教育与康复、教育与训练等镜像结合,开展更优质的教育课程设置。

(3)面对全体和照顾差异相结合。进行视力障碍学生的课程设置时,关注全班学生的共同学习和发展,合理均衡地设置各项课程。但也要从学生本身的教育需要出发,关注每个学生的个体差异,根据学生的学习和身心发展特点进行有效的教育,保证每个学生都能学有所得。

(4)综合课程与分科课程相结合的原则。我国的课程设置依据学生的身心发展特点,设置九年的义务教育。小学以综合课程为主,初中以综合课程和分科课程相结合,高中以分科课程为主。课程的难度随着年级的增长逐渐增加,应将学生的学科知识和社会生活及学生经验相整合。在对视力障碍的学生进行课程设置时,就该依照此原则,结合学生的特点和知识的内部逻辑联系,开展分科课程与综合性课程的结合。

> ## 二、视力障碍幼儿教学的通用原则

视觉在人的感知活动中起主导作用,而视力障碍幼儿因为视觉的缺失,更多的是使用听觉和触觉。因此,在学习过程中,教师要充分利用视力障碍幼儿的听觉、触觉、嗅觉、想象力、味觉,在材料和设备方面做一些改变。为适应视力障碍幼儿的教育需要,美国洛温菲尔德提出了应对适应教学的三个通用原则,即具体的体验、结合经验和做中学。

1.具体的体验

通过视觉,人们可以感知物体的形状、大小、色彩、明暗、动态变化、方向以及物体之间的关系和联系,并对物体产生三维空间的认识。视力障碍幼儿的视觉感知渠道完全堵塞或者严重受阻,无法对事物的色彩、形状、大小以及三维空间等形成明确的概念。为了理解周围的世界,他们必须通过听觉和触觉去作用于他们能感觉和操作的物体。对尚未有很多生活经验的视力障碍幼儿描述事物的特征,他们在脑海中形成这个事物的正确模样是很困难的。例如,绘本《鱼就是鱼》中青蛙向鱼描述陆地上的鸟和牛,鱼只能根据自己的样子想象鸟和牛的样子。在教学过程中,不仅要给予简明扼要的语言讲解,还要让视力障碍幼儿触摸自然情景(或是危险物体的模型)中的真实物体,使其能逐渐理解形状、大小、体重、硬度、质地、柔韧度以及温度的含义。

2.结合经验

视力障碍幼儿由于视力障碍,他们的活动受到限制、得到的经验非常有限。在对视力障碍幼儿介绍生活中的一些抽象概念时,就必须结合经验,便于理解。例如,一个进入食品杂货店的小孩看见的不仅仅是架子和物体,还有架子和物体的空间关系。而视力障碍幼儿不能理解这些关系,除非教师允许他们到杂货店去体验。虽然听觉也可以为方位和距离知觉提供一定的信息,但往往获取的信息是不全面、不完整的。为了扩大他们的视野,拓展他们的想象力,应该尽可能带他们到各种环境中,有计划有步骤地激励他们体验各种事物,获得丰富的生活经验。

3.做中学

为了让视力障碍幼儿从环境中学习,必须鼓励他们探索环境。通过玩具和游戏激

发视力障碍幼儿的学习动机,并促进幼儿与物体建立联系。视力障碍幼儿的情绪情感的深刻性较好,通过教育能形成较好的理智感,但是,他们的情绪倾向于消极。一些视力障碍幼儿甚至表现出被动和依赖的状态。在教学过程中,要营造轻松愉快的氛围,给予他们更多的鼓励和支持,让其能够积极地参与,在游戏活动中获得相关知识。视力障碍幼儿有倾听、讲述和记忆的能力,这些技能必须得到发展。他们必须学会有效地利用时间,因为获取信息或者执行任务的过程对他们来说将烦琐而漫长。对于教师来说,要在这种材料方面给予幼儿具体的指导,提供第一手的实践经验。

> 三、视力障碍幼儿的教学方法

1.用印刷体和盲文进行交流

有些视力障碍学生可以同时学习印刷体和盲文。他们在这两种学习形态中学习阅读技能和词的辨认策略。在语言经验的基础上阅读有很多好处,它利用学生的实际体验作为阅读教学的基础,并且高度激励学生。但是,教师必须为视力障碍学生做一些改动。盲文是在幼儿学习盲文阅读时教授的,人们可以利用各种各样的设备书写盲文,其中最为简单快捷的是盲文打字机和盲文点字法。

2.听读法

听读法是利用盒式录音带或 CD,将各类教材及业余读物制成有声教材的方式,以代替点字书籍和大字课本来对视力障碍幼儿进行教育。这种方法有效地克服了盲文书籍和大字体书籍缺乏的困难,对视力障碍幼儿起到直接教学的作用,既适合低视力幼儿,也适合盲童。

3.多重感官法

多种感官法又称感官并用法,是盲校普遍采用的教学方法。人的不同感觉器官有各自独特的功能,使人能从不同的方面感受这些属性,而达到认识的目的。视力障碍幼儿可以充分发展触、嗅、味等感官的功能,达到康复教育的目的,从而增强视力障碍幼儿的活动能力和学习能力。

例如,在辨物训练中要注意引导视力障碍幼儿通过触觉来捕捉和区别物体的特点,可以用类比、拟人或是现场试验的方法帮助幼儿理解。可以借助视力障碍幼儿熟悉的物体做载体,让幼儿触摸物体来感知它的形状、大小、质地,在幼儿触摸的同时补充讲述这些物件的用途性质和使用方法。

4.类比推理法

类比推理法是运用视力障碍幼儿以熟悉的或用其他感官能够感受的类似事物进行比较推理,使其认识事物的方法。例如,蚊子的形状无法用手指感知,但教师可指导视力障碍幼儿先触摸与蚊子类似的蜻蜓,对两者的大小、形状、结构,颜色等方面的异同进行比较,使其得到较为具体形象的感受。

5.凸线图示法

凸线图示法是一种变视觉感受途径为触觉感受途径的教学策略,它将视力障碍幼儿无法用视觉感知的平面图形、图表、图案,经过特殊的加工处理变为视力障碍幼儿可以利用触觉感知的凸起图画,便于视力障碍幼儿摸认与理解。

> 四、视力障碍幼儿教育教学的相关辅助技术

1.定向行走

定向行走,简单地说,包括理解所在环境的方位并在环境中安全而独立地移动身体的能力。定向是指视力障碍者知道自己的位置、自己的去向,通过与环境的信息交换,到达自己的目的地。行走则是安全、有效地从一个地点到另一个地点的移动。对于视力障碍幼儿来说,特殊教育内容之一就是定向行走服务。辅助视力障碍幼儿定向行走通常有以下四种方式:盲杖、导盲犬、触觉地图和人导。

2.辅助技术

(1)视觉文字阅读器,这种仪器与扫描设备一样,可以将印刷材料扫描到电脑中并产生相应的文本文档。

(2)读屏软件,可以放大屏幕上的信息,或者使用合成的发声器,当使用者移动光标或通过键盘输入时,荧屏阅读器能读出在计算机终端上显示的文章。

(3)布莱尔盲文凸字印刷机,这种印刷机与电脑相连,并使用布莱尔盲文翻译软件,通过布莱尔盲文凸字印刷机"印刷"布莱尔盲文。

(4)屏幕放大和系统导航,屏幕放大系统可以为低视力学生放大屏幕上的文字、光标、菜单和对话框。当字母被放得很大时,很容易造成屏幕上文档阅读的困难,所以许多屏幕放大程序也提供导航系统,以帮助使用者定位自己的阅读位置。

(5)闭路电视,为低视力人士服务的闭路电视,能将任何放在显示器上的物体放大并显示到终端机上。

(6)电子记事本,如今已经有几种便携式电子记事本问世。学生在课堂或图书馆时,可以用它快速、安静并有效地记笔记;然后下载到电脑中进行学习,或稍后再打印成盲文。这些记事本大部分有音频输出,有些还能在电子显示器上显示盲文。

(7)电子触摸显示器,不仅具有与盲文打字机和盲笔与写字板同样的功能,还具有言语合成和单词处理的功能。使用者可以通过盲文键盘输入信息并且可以将信息转入一台更大的电脑,然后使用言语合成器或盲文显示器检查所输入的信息,或者将之

打印成盲文或文字。

3.计算机的应用

辅助技术使视力障碍学生使用个人计算机成为可能,也为视力障碍幼儿的教育工作交流及各地娱乐提供了大量的机会,这些技术包括:放大屏幕形象的软硬件设备,能够识别并执行使用者声音命令的语音辨别软件,可以把文本文件转化为人工合成的语音软件。这些技术是视力障碍幼儿之间、视力障碍学生与正常学生之间、视力障碍学生和老师之间交流的一条重要途径,是对视力障碍幼儿的学习、生活、工作都有帮助的技术。

第四节　视力障碍幼儿的家-园-社区-康复机构协同教育

> 一、家-园-社区-康复机构协同教育开展的现状

针对家-园-社区-康复机构协同教育开展的现状,研究者进行了问卷调查,结果如下。

（一）大多数家长赞同幼儿教育主体多元化

95%的家长认为幼儿教育需要幼儿园、家庭、社区共同参与配合,其中93%的家长愿意主动参与幼儿教育工作,85%的家长希望有机会成为幼儿园的志愿者,参与幼儿园的教育活动。在"家长参与意向调查部分"中,家长们还根据自己的优势选择了愿意参加的项目组别。家长们普遍认为多信息、多种类行业的参与对幼儿教育可以发挥一定的积极作用。

（二）家园沟通方式多样,但缺少具体反馈内容

目前,幼儿园确定的家园沟通方式主要有当面交流、家园联系栏、家长会、家长委员会、幼儿园班级 QQ 群、幼儿园园报等。其中当面交流最受家长喜欢,其次是家长会,对于班级 QQ 群交流的认可存在一定分歧,部分家长认为这种方式会打扰教师的工作,而且即使咨询也无法通过语言准确真实地传达相互的感受,另一部分家长则认为 QQ 群有助于减轻教师烦琐的工作量,可以更便捷地传递信息。对于沟通内容,家长们普遍认为缺乏具体性,尤其是对于缺少科学育儿知识的家长来说,他们更需要教师帮助他们了解幼儿的真实情况以及应采取的适当教育措施。

（三）社区参与活动有限,资源开发利用不充分

80%社区层面的人员认识到了社区参与幼儿教育有积极的作用,但在活动组织与

实施的次数统计中,78%的人员选择了"科学育儿活动宣传与组织的次数少于 3 次/年",85%的家长也表示"较少参加所在社区的育儿活动",这表明当前社区组织科学育儿活动极为有限,社区教育的作用未能得到充分开发。

> ### 二、影响家-园-社区-康复机构协同教育的因素

(一)协同教育认识欠缺

事实上,协同教育是协同学理论在教育领域的移植与应用。协同学是 20 世纪 70 年代以来在多学科研究基础上逐渐形成和发展起来的一门新兴学科,是系统科学重要的分支理论。近年来,协同教育引起了研究人员的关注,并且他们认为协同教育将成为一种新的教育趋势,但对于普通民众来说,一般都对协同教育认识不足,只是停留在家园合作、幼儿园与社区合作的层面,而未能将三者有机地联系起来。另外,家庭与社区缺乏对自身在幼儿教育中重要性的认识,这也是导致三方协同教育缺乏共识的重要原因之一。

(二)教育主体地位失衡

我国幼儿教育深受以幼儿园教育为主理念的影响,家长、社会乃至幼儿园均认为幼儿教育就应以幼儿园为主来开展,因此幼儿园与家庭表现出两极分化的教育态度。一方面,幼儿园认为自己是一切教育活动的主导者,家长被动接受、配合与支持即可,这导致家长的诉求长期无法得到满足,幼儿园工作的有效性也难以得到保障;另一方面,家长认为幼儿教育只是幼儿园的事情,觉得只需要为孩子提供基本的服务保障即可,对幼儿园的合作要求通常只是消极应对,长此以往将导致家长遗忘、淡漠自己的教育任务,同时也会使幼儿园忽视大量宝贵的家庭教育资源。

(三)协同教育实践指导匮乏

若是缺乏协同教育实践指导,即使幼儿园-家庭-社区协同教育得以开展,也会没有统一的、连续的、有计划的步骤,协同教育的效率将很难达到预期目标。因此,协同教育的实施需要专业的人员保障、丰富的资源保障以及有效的组织保障。

当前,幼儿的发展已不再是幼儿园单一环境的事情,因为他们生活在一张"意义之网"中。这意味着,应将幼儿置于具体的社会环境中,多角度考虑适合幼儿发展的方法。依据布朗芬布伦纳的"生态系统理论",幼儿处在由家长、教师及其他亲密人员构成的微观系统之中,他们之间的联系对幼儿的发展有着复杂的生态学意义。因此,对于幼儿的教育应逐渐走向"教育社会化、社会教育化"。协同教育正是从系统论角度出发,将幼儿园、家庭和社区作为教育的子系统,调动多方面教育资源、教育力量,对幼儿

实施同步融合的教育。

> ### 三、促进家-园-社区-康复机构协同教育的路径

(一)尊重幼儿园教育的专业性,充分发挥幼儿园的主导作用

首先,幼儿园可以利用自己的专业知识引导家长形成科学的育儿理念,即通过幼儿园主导式家园合作产生教育合力。幼儿园常见的知识分享方式是组织家长参与学校讲座,这种形式可以传递给家长教育幼儿的方法,帮助其提高科学育儿的水平。家长讲座的内容应将理论与实际相结合,便于家长理解和操作,可聘请专家进行。但知识讲座的对象群体不仅限于家长,还可以发动社区群体、教师群体、其他行业群体加入,实现知识内容的分享和有效教育合力的形成。除此之外,创办园本化读物作为互动交流的载体,面向社区、家长传递教育信息,也是形成教育合力的有力举措。宣传资料的类型可以是关于幼儿身心发展的各方面内容,这样可以扩大读者群,促进家长对孩子的全面了解。其次,通过开展亲子实践活动,引导家长参与到幼儿园的教育实践中。亲子活动的实施,一方面发挥了幼儿园在幼儿教育中的主导作用,扩大了家长参与幼儿园活动的广度和深度,拓宽了幼儿园管理的视野;另一方面能促使家长真正转变自身角色,从旁观者逐步成为参与者,从不会指导到学会指导,使家长及时了解课程、了解教育理念、定时反馈。此外,教师还应根据幼儿实际和家长建议,随时调整教育活动设计,使教学活动更加适合幼儿的发展,从而真正实现家园和谐互动。这一举措将能提高家长参与家园互动的意识,使家长从开始的不知所措,到能够较好地指导幼儿的活动,与孩子共同学习和进步,这些活动也将使亲子关系更为融洽。

(二)充分发挥社区的引导功能,注重社区教育资源的有效开发和利用

社区是幼儿园宣传的重要平台,蕴含着丰富的教育资源。社区参与到协同教育中,既可以帮助幼儿园了解该区域家庭的需求,还可以客观的视角看幼儿园的发展,帮助家庭以及社会有效监管与评价幼儿园的发展,逐步形成以本社区为核心的辐射拓展,最终实现家庭、幼儿园、社区的协调统一,促进教育资源的优化共享。

首先,社区应定期组织家长参与育儿指导活动。幼儿园教育对象主要是3~6岁幼儿,因此3岁前幼儿的早期教育指导应是社区工作的一部分。由于社区缺少专业的师资队伍,故而可与幼儿园联手,组织志愿者教师走进家庭,指导父母进行育儿工作,帮助家庭解决教育困惑,如可以定期开展送教入社区、社区走进家庭等活动,实现家、园、社区携手促进幼儿发展。同时,社区的多种环境都是幼儿园主题活动的重要来源。结合幼儿园的周边环境,幼儿园可通过"请进来,走出去"的方式,开阔幼儿的视野,弥补

幼儿园教育与家庭教育资源的不足,拓展幼儿园课程,让生活走进课堂,让幼儿融入自然。

其次,应充分发挥社区的评价、监督与反馈的作用。社会对幼儿园的评价是幼儿园成长的航标,幼儿园对社会的引入是其社会性功能发挥的重要表现。开门办园,让社区人员走入幼儿园参观、了解幼儿园文化,能够帮助幼儿园挖掘潜在的教育资源,还可以建立部门的友谊,实现教育资源共享,为家-园-社区协同教育提供有效的监管,帮助幼儿园完成创新与提高。

第七章

听力障碍幼儿的心理与教育

第一节　听力障碍幼儿的心理发展特点

> 一、认知特点

（一）感知觉

听力障碍幼儿主要依靠视觉、触觉和运动觉等的参与来感知外界事物。由于缺少听觉刺激，较难或无法获得声音信息，听力障碍幼儿不能完整地感知信息，其知觉信息加工的整体性和理解性受到了限制，特别是在语言的理解和交流上。听力障碍幼儿视知觉速度提高比较快，且可以与其他感知觉器官一起帮助其语言理解和交流，使得视觉在听力障碍幼儿感知活动中成为最主动、最活跃和最重要的感觉器官，"以目代耳"。视觉在感知活动中的优势地位，对听觉障碍起到一定的缺陷补偿作用。但需要注意的是，视觉和其他感觉通道对听觉缺陷的补偿作用是有限的，不能完全取代听觉。另外听力障碍幼儿的空间定向能力相对较弱，他们只能直接感受到视野之内的物体或现象，视野之外的情形就不易感受到，从而影响其准确的空间判断。因此，听力障碍幼儿需要借助技术手段补偿或重建听力，如佩戴助听器或植入人工耳蜗，并培养其听觉技能，发展其感知觉和语言能力。

1.知觉信息加工不完整

感觉是知觉的基础，知觉的完整性取决于感觉材料的丰富性。由于听觉刺激的缺损，听力障碍幼儿对复杂的事物和环境感知不完整，缺乏听觉信息加工。听力障碍幼儿的知觉信息更多地依赖视觉、触觉和动觉获得，不易形成视听结合的综合信息。这样，听力障碍幼儿知觉信息加工的整体性和理解性就受到制约。可以发现：①关于听力障碍幼儿的言语工作记忆，研究者得到了比较一致的结论，即采用数字记忆广度任务和词语广度任务等范式发现听力障碍幼儿言语工作记忆表现出一定程度的缺陷，但他们能通过视觉通道执行言语认知任务；②在视空间工作记忆方面，采用不同研究范式、同一研究范式中不同难度水平的任务都会导致听力障碍幼儿视空间工作记忆的结论不一致，补偿缺陷理论和一些研究认为听力障碍幼儿的视空间工作记忆能力要优于正常幼儿，而有一些实证研究指出听力障碍幼儿只有在执行难度水平较低的认知任务时才会表现出一定的优势，此外，也有研究者报告听力障碍幼儿的视空间工作记忆能力要低于听力正常幼儿；③在中央执行功能方面，研究范式的局限性可能导致听力障碍幼儿中央执行功能的研究结论不一致。

2.视觉的优势地位

在一定条件下，各种感觉器官的机能状态都有可能相互影响、相互作用。当听觉丧失后，视觉在一定程度上处于感知活动中的优势地位。听力障碍幼儿进入学校后，一方面由于长期对视觉的依赖和使用，视知觉经验丰富；另一方面通过专门的训练，他们的视觉补偿能力有了较大的发展。国内的一些研究表明，听力障碍幼儿的视知觉速度提高比较快，在凭借视觉参与的感知活动中，他们的视知觉能力与正常幼儿没有显著差异。例如，与正常幼儿和成人相比，听力障碍幼儿的视、触知觉能力没有明显差别。

3.缺陷补偿

听力障碍幼儿的视觉、触觉和动觉与正常幼儿并无两样。由于听觉的丧失，听力障碍幼儿更多地借助视觉、触觉和动觉等感官来认识世界，并进行语言理解和语言交流。这些感官在听力障碍幼儿的生活中具有重要的作用，特别是视觉，很多人"以目代耳"来强调视觉的缺陷补偿作用。但值得注意的是，视觉及其他感觉通道对听觉缺陷的补偿作用是有限的，不能完全取代听觉。

（二）注意

由于听觉渠道受损，语言发展迟缓，听力障碍幼儿有意注意和无意注意的形成和发展都比较缓慢，且以无意注意为主，具有多变、短暂的特点；有意注意的稳定性差，需要活动的支持和吸引。因此，听力障碍幼儿联合注意的唤起和保持更多地依赖非语言符号。另外，听力障碍幼儿在注意的分配上存在困难。他们无法同时既看又听，视觉兴奋和听觉兴奋不能一起产生，较难完成注意的恰当分配。听力障碍幼儿的注意以视觉材料为主。

（三）记忆

在学前期，听力障碍幼儿的无意记忆占优势。进入幼儿园或康复机构后，有意记忆虽开始发展，但仍以无意记忆为主。有意记忆的发展依赖于幼儿对记忆任务的意识、活动的动机、情绪的影响以及多种感官的参与。听力障碍幼儿形象记忆效果优于抽象记忆,对于直观形象的事物如"苹果""桌子""香蕉"等,他们记得快、保持好,也易于提取,但对语言材料的记忆水平较低,再现也不完整。

（四）思维

从动作思维发展到形象思维再到抽象思维,是普通幼儿思维发展的三个阶段。听力障碍幼儿的思维发展趋势与普通幼儿相同。但由于语言发展迟缓,听力障碍幼儿思维的发展停留在形象思维阶段的时间较长,表现为他们主要依据头脑中的表象或表象的联想进行思考,具体形象性强;不会按照事物的本质进行分类,而更多地依赖感知的特点、生活情景或物体功用作为分类的依据;掌握概念存在困难,较易掌握具体的概念,较难掌握抽象的概念;易发生概念扩大化的错误,而且有时又不合理地缩小概念的内涵,致使他们在学语前和学语后一段相当长的时间内,很难把握概念的本质。另外,已有研究表明,听力障碍幼儿更多受当前情境的直觉所约束,表现出思维的僵持、固着状态,缺少思维的灵活性。

语言特点对于听力障碍幼儿来说,听力丧失的结果首先是对语言发展的限制,不能或很难清晰地感知语言,发出声音却不能得到充分恰当的听觉反馈;无法得到充分的言语强化;不能听到成人的言语示范,发生语言学习的困难。再者,没有了"听",也就没有"说"的应答,从而导致发音器官的僵化和构音器官功能的退化。听力障碍幼儿的语言发展具有如下6个特征。

（1）不会说话。

（2）发音不清。这是听力障碍幼儿语音发展中最普遍的现象。常见的表现是:发音清晰度差,字音含糊不清,常缺乏辅音,很不悦耳;送气音、不送气音不分,韵母发音困难;缺少抑扬顿挫的韵律,如舌位异常,表现为嗓音明显异常,字音不清。

（3）发音异常。最常见的是尖声尖气的"假嗓音"和语调不准。例如,音调的窄频异常、高或低频异常;神经性耳聋幼儿存在功能过强性嗓音异常,而传导性耳聋幼儿因骨导增强而出现自加音强,出现功能减弱性嗓音异常;鼻腔共鸣消失出现鼻音异常;由于无法协调运用发音器官和构音器官,喉发音失去圆滑清亮的音质,出现轻重不同的嘶哑。

（4）音节受限制。听力障碍幼儿由于送气不自如,发音不灵活,不能连续发出几个音节,因而语言缺乏流畅性。

（5）语言发展落后。大多数听力障碍幼儿口语形成晚,词汇量少于正常幼儿,而且他们不能分辨同音异义词,语音的理解能力发展不充分,语法比较差,常常出现措辞不当、字序颠倒、漏字和替代等错误。

（6）智力发展与语言发展不同步。尽管听力障碍幼儿的听力问题阻碍其语言发展，但其智力发展与正常幼儿没有明显的差异。语言的迟缓对智力中与语言相关方面的发展有一定的不良影响，但智力发展中非语言的成分则不会受到影响。

＞　二、情绪、个性及社会化发展特点

听力的丧失使得听力障碍幼儿不能自由地表达自己的想法，也很难充分地理解他人的意愿，因而在情绪、个性和社会化方面呈现出特有的行为表现。

1.情绪

听力障碍儿童因听力困难，语音发展迟缓，在和他人交往中，常以情绪的外部表现如表情、动作来表达自己的需要、愿望，回答他人问题。因此，在听不到或听不懂他人的要求，自己的意愿不能很好地表达出来或他人不能理解自己的想法时，易于冲动，但是随着年龄的增长，通过听觉和语言的康复训练，特别是在康复机构集体活动的要求下，他们逐渐学会有意识地控制自己的情绪冲动，情绪的稳定性逐步提高。随着年龄的增长，4~6岁听力障碍幼儿的高级情感也开始发展，将会形成一定的社会责任感，逐渐培养积极向上的情绪。

2.个性

听力障碍幼儿的父母难以对自己的孩子进行各项生活训练，听力障碍幼儿有疑问和困难，也难以向父母表达，亲子之间交流不畅，父母倾向于采取过多保护或者过度管束的教养策略，有时不能及时满足孩子的需要，有时甚至会实施不恰当的惩罚，造成听力障碍幼儿独立性、恒定性和忍耐性较差，依赖性较强，产生固执、自我中心、缺乏内部控制力、易冲动和易受暗示等消极的人格特征。此外，个体的活动主要依靠大脑高级神经系统的调节，而听力障碍幼儿大脑的成熟度不足，不能长时间使某些部分的神经细胞处于抑制状态，兴奋过程的活动多于抑制过程。因此，听力障碍幼儿也表现出好动的行为特点，好奇心强，探索行为比较外露，喜欢看、摸、动，对新奇的事物，不仅用视力来探索，更爱动手操作。

3.社会性

听力障碍幼儿在社会交往方面发展迟缓。一方面，他们因为语言缺陷，很少和正常同龄伙伴一起玩耍，或者只与同类伙伴一起玩；另一方面，为了免于别人的歧视，家长很少带孩子去公共场所或参加集体活动，限制了听力障碍幼儿的交往范围。而且家长的过度保护容易导致他们自卑或胆怯，害怕单独接触社会，反过来加重了他们对家长的依赖性，社会交往更少，常常感到孤独、沮丧和退缩，社会常识贫乏，缺少社会经验，社会适应性差。

第二节　学前融合教育中听力障碍幼儿的教育原则与方法

听力障碍幼儿的教育安置形式是多样的,安置原则主要遵循听力障碍的程度和幼儿本身的能力。安置的形式不同,所在学校的学习课程内容和要求也会有所不同。在听力障碍幼儿的教育中,教师要提供相应的教学策略和辅助设备,帮助听力障碍幼儿顺利地参加课堂学习。

> 一、课程设置

聋校学制为九年一贯制。入学年龄一般与当地普通小学相同,在特殊情况下可适当放宽。随班就读的听力障碍幼儿的课程与普通教育的课程一致,从小学到高中,都应按照国家和地区规定的相应课程进行教授。如果随班就读学生有特别需要,可以提供特别帮助。为实现听力障碍学生的培养目标,听力障碍幼儿义务教育课程除应遵循普通义务教育课程设置的原则外,还应遵循以下 3 条原则。

1.均衡性与特殊性相结合的原则

均衡性原则是指根据促进听力障碍幼儿全面发展的要求,均衡设置九年一贯的课程,各门课程比例适当,以保证听力障碍幼儿的和谐、全面发展。课程设置要注重培养听力障碍幼儿积极主动的学习态度,使听力障碍幼儿在学习过程中,既获得基础知识和基本技能,又学会学习、学会生活、学会合作、学会生存,形成正确的价值观。

特殊性原则是指课程设置要按照听力障碍幼儿身心发展规律,积极开发潜能,补偿缺陷,增设具有聋教育特点的课程,注重发展听力障碍幼儿的语言和交往能力。

2.综合课程与分科课程相结合的原则

课程设置要坚持综合课程和分科课程相结合,各门课程都应重视学科知识、社会生活和听力障碍幼儿自身经验的整合,加强学科渗透。小学阶段(至六年级)以综合课程为主,初中阶段(七至九年级)设置分科与综合相结合的课程。

3.统一性与选择性相结合的原则

课程设置既要坚持面向全体学生,提出统一的发展要求,又要根据各地区、各聋校的实际需要和听力障碍幼儿的个体差异,提供选择的空间。学校应创造条件,积极开设选修课程,开发校本课程,以适应社会和学生发展的需要。

> 二、听力障碍幼儿的教育

教学指导性策略能强化教学过程。第一,教师应该提供适当的强化和积极的反馈;第二,在传统教育中加入教授和反馈程序能强化学习;第三,分级作业,合理分配与分级并且符合学生意愿的有意义作业能促进学习;第四,安排合理的时间,学生在某学科花费的学习时间和获得的学业成就是成正相关的,但是很多教师在作业上花费的时间极少;第五,树立班风,教师应该努力营造出一个有凝聚力、有满足感、有目标的班集体;最后,提供支持,班级中需要有个能用手语交流的人(老师或翻译员)。

> ## 三、技术支持

在听力障碍幼儿的教育中,教师要提供相应的教学策略和辅助设备,帮助听力障碍幼儿顺利地参加课堂学习。

辅助技术就是对听力障碍幼儿有帮助的所有装备和用具,包括助听器、人工耳蜗、言语文本翻译电视字幕、文本电话及信号设备等。近几十年来的科技进步和发展,为听力障碍人士的生活与学习提供了一定的便利。

> ## 四、融合教育中听力障碍幼儿的教育原则

1.行为支持原则

正向行为支持原则要求教师通过对学生行为的全面功能性评估,在教学过程中为其提供有针对性的行为干预,从而促使学生养成良好的社会适应行为。其中,全面的功能性评估和有针对性的行为干预是这一原则的两项重要内容。所谓功能性评估,指的是通过观察学生问题行为与课堂环境或教学系统之间的关系,来了解个体此行为的社会性功能,为此后的行为干预提供全面信息。教师要依据功能性评估所得信息,寻找学生问题行为的诱发因素和影响事件,通过调整课堂环境中的相关因素,来减少学生问题行为的发生,并培养其可达到相同功能目的的适应性行为,这一过程被称为行为干预。

从定义不难发现,正向行为支持原则以行为主义理论为基础,主张通过设计并提供一个安全的、积极的环境来避免学生问题行为的发生,促进其适应行为的产生,实现全面发展的目的。不同于传统的行为管理原则,在对问题行为进行评估时,此原则要求教师关注个体所处的课堂教学环境,而非产生行为的个体;在对行为进行干预时,又要求采用调整课堂环境因素来适应个体恰当行为的培养,而非惩罚、压制等消极手段。也就是说,教师应该关注的并不是如何排除特殊学生存在的障碍使之适应课堂教学,而是要从课堂环境着手,寻找并创设在现有能力下能够诱发学生适应行为发生的条件。此外,有专家指出,此原则的目的并不是要求教师在教学过程中将目光停留于学生问题行为的消除上,而是应该充分利用课堂教学环境向学生教授适应行为。里斯利

（Risley）曾说过，教师面对学生的问题行为时首先应该考虑的是"怎样的适应性行为应该、可能或者可以用来替代学生的问题行为"。

有研究表明，正向行为支持原则可广泛适用于各类特殊学生的融合课堂教学，教师通过有效的评估及教学环境的改善，能使三分之二的被试成功降低80%的问题行为发生率。

2.以活动为基础的干预原则

以活动为基础的干预原则又称活动本位原则，是一种提倡由学生主导的互动式教学原则，它要求以学生为教学活动的主体，在各类活动中融入个体发展的个别化目标，合理安排先行因素及预测行为后果，以培养学生的功能性和生成性技能。

第一，该原则强调的是要以学生为互动教学的主体，即教师应当赋予幼儿更多根据自己的兴趣实践不同行为的机会，并在他们主动引发某种行为后，立即予以积极的回应，从而使学生明白他们能够通过自己的主导行为来引起他人的反应。对于在融合课堂中的各类特殊学生，这一点尤为重要，因为与其他正常学生相比，他们往往更缺乏行为或活动的自主性。第二，该原则还要求教师以各种自然环境中发生的事件为教学内容，即将学生的常规性、计划性和自我主导性活动作为课堂教学的重点，包括日常洗漱、上学放学、春游或自主游戏等。在设置这些教学内容的时候，教师必须明确，教学关注的不是各项活动，而是学生在参与活动时培养的适应不同环境需要的各种社会技能。有研究表明，以学生为主体，以日常生活活动为教学内容，更有利于特殊学生特定教学目标的达成。第三，该原则要求提供恰当的先行因素和行为后果。前者包括教学材料、教学方法、教师或其他学生的行为、玩具或各类教学用品、教学环境布置或学生自身的个体状况如疲倦等；后者则是指学生行为发生后随之产生的事件，包括学生对某一物件的把玩、哭闹、对他人主动或被动的关注，或是某种明确的回应。通过对学生某一行为的系统观察，教师可以确定其行为的先行因素和行为后果，并在教学过程中有目的地组织或控制这两方面事件的呈现，从而对特殊学生的特定行为进行控制与培养。第四，该原则还强调了对学生功能性技能和生成性技能的培养，即学生独立适应某种社会生活的技能和可以灵活迁移、适应多种社会环境的技能。前者是后者的基础形式，生成性技能的掌握可以进一步促进学生独立地适应社会生活。对于年幼的特殊学生而言，教育干预着眼的不仅是他们当前的学校家庭生活适应，更应致力于培养他们适应将来社会生活的能力。

3.适应性原则

发展适应性原则要求教师在融合教育课堂里，能综合分析学生的年龄发展适宜性和个体发展适宜性。在实施教学活动时，教师不仅要根据学生不同时期的发展需求设置教学内容和课堂环境,更要顾及特殊幼儿所存在的个别差异,为其个别能力的培养与发展提供相应的经验支持,使课堂教学切实满足每位幼儿的发展需要。此原则旨在为幼儿提供更适宜于发展的课程内容与教学方式,进而减少特殊幼儿的学习困扰,提高其学习成效。

发展适应性原则提出,在学前融合课堂教学中必须从两个维度——年龄发展适应维度和个体发展适应维度综合考虑幼儿的发展适应。前者指的是一般学生的能力发展常模,即学生的普遍发展规律,这一维度的信息为教师整体构建融合课堂教学环境与设计教学计划提供了基本框架。后者则是指某一学生能力发展的具体表现,既包括了学生在普遍发展进程中的适应状况,也包括了学生对所处特定社会文化环境的适应状况。在融合课堂教学过程中,教师只有全面把握特殊幼儿个体发展的适应信息,才能在教学安排中为其提供适应当前能力的经验条件,满足个体进一步发展的需要。

> 五、融合教育中听力障碍幼儿的教育方法

1.丰富聋健融合活动的形式,保证听力障碍幼儿与健听幼儿的交往

让每一个听力障碍的幼儿都有权接受"听力障碍幼儿和健康的融合"教育,并改善听力障碍幼儿和健康幼儿的日常生活安排。在确保听力障碍幼儿听力和语言训练的基础上,他们有足够的时间学习、锻炼和与健康幼儿一起生活。

第一,合理布局。听力和语言康复较好的听力障碍幼儿直接进入健康听力班(即普通班)学习和生活。语言发展达不到上课标准的听力障碍幼儿被安置在康复班(即特殊班),并采用半天融合的特殊教育方法,这是为需要更多时间接受特殊教育服务的听力障碍幼儿设计的。也就是说,每天早上在康复班,下午在健康听力班和健康听力幼儿中开展融合活动,以确保听力障碍幼儿有足够的时间与健康听力幼儿交流。第二,保证集体语言训练和个人语言训练的时间。无论是参加保健班常规班的听力障碍幼儿还是参加康复班的听力障碍幼儿,都应该保证他们有时间进行集体语言训练和个人语言训练。第三,合理安排混合年龄活动,确保听力障碍幼儿和健康人之间的互动时间。所谓的混合年龄活动是指将不同年龄的幼儿集合在一起的各种生活、学习和游戏活动。这样的教育对幼儿的社会发展大有帮助。幼儿可以在宽容、和谐和灵活的大家庭环境中学会交流、合作和互助,提高解决问题的能力,增强自信心,促进社会积极和谐发展。第四,定期组织整合活动。我们将每周的星期五下午定为融合活动的时间,组织康复班的听力障碍幼儿在某个保健班学习和玩耍,康复班的老师和保健班的老师一起授课。每周轮流上课一次,健康听力班的老师应该考虑如何在设计活动时动员听力障碍幼儿与健康听力幼儿交流。

2.为听力障碍幼儿和父母定期组织交流活动、搭建交流平台

如果你想培养听力障碍幼儿的沟通意识,首先,父母本身应该有沟通意识。父母应该是孩子的榜样,应该发挥模范作用。作为听力障碍幼儿的父母,他们应该主动与其他健康幼儿的父母沟通,以便健康幼儿的父母能够接受他们。只有当听力障碍的孩子被健康的父母接受时,他们的健康孩子才会被鼓励接受听力障碍的孩子,并且愿意与听力障碍的孩子交往。听力障碍幼儿和健康幼儿的父母更直接交流的态度促进了听力障碍幼儿和健康幼儿之间的交流。可以看出,组织听力障碍幼儿和健康幼儿的父母之间的交流以及建立一个交流平台尤为重要。因此,我们的老师应该帮助他们建立听力障碍幼儿和健康父母之间的情感关系。例如,邀请健康幼儿的父母和听力障碍幼儿的父母讨论,除了向健康幼儿的父母宣传特殊教育知识之外,还向父母介绍听力障碍的原因及其父母的背景,或者组织一些亲子活动,如"生日聚会"和公园活动,介绍听力障碍幼儿的父母,消除健康幼儿父母的担忧,让健康幼儿的父母从一开始就改变他们的排斥态度,尊重听力障碍幼儿的父母,从而开始接纳听力障碍幼儿,并建立和谐的关系。

3.听力障碍幼儿交流发展的规律分析

听力语言水平会影响听力障碍幼儿和健康幼儿之间的交流,但是性格内向和情绪不稳定也是影响听力障碍幼儿之间交流的重要因素。我们应该重视听力障碍幼儿的交流,通过系统观察和定期分析评估,鼓励他们积极大胆地交流。将定期交流、分析和研究康复和听力障碍者健康融合活动中的一些问题,并将开展不同形式的讨论。

4.建立成长记录档案,收集聋健交往的资料

成长记录是对幼儿知识结构的评价,培养他们的自学和自我调节能力,并通过全方位、立体的评价反映上述特征,从而客观真实地记录幼儿的成长和发展轨迹。通过教师对评估内容和标准的思考和设计,幼儿的成长记录创造了一个开放和自然的学习环境,从而反映了这些特点和动态、多元和情境。

总之,我们为听力障碍幼儿提供了跟健听幼儿一样的学习、活动环境,目的是让听力障碍幼儿除了要学会说话,更要学会交往、学会合作,从而谈得上学会生活、学会做人。作为特殊教育工作者,都要更新观念,重视听力障碍幼儿交往意识的培养。

第三节　教育康复中听力障碍幼儿的教育原则与方法

不同的领域,由于学生的特点不同,所要完成的教学目的各不相同,因此所形成的

教学原则也有所差异。根据听力障碍者感知觉、认知、情绪等方面特征,结合我国及世界各国的特殊教育理念、教育实践及发展趋势,主要有四条基本原则:个别化原则、功能化原则、家长参与原则和补偿性原则。

> ### 一、个别化原则

个别化教育是特殊教育各个领域的基石与一般性原则,它是教师分别对个别学生进行传授与指导的教学组织形式。个别化原则是基于特殊幼儿巨大的个体差异而提出来的,为了达到良好的教育效果,教师必须根据特殊幼儿的身心发展特点制订相应的教育目标和教学计划。

听力障碍个体的个别化教育计划除了包含基本的教学内容外,在教育目标上至少还应该包括听力训练计划和语言训练计划两个部分。例如,某学生属于全聋,那么听力训练计划内容就可以删除;另一名学生属于重度听力障碍,且该生的听力发展水平处于听觉注意阶段,语言发展水平处于有意识交流阶段,但语言发音不清,对该生的听力训练就可以从自然环境、交通工具、日常生活、人体声、物品声音入手,制订听觉训练计划,逐步深入,而对于该生的语言训练,可以考虑先使用手语使其掌握必要的日常词汇,然后采用"蔬菜""水果""幼儿园"等主题单元进行口语发音及词汇掌握训练。

此外,对于听力障碍个体的安置情况和所需要的相关服务也需进行考虑。对于那些佩戴了助听器或植入人工耳蜗,听力补偿较高且语言发展较好的学生,可以考虑安排随班就读或在普通学校的特教班学习,并提供相应的语言发展帮助。而对于那些重度听力障碍、口语发音不清的个体,可以将其安排在聋哑学校学习,以便更好地获得手语学习的机会,从而帮助他们发展口语。

> ### 二、功能化原则

对于特殊学生而言,传统的教育教学重视学科性和逻辑性,这就脱离了特殊学生现实生活和发展的需要,无法满足他们最基本的社会生活适应功能。因此需要对教育课程和方法进行改进,以使其更好地满足特殊学生的发展和现实生活需要,帮助他们更好地适应现实社会,即实现功能化。功能化是针对具有特殊需要的学生而提出的教育原则,它不仅考虑了个体的差异性,也考虑了个体的社会适应性,是当前特殊教育发展的主要理念之一。对于听力障碍个体,其功能化教学主要集中于语言发展。语言习得的最终目的在于运用,也只有通过运用所习得的语言才能得到巩固,才能提高语言学习效率。将语言教学功能化,与日常生活情境和生活语言相结合,将有助于听力障碍幼儿更快、更有效地学习语言。

> 三、家长参与原则

家长参与,又称家长参与学校教育、家校合作,是指家长从事的一切直接或间接地影响其子女的教育活动。家长参与对于营造良好的教育环境,促进特殊幼儿发展具有重要意义。对听力障碍幼儿而言,家长参与语言训练,一方面能够为听力障碍幼儿的语言学习提供模板,为其提供良好的语言学习环境;另一方面能够辅助学校教育,在家开展语言训练,帮助幼儿进行必要的补充学习,这都将有利于幼儿语言学习的发展。莫勒(Moeller)研究了家长参与对听力障碍幼儿早期语言干预项目的影响,结果发现家长参与程度较高而且较早参与语言干预训练的听力障碍幼儿,语言训练效果较好。即使较晚参与项目,那些家长参与较高的听力障碍幼儿语言训练效果也好于较早参与但是家长参与程度中等或偏低的听力障碍幼儿。家长根据教育训练所做出的调整、对早期干预项目的参与程度、与幼儿的有效沟通以及为了幼儿教育需求而做出的努力都是影响听力障碍幼儿教育的重要因素。

> 四、补偿性原则

补偿性原则是指机体在失去某种器官或某种机体受到损害时的一种适应,是一种与正常发展过程不完全相同的有特殊性的发展过程。在这种有特殊性的适应和发展过程中,被损害的机能可以被不同程度地恢复、弥补、改善或替代。

幼儿经过诊断确实存在听力障碍,就应该佩戴适合的助听器或植入人工耳蜗,进行听力补偿或重建,并在此基础上开展有针对性的听觉技能训练,以期最大限度开发其利用残余听力或重建听觉的功能。但是,听力的丧失,直接导致该类幼儿言语能力不同程度的发展滞后。也就是说,即使他们听力得到补偿或重建,甚至达到听觉的康复,也不能使之自然地开始正确发音,必须经过充分的言语训练和言语功能的矫治,才可能使听力障碍幼儿接近或达到言语语言的正常发展水平,因此听力障碍幼儿的教育康复主要以听觉能力训练和言语功能训练为主。

> 五、听觉能力训练

首先是利用听力障碍幼儿的残存听力,使之听到各种声音,其次是听懂这些声音。

1.听觉能力训练的内容

听觉能力训练就是让孩子听懂世界上的声音,因此生活中能够听到的各种声音均可作为听觉能力训练的内容,声音大致可划分为噪声、乐器音和语音。

(1)噪声:语音和乐器音之外的声音都被归为这一类,大致包括自然界的声音,如风声、雨声、雷声，交通工具发出的声音，如汽车喇叭声、轮船马达声，动物发出的声音，如鸟叫、狗叫，各种武器发出的声音，如爆炸声等。

（2）乐器音：乐器音大致包括各种乐器独奏发出的声音，如小提琴、二胡等发出的声音，几种乐器同时合奏奏出的声音，如交响曲、合奏曲等。

（3）语音：语音内容丰富，包括声母、韵母、声调、各种音节、词汇与句子等。

2.听觉能力训练的方法

（1）训练工具：听觉能力训练的工具多样，主要有以下几种：录音机、放音机、磁带、电视机、电影、计算机实物、模型、玩具等。以上听觉能力训练的用具，也可作为言语能力训练的用具和内容，例如让幼儿分辨钢琴发出的声音的同时，也可让幼儿学习钢琴的语音的命名。在实际训练中，往往综合使用这些物品进行听觉能力和言语能力训练。

（2）训练时间：在听力障碍幼儿的语言训练中，每天训练时间应不少于2.5小时，并以15分钟为训练的基本单位，值得注意的是，刚开始进行听力训练时一般更侧重听能力的训练，但随着训练的深入开展，应该把听的训练和说的训练结合起来，这时每次训练的时间可以30分钟为基本单位，当天训练的总时间可以适当延长，当然，具体的时间安排，要根据幼儿的年龄、注意力集中时间的长短、兴趣等具体情况而定。

（3）训练方法：听觉康复方法多种多样，如声-物匹配法、听-动协调法、听声识图法、听声指认法、听声复述法、声音辨别法、视觉提示法、触觉提示法等。

第一种是声-物匹配法。该方法适用于听觉康复的最初阶段，是最基本的听觉康复方法。此方法要求：将声音刺激和发出声音的物品同时呈现给幼儿，让幼儿建立声音和物品之间的联系。例如，当发出"呜呜——"的汽笛声时，将玩具火车呈现在幼儿面前；当出现"汪汪——"的狗叫声时，拉一只狗到幼儿面前，并用手指着它；当说出"苹果"这一词语时，放一个苹果在幼儿的手里。如果没有实物，可以用图片、照片或者录像替代。

第二种是声音辨别法。声音辨别法可分为两类：一类为辨别不同的声音；另一类为听声音辨别物品或图片。前者是指同时呈现各种不同的声音让幼儿辨别都是什么声音，或者呈现嘈杂的声音让幼儿从噪音中辨别出声音。例如，同时呈现火车、汽车、轮船、自行车、摩托车等的声音，让幼儿一一辨别出来；呈现个体在嘈杂街道上的说话声，让幼儿辨别出个体所说的内容。后者是在幼儿听到声音之后让其辨别是什么物体发出的声音。例如，播放牛的声音，让幼儿在羊、猪、牛中选择正确的图片或者说出与之匹配的动物名称。声音辨别法实际上是声-物匹配法的逆向，能够巩固听觉训练的效果。

第三种是听-动协调法。此方法又称听觉反应游戏法,也能巩固听觉康复的效果。此方法可以分为两类:动作法和听声复述法。动作法意指当幼儿听到声音时需要根据发出声音的物体或动物做出相应的动作反应。例如,听到算盘的声音时,需要按打算盘;听到积木的声音时,要搭积木;听到敲门的声音时,需要起身开门;听到汽车的声音时,需要做出开车的动作。听声复述法则是当幼儿听到语音时,要进行复述。例如,听到猫叫,模仿猫叫;听到"ɑ"的声音,自己也发出"ɑ"的声音。

这三种方法是基本的听觉康复方法。通过这三种方法又可衍生出不同的方法。例如,通过声-物匹配法衍生出听声识图法,但本质上都是将声源与声音相匹配。在实际的操作过程中,更是可以将多种方法相结合,充分调动幼儿的视觉、触觉、听觉等多感官通道。

＞ 六、言语能力训练

言语能力训练也可以称作说话训练,主要训练听力障碍幼儿理解和运用语言的能力,尤其是听懂语言并开口说话的能力。

1.言语能力训练的内容

言语训练主要涵盖三个方面的内容,包括听话能力训练(主要针对存在残余听力的听力障碍幼儿)、看话能力训练和说话能力训练。

(1)听话训练:这其实是一种要求听力障碍幼儿存在一定的残余听力的听觉能力训练,听话训练的内容包括各种音素、音节,但更重要的是日常生活用语,涉及词汇、句子、声调、语气等方面的训练,主要是让他们在听懂有关词汇和句子之后再体会语气。

(2)看话训练:以唇读训练为主,通过训练听力障碍幼儿观察别人说话时的口型,结合说话者的面部表情、手势,理解说话者语意的一种训练。

(3)说话训练:就是教幼儿如何说话,包括怎样用气、怎样发音、怎样说出流利的合乎语法的句子等说话训练,具体包括很多方面的内容。

①呼吸训练。要说好话,必须有效地控制呼吸,包括吸气训练和呼气训练,呼吸又可分为鼻呼气、口呼气、口鼻同时呼气。

②口腔开合,舌头动作训练。

③五腔共鸣训练。主要训练各发音器官协调统一。

④发音训练。汉语普通话的语音主要包括声母、韵母、声调三个要素。

⑤词汇句子训练。具体训练各种生活中常用的词汇和句子。

2.言语能力训练的方法

言语能力训练的方法很多,主要有以下 5 种。

（1）音物结合法：把某种事物呈现在幼儿面前,让幼儿通过看摸等手段,在充分感知物体的基础上,告诉幼儿这一物品的读音让幼儿模仿口型进行发音。

（2）音图结合法：把不易得到的食物用图形图片等代替训练。

（3）词汇卡片法：在幼儿有相当的生活经验后,可以把需要训练的词汇制成卡片,以卡片为第一信号物教幼儿发音。

（4）句子卡片法：把要说的句子制作成卡片教幼儿发音。

（5）创设真实的情境进行语言教学：对话是在一定情境下的连贯性语言。脱离了情境,对话也就失去了它的意义。教学中通过创设一定的情境来呈现对话内容,既真实又生动,对学生理解和掌握对话也有很大的帮助。

听力障碍幼儿长时间处于无声的生活中,即使通过助听设备恢复一定程度的听力,也不能任由幼儿自行发展,因为与健康幼儿相比,听力障碍幼儿的言语表达存在明显异常,主要表现在语速、发音和语调方面,幼儿并不具备自我矫正的能力,所以还需要通过专家、医生、家长和老师的共同帮助,采用专业、科学、系统的言语训练。通常而言,主张早发现、早矫治、早训练,康复训练重在持之以恒,持续的时间越长,康复效果就越理想。最后,还要重视家庭与亲情支持,为听力障碍幼儿营造良好的成长环境,鼓励幼儿多与同龄人交流、玩耍,大胆地融入生活中,多说、多练,同时还要重视听力障碍幼儿的心理健康,当幼儿受到歧视时,要鼓励其勇敢地面对困难挫折,家长要善于挖掘孩子的特长和优势,增强孩子的信心和勇气。除此之外,我们应根据听力障碍幼儿的实际情况对其实施语言康复训练,为他们创设一个和普通孩子一样的成长环境,营造一种和谐发展、愉快成长的氛围,使其在离开学校的时候,获得的不仅仅是分数,更重要的是让他带着能融入大千世界的语言,能够与所有的人进行无障碍的语言沟通,使之能够较快地回归社会主流。

第四节　听力障碍幼儿的家-园-社区-康复机构协同教育

近年来随着各种教育模式的发展和创新,特殊学校、家庭、社区和康复机构的协同教育模式越来越受到重视。当前,特殊幼儿的发展已不再是特殊学校单一环境的事情,应将特殊幼儿置于具体的社会环境中,多角度考虑适合特殊幼儿发展的方法。依据布朗芬布伦纳的"生态系统理论",特殊幼儿处在由家长、教师及其他亲密人员构成的微观系统之中,他们之间的联系对幼儿的发展有着复杂的生态学意义。

因此,对于特殊幼儿的教育应逐渐走向"教育社会化、社会教育化"。协同教育正是从系统论角度出发,将特殊学校、家庭和社区作为教育的子系统,调动多方面教育资源、教育力量,对特殊幼儿实施同步融合的教育。特殊幼儿教育应突破原本孤立、单调的教育局面,积极地发掘家庭、学校、社区、康复机构协同教育的各种教育资源,并且将其应用于特殊幼儿教育中,形成家庭、学校、社区、康复机构协同教育,发挥优势,弥补不足的发展模式。

> ### 一、听力障碍幼儿的学习特点

随着人们对教育更深层次的关注和研究,学习动机与学习策略这两个影响学生学习效果的重要因素也逐渐被熟知。近些年来,有关于这些方面的理论与实践的探讨、研究已经成为普通学校的热点。然而,对听力障碍学生的学习策略和学习动机的研究却很少。据观察,听力障碍学生由于听力受损,一定程度上直接影响了他们的学习效果,也逐渐消磨他们的学习自信心。甚至在学习方面,有的学生表现出迷茫与漠然,不明白为何学习。从某种程度上讲,听力障碍学生更需要懂得调节自己的学习动机,学会有效掌握知识的方法。

他们和普通学生相比在学习策略和学习动机方面是否存在差异,差异有多大,在之后的教育教学中应该注意侧重什么呢?研究者在国内外研究的基础上,借鉴比格斯(Biggs)的学习过程问卷,对聋校和普通学校小学阶段的117名高年级学生进行调查,着重研究探讨听力障碍幼儿在学习的过程中所具有的独特学习动机以及学习策略特点,并与普通幼儿进行比较。

差异分析表明,听力障碍幼儿与普通幼儿在学习策略与学习动机上有显著性差异。这两种类型的学生的学习动机的差异主要表现在成就动机和深层动机上:听力障碍幼儿的深层动机与成就动机明显地弱于普通学生,更多地表现出表面型动机,缺乏深层的内部动机,是听力障碍幼儿的一个主要特征。而且,他们的成就型策略和表面型策略方面也呈现出比普通幼儿弱的现象,表现为很少采用教师、家长所提倡的学习方法,遇到困难情绪低沉,态度偏向消极,选择的学习方法也是具有机械性的,应付了事。总体来看,听力障碍学生的学习策略运用能力和学习动机都普遍低于普通幼儿。

根据以上存在的显著特点,研究者提出应该遵循各年龄段听力障碍学生的身心发展规律,要注重引导听力障碍学生建立深层学习动机,激发他们在学习上发挥积极主动性,而不是被动消极地完成任务。同时,教师在教授知识的过程中注重教授一定的学习策略,提高学习效率,让学生逐渐学会学习。

> ### 二、康复机构在融合教育中的主要任务及作用

在融合教育实践中,无论采取何种模式,康复机构的作用是不可或缺的,特别是在

听力障碍幼儿即将进入融合阶段时,应着力做好以下工作。

培养良好的听觉和语言习惯,在听能方面,康复机构的主要任务是培养良好的聆听意识,使其具备较好的听觉理解能力,能够与他人进行简单沟通和交流,在语言方面,要能够借助语言环境等进行一般的日常交往,具有一定的语言对话交流能力。

培养良好的性格,良好性格品质的养成能够帮助听力障碍幼儿较好地适应普幼普小的教学活动,如能和同伴共同完成集体游戏的角色任务,能够独立完成搭积木等。

提前适应普通教育,在入园融合前,家长可经常带孩子到幼儿园,熟悉其外部环境;通过多种渠道,如图片、视频网络等开展学习活动;多接触身边幼儿园的小朋友,为入园融合后同伴间的交往做准备。

增强有效沟通能力,与幼儿园老师及同伴的有效沟通是听力障碍幼儿进入社会的第一步,因此要为他们做好铺路工作。要让幼儿园老师了解听力障碍幼儿的生理心理特点,了解一般的康复知识,比如助听设备的重要性(它是孩子的小耳朵)、助听设备保护基本常识(头部不要撞击、不能乱摸乱拽、防潮防湿等)、孩子目前的基本情况(听觉、语言、性格等)及座位要求(靠近老师、远离噪声来源、避免靠近窗户和走廊的位置等)、与孩子沟通的方式(不用手势比画、用语言表达需求等)。

听力障碍幼儿通过融合教育,变得愿意主动交流了,组织、运用语言的能力普遍得到提高,遇到困难能够想办法解决,想象力也更加丰富了。实施融合教育也改变了社会对听力障碍幼儿的认识,增强了普幼普小教师的信心。但是,也存在不少问题,特别是在融合初期听力障碍幼儿难以适应普幼普小教学模式和交往环境,一定程度上影响了融入的积极性和持续性,同时也使进行融合教育的学校和教师产生畏难情绪。面对这一问题,康复机构可以采取以下一系列措施,发挥其在融合教育中不可替代的作用。

一要耐心等待孩子适应新环境。在融合初期及各个阶段,听觉环境、学习模式、作息时间等都会发生很大变化,这可能会带给听力障碍幼儿焦虑和不安。教师和家长除了需要做好心理准备,还要在实施融合教育的过程中密切观察和关注孩子的一言一行及心理变化,以便能够及时发现问题并调整和解决问题,达到融合教育的终极目标。

二要让孩子逐步适应融合班级的声学环境。由于普幼的班级环境没有经过专门的降噪处理,会比较嘈杂,不利于听力障碍幼儿对声音的听取,为了最大限度地降低或减少融合教学班级的本底噪声,康复老师与融合班级老师要对教室的环境做重新的布置,如更换绒质窗帘、装置天棚吸音板、墙壁布置软装饰等吸音降噪处理。

三要利用一切机会向普幼教师普及康复专业知识。在融合教学中,教学前,参与融合的康复教师要严格按照日常的工作流程检查孩子的听辅设备,边检查边讲解这样做的目的。在教学中细微观察,认真记录,在课下交流中把孩子在课堂活动中没有理解的内容和原因与融合班级教师交换意见。

四要及时辅导,帮助孩子巩固融合教育成果。教学环境、教师语速、教学模式等的改变可能会影响到孩子在课堂中对教师教授内容的理解、掌握和吸收。教师要根据在课堂上对听力障碍幼儿的观察和记录,多与家长和融合班级教师交流,及时反馈孩子在课堂的反映情况以及所学内容的掌握程度。

五要帮助孩子扩充知识,有针对性地提升相关能力。在融合教育过程中,听力障碍幼儿可能会逐渐表现出某方面能力的严重欠缺,比如词汇量贫乏、语言及日常交流用语单一、同样的意思不会用丰富的语言表达等。

六要密切关注孩子的心理发展,促进其健康成长。听力障碍幼儿在未来的学习和成长中可能会遇到与普通孩子同样的共性问题,比如学习吃力、成绩下降、厌学,部分听力障碍幼儿容易产生多疑、烦躁的心理等。教师除了在园中密切关注孩子的每一点变化外,还要多与家长沟通,指导家长如何观察孩子的心理变化,使听力障碍幼儿出现的心理问题在萌芽期就解决掉,让他们始终在阳光下快乐成长。

> ### 三、家-园-社区-康复机构合作的必然性

(一)从特教的现状来看

从特殊幼儿教育发展的实际情况和政府提出的目标来看,如果仅仅依靠特殊教育学校的力量,是难以为每个特殊幼儿提供接受特殊教育的机会的,这就要求我们必须开展并加强家庭、学校、社区与康复机构之间的合作,必须动员全社会的力量,挖掘当地人力、物力资源,采取多渠道、多形式,提供与当地社会、经济、文化发展相适应的保育和教育,以满足特殊幼儿发展及家长教育子女的需要。

(二)从教育理念的发展来看

终身教育和大教育的理念逐渐深入人心,这使人们认识到必须把特殊幼儿教育的空间从学校延伸到家庭和社区,必须在学校、家庭、社区和康复机构之间建立合作关系。特殊幼儿教育应纳入开放的社会体系即社区之中,特殊教育应是特殊学校教育、家庭教育、社会教育和康复机构教育四者构成的大教育。学校-家庭-社区-康复机构的合作,顺应了现代教育思想,并为其自身发展提供了广阔的前景。

(三)从合作的可能效果来看

学校-家庭-社区-康复机构的合作有利于充分利用社区资源,广泛动员并组织协调各方面力量发展特殊幼儿教育事业,有利于特殊幼儿教育从封闭走向开放,发挥整

体教育影响,提高教育质量,更好地促进特殊幼儿的发展。首先,从体制上来看,社区是教育三维坐标的一个组成部分,在现代社会日益开放的今天,学校、家庭、社区和康复机构越来越密不可分,四者的合作使特殊幼儿教育有了统一协调的组织实体,让特殊幼儿教育与具有社区特点的经济、社区协调发展成为了可能。其次,从资源上来看,四者的合作使社区内所有教育资源都能最大程度地发挥作用。再次,从人力方面来看,它可以发挥来自家庭、学校、康复机构和社区各界人员的积极力量,形成正向诱导。最后,从物力方面来看,四者的合作可能调动社区内的一切教育机构和设施,使其最大限度地服务于本社区的特殊幼儿及其家长,服务于特殊幼儿教育。

> ## 四、家-园-社区-康复机构协同教育现状

(一)以社区为主导的合作模式

这种模式即以社区为依托,依靠基层社区政府各部门力量,因地制宜地创设条件,组织实施各种教育活动,开展并实现社区与学校、家庭、康复机构之间的合作。当前家长的观点有了很大转变,素质越发提高,对教师的要求也是越来越高,对听力障碍幼儿的教育投入很大精力,教师也应从多个角度利用一切机会和家长沟通、交流,了解家长的需求,让家长真正了解教师的工作,理解教师,以便能更积极地参与、配合教师的工作。学校教育与家庭教育有各自的优势,且都是对方所不能代替的。就学校教育来说,它是专门的教育机构,教师是专职的教育工作者,懂得特殊幼儿身心发展的特点和规律,掌握科学的特殊幼儿教育方法,他们对孩子的教育是有目的、有计划和有组织的,而家庭与幼儿之间的特殊关系决定了他在幼儿发展中所起的重要作用。作为教育者的家长与作为受教育者的孩子间的特有的血缘关系、亲情关系、经济关系使得这种教育具有强烈的感染性、长期性和针对性,教育内容复杂丰富,教育方法机智灵活,只要学校和家庭发挥各自的优势,就能充分利用已有的这些教育资源,最大限度地发挥其作用,形成教育合力,促进幼儿发展。

(二)以特殊学校为主导的合作模式

这种模式即特殊学校依托并发挥社区内的各种力量,组织成一个以特殊学校为核心的校内外相结合的教育网络,开展并实现学校与家庭、社区、康复机构之间的合作。与社区相比较,特殊学校作为专职的特殊教育机构,有大批具有特教专业知识的保教人员,有专门的特教场所及丰富的玩教具,在开展学校-家庭-社区-康复机构的合作时,特殊学校独具优势。相当一部分特殊学校开展了社区方面的工作,积极与社区组织建立协作关系、以特殊学校为主体开展一些走出去的教育活动,既推动社区精神文

明建设又扩大学校的影响。因条件各异,社区、家庭、学校、康复机构的特点及实际情况各不相同,出现了多种形式的合作。

> ### 五、家庭-学校-社区-康复机构合作中存在的问题

家庭-学校-社区-康复机构合作的实践还带有一定的自发性和探索性,缺乏理论的有效指导。理论上的模糊,在一定程度上导致了实践开展的无计划性和盲目性。另外,家庭-学校-社区-康复机构之间的合作大部分处于探索之中,家庭实际情况、社区模式、幼儿园特点的复杂性考虑得不够充分,特色体现得不明显。

家庭-学校-社区-康复机构的合作进展缓慢。进展缓慢的原因是多方面的,从客观上说,经济文化发展水平不高,家庭素质有待提高,这些直接影响了家庭-学校-社区-康复机构合作的进展;从主观上说,还有相当多的人把教育特殊幼儿的责任推给幼儿园及家庭,忽视社区在教育特殊幼儿的过程中所应起的和所能够起到的作用,这从主观上导致了三方面合作的困难。

对特殊幼儿的教育只着眼于特殊学校的教育是远远不够的。家庭、学校、社区、康复机构良好关系的建立,使特殊幼儿从小就融入这个大教育环境中,在亲身体验中懂得什么是爱,什么是奉献,什么是真正的快乐。因此我们从实践中体会到对特殊幼儿的教育只着眼于特殊学校的教育是远远不够的,必须依靠家庭、社区、康复机构共同发挥作用,才能满足特殊幼儿接受各方面教育的需要,才能顺应社会发展的需要,更好地促进特殊幼儿的全面发展。

第八章
脑瘫幼儿的心理与教育

郭苏晋

第一节　脑瘫幼儿的障碍特点与评估

脑性瘫痪是导致幼儿产生运动功能障碍的主要原因之一。本章将从脑瘫幼儿的心理发展特点、教育原则、教育康复方法等方面展开,在分析脑瘫分类、成因诊断标准和心理发展特征的基础上,介绍脑瘫幼儿在融合教育中的教育与康复方法,以促进脑瘫幼儿的融合教育工作进一步发展。

> ### 一、定义及分类

(一)定义

脑瘫,全称脑性瘫痪,是指出生后1个月内,因各类原因所致的非进行性脑损伤综合征。主要表现为中枢性运动障碍和姿势异常,可伴有不同程度的智力障碍、语言障碍、感知觉障碍、癫痫及行为异常等,是导致小儿肌体运动残疾的主要疾病之一。

根据世界卫生组织统计,在发达国家脑瘫发病率为0.2%~0.3%,我国0~6岁脑瘫幼儿在总群体中的占比为0.19%~0.40%,偏远地区达到0.56%。目前全国约有600万例,并以每年4.6万的速度增长。齐蒙蒙等对我国不同性别、不同年龄段、不同类型及地区的脑瘫幼儿进行调查,发现男童发病率高于女童;脑瘫分型中痉挛性发病率显著高于其他类型;中西部发病率高于东部地区。

(二)分类

按照脑性瘫痪的损伤部位和外部表现,共有4类。

痉挛型:占脑瘫总群体的60%~70%,损伤波及锥体系,严重痉挛者表现出过度的共同收缩;他们的肌张力往往异常高,并且不随条件改变而改变;近身体中心肌张力大于身体远侧肌张力,例如脑瘫患儿的髋内收肌肌张力异常高,髋关节无法外展到正常角度;活动非常困难;活动很少或根本不动;调整动作困难;没有平衡或保护反应;矫正反应差;联合反应。

不随意运动型:肌张力在极高和极低之间变化;非自发性的活动;缺乏足够的共同收缩,导致控制姿势困难;身体重心稳定性差;平衡及保护反应不足;明显的不对称;动作缺乏准确性;不喜欢被束缚而不能动。

共济失调型:姿势张力比正常情况低很多,可以活动并且能在重力环境下保持一些姿势;共同收缩能力差,导致稳定姿势很困难;身体重心稳定不足,导致不能完成某些动作;可能有意向性颤抖及突然性动作,尤其是用力或对抗阻力时。

肌张力低下型:平衡反应不足,自我保护反应迟缓;动作缺乏变化。完全依赖外力支持;头和躯干的控制力差;活动少;关节松弛,活动范围大;即使面对强刺激也毫无反应;伴随有视力差、听力差、语言能力差、触觉差等相关问题。

> 二、诊断与评估

(一)诊断标准

2014 年我国第六届全国幼儿康复学术会议提出了诊断脑瘫的必备条件和参考条件。一是诊断脑瘫的必备条件:中枢性运动障碍、活动受限持续;姿势及运动模式发育异常;反射发育异常;肌张力、肌力异常。二是诊断脑瘫的参考条件:引起脑瘫的病因学依据;颅脑影像学佐证。

(二)评估

2007 年世界卫生组织正式发布《国际功能、残疾和健康分类(幼儿与青少年版)》,从生态发展的视角出发,指出应当从发展和功能、个体和环境多个方面全面评估幼儿。运动障碍是脑瘫幼儿的主要障碍,应该对其开展发展性评估和功能性评估。

1.发展性评估

运动技能的掌握有着普遍的规律,发展性评估工具是以人类发育和运动技能习得顺序为主线索,由易到难地编排行为标准,并通过一些运动任务观察幼儿的行为表现。常用的发展性评估工具有粗大运动功能测试量表(Gross Motor Function Measure,GMFM),是在脑瘫幼儿粗大运动评估中使用最广泛的量表。1988 年发表的 GMFM 量表有 88 个题项,每项采取 4 分计分法,即:0 分,动作还没有出现的迹象;1 分,只能完成动作10%以下;2 分,能够完成动作的 10%~90%;3 分,可以全部完成。当无法确定时,按照较低的等级给分。GMFM88 分为 5 个分区:A 区为卧位和翻身,总分 51 分(17项);B 区为坐位,总分 60 分(20 项);C 区为爬和跪,总分 42 分(14 项);D 区为站位,总分 39 分(13 项);E 区为走、跑和跳,总分 72 分(24 项)。

Peabody 运动发育测试,该测验可以反映幼儿大肌肉系统应对环境变化的能力,该测验包括反射、姿势保持、移动、物品操控四项分测试,即①反射分测试时评估幼儿对环境事件的自动反应能力;②姿势保持分测试是评估幼儿控制身体保持平衡的能力;③移动分测验是评估幼儿在两个地点之间转移的能力,包括爬、走、跑、单脚跳等;④物品操控分测试是评估幼儿控制球的能力。测试结果用粗大运动商表示。

2.功能性评估

功能性评估的重点在于个体参与生活活动的情况,这些参与情况往往与个体的身体发育紧密联系。因此在康复训练应用好功能性评估,一定需要基于发展性评估,并将个体因素与环境因素整体考虑。运动障碍会导致幼儿参与生活活动受阻,例如不能自己上厕所,没有照顾无法在学校完成学习。这种障碍有两个主要影响因素:一是遗传与疾病,因此我们要通过发展性评估找到幼儿的训练起点;二是环境,难度过大或者保护过多的环境都是不适合具有运动障碍幼儿发展的,而这两种困境往往同时具备,运动能力的不足导致日常生活技能难度陡然上升,而家长往往给予过度的保护和照顾。

因此功能性评估不仅仅是对幼儿生活参与状态的描述,更应当在实践中为康复训练指明有效的方向。

Barthel 指数由马奥尼(Mahoney)和巴塞尔(Barthel)于1965年首次发表,用于评估运动障碍患者的日常生活能力。评估内容包括:进食、装饰、清洁身体、穿着、排便控制、如厕、床椅转移、行走、上下楼梯。

得分超过60表示具有轻度的障碍,在少量帮助下能完成部分日常活动;59～41分表示具有中度功能障碍,需要极大的帮助才能完成日常活动;低于40分表示有重度功能障碍,多数日常活动都需要大量照顾。

幼儿功能独立性评定量表(Functional Independence Measure for Children,WeeFIM)适用于6个月到7岁的幼儿,评估包含运动功能和认知功能两个领域,运动功能领域包含自理能力、括约肌控制、转移、行走;认知功能领域包括交流和社会认知。

WeeFIM 功能评价标准是:

独立:所测活动中不需要他人帮助(6～7分)。

完全独立(7分):活动中的所有环节和内容都能在合理时间内完成,不需要调整和辅助用品。

有条件的独立(6分):可能在完成活动时需要辅助设备,或需要时间过长,或出于安全考虑不能独立完成。

依赖:为了完成活动,需要他人的接触性帮助(1～5分)。

●监护和准备(5分):需要备用、提示和警告等并不直接接触的协助,或需要提供或帮助穿戴辅具。

●少量身体接触的辅助(4分):需要提供极少的身体接触辅助。

●中度身体接触的辅助(3分):需要中度的辅助,自己能付出50%~75%的努力。

●大量身体接触的辅助(2分):需要大量的辅助,自己能付出25%~50%的努力。

●完全依赖(1分):需要大量的辅助,自己能付出小于25%的努力。

WeeFIM 的最高分为 126 分(运动功能 91 分,认知功能 35 分),最低分为 18 分。完全独立:126 分;基本独立:108~125 分;有条件的独立:90~107 分;轻度依赖:72~89 分;中度依赖:54~71 分;重度依赖:36~53 分;极重度依赖:19~35 分;完全依赖:18 分。

第二节　学前融合教育中脑瘫幼儿的教育原则与方法

幼儿需要成人的照料,因此幼儿的生活与学习的环境由成人决定。脑瘫幼儿由于运动不便更加依赖家长的安排和照顾,缺少人际交往经验,学习和社交都显得被动。学前融合教育可以给脑瘫幼儿提供一个更丰富的学习和生活环境,幼儿可以在其中获得更多成长的机会,在脑瘫幼儿的教育中需要遵循以下原则和方法。

> 一、学前融合教育中脑瘫幼儿的教育原则

1.在游戏中学习

游戏是幼儿探索环境和学习的主要形式之一,是幼儿主动选择的行为集群。幼儿通过游戏行为满足自身生存和获取亲密感等众多需要。无论是在脑瘫幼儿的教育还是在康复中,游戏都是最主要的载体,只有组织好游戏,才能促使幼儿主动地学习,因此了解幼儿需要的发展是破解游戏密码的关键。

游戏背后的需求划分为三层,由低到高逐渐展开。依次为:安全需求、亲密关系需求、人际支持需求。

安全需求会引发探索和重复操作的游戏行为,在这样的需求推动下常见的游戏形式有运动、操作和投掷物品、在互动中观察事物属性产生的变化。这时幼儿最容易被一些声光和带有丰富感官刺激的玩具吸引,操作这些物品是幼儿最乐于做的事。

幼儿对亲密关系的需求是在生存等原始需要的基础上建立起来的,在这样的需求驱动下幼儿喜欢进行一些分享式、人际互动式、功能模仿式的游戏玩法。

幼儿逐渐泛化亲密关系,形成人际支持的需求,人际支持是指人与人之间相互的认可、接纳、喜爱。大部分3~4岁幼儿可以与同伴玩一些合作式游戏、角色模仿式游戏、规则游戏。

2.深度参与团体生活

团体生活对脑瘫幼儿来说意义重大,由于运动功能的缺失,脑瘫幼儿的成长环境相对封闭,始终在成人的照顾下度过。这导致了脑瘫幼儿缺少人际交往经验,接触社会文化大多以家庭为媒介。脑瘫幼儿常常会表现出成就动机低下、社交欲望不足、社交行为被动的情况。团体生活经验是幼儿社会性发展的宝贵资源,决定了幼儿所在社会文化背景下的长期适应和生存。

学前融合教育环境应当注重给脑瘫幼儿提供深度参与的机会,所谓深度参与就是指长时间、积极、独立地参与。

(1)长时间地参与,是由于人际互动技巧和社会性的发展是一个长期的过程,个体与团体都在相互影响中不断发展成长,在保证主要的康复训练的同时,应当尽量增加有效的团体生活。

(2)积极地参与,面对脑瘫幼儿社交被动、欲望不强的问题,融合教育单位应当为脑瘫幼儿提供适合的支持,降低其参与团体生活的难度,增加脑瘫幼儿的社交主动性和能力。

(3)独立地参与,脑瘫幼儿运动能力方面的限制导致生活的各方面都需要成人的协助和照顾。家长往往对患有疾病的幼儿过度照料。在融合环境中,应当在了解脑瘫幼儿运动水平的基础上,让幼儿部分独立地完成一些任务,积累成长所需的必要经验。

3.保持适合的期待

在针对脑瘫幼儿的教育中要时刻保持对幼儿适合的期待。所谓适合是一个相对的概念,是相对于幼儿的能力的。成人的期待高于幼儿的能力是常见的一种情况,例如幼儿一整节课保持专注学习,教师并没有认为这样的行为对于这个幼儿来说有多不容易,没有及时给予鼓励,成人更容易把这种努力看成是大部分幼儿的普遍行为,这当然会导致努力行为在取得阶段性成果之前就逐渐消失了。低期待往往也会成为幼儿发展的障碍,这最容易在家长的过度照顾和保护中发现。有些家长总是期待脑瘫幼儿能在不久的将来站立起来独立行走,却对眼前的穿衣吃饭行为不抱有一丝期待,全部代替完成,导致幼儿缺少适合的锻炼和学习的机会。因此融合教育要对幼儿有所要求,但又不能超出幼儿的能力范围,保持适合的期待。

4.尊重幼儿的兴趣

兴趣不仅是最好的老师,还是幼儿教育和早期干预中的核心之一。了解脑瘫幼儿的兴趣是融合教育工作的重要内容,而尊重幼儿的兴趣更为关键,尊重兴趣表现在两个具体方面:①游戏活动的选择需要考虑幼儿的兴趣,在团体活动中脑瘫幼儿的兴趣点与其他幼儿会不太一样,教师可以适当引导,却无法强制改变,因为兴趣和经历、能力有很大关系;②脑瘫幼儿的兴趣可能会影响其当下的学习活动,教师应当引起重视,谨慎思考学习活动是否满足脑瘫幼儿的需求,切不可盲目认为一切专业的、权威的理论和方法适合所有幼儿。遵循兴趣很大程度上就是遵循幼儿教育的规律。

5.注重练习

有60%~70%的脑瘫幼儿伴有智力障碍,学得慢忘得快是他们在学习中的普遍特点,因此在脑瘫幼儿的教育中,应当注重动手操作、亲身体验、反复练习,而脑瘫幼儿的运动障碍成为了他们参与活动的主要障碍,即便如此教师应当为脑瘫幼儿提供必要的身体辅助、辅具支持。通过拆解细分任务,安排他们做一些难度适合的练习,充分调动脑瘫幼儿的积极性和自信心。

6.强化反馈

反馈是指脑瘫幼儿在学习和生活中,通过行动导致的结果。强化反馈包含两个方面的含义:一是脑瘫幼儿行动能力不足,一旦任务难度大就易动机低下,因此应当提供支持来降低难度,以此来提高脑瘫幼儿的主动性,行动多起来反馈自然就多了;二是运动与感知觉是紧密联系的,幼儿的运动功能异常,势必会带来感知觉信息的缺损。在幼儿运动和参与活动的过程中,教师应当通过言语提示幼儿姿势的正确性,利用幼儿感兴趣的任务促使幼儿在活动中仔细辨认各类感官信息来完成任务。例如,幼儿缺少移动,前庭觉信息刺激不足。通过在羊角凳、平衡板或是具有保护性的地垫上完成抛接球等游戏活动,在过程中教师用言语和肢体辅助让幼儿在运动中获得保持平衡所必需的感官信息,为他的运动发展提供必备的养料。

> 二、学前融合教育中脑瘫幼儿的教育方法

1.主题单元教学

主题单元教学是在《3~6岁幼儿发展指南》的框架下,在各层次学习目标间寻找横纵关系,将整体目标归纳为若干子目标的集合,是以生活主题活动整合领域发展目标的一种教育模式。脑瘫幼儿由于其运动能力不足,其在集体活动中的参与程度往往不足,不能自然地在以领域为核心的教育活动中达成过难的目标。例如,在幼儿的体能循环活动中,脑瘫幼儿往往无法独立参加,只好由教师辅助其完成平衡木行走,但是在

他人辅助下该活动对幼儿的平衡能力并没有起到应有的提高作用。而在主题单元教学中,生活主题整合了各个领域发展目标,经过教师的支持,幼儿在运动领域的不足并不会过多地妨碍幼儿参与综合性活动,这样其他领域的能力同样可以得到有效的提高。

2.工作分析

工作分析是特殊教育中常用的一种方法,把综合性和复杂度相对高的行为,分解成相对更单一的行为。通过教导幼儿逐一学会这些行为,最终实现复杂行为或技能的习得。把复杂行为中适合脑瘫幼儿参与的部分分解出来,是工作分析的重要作用,借此可以促使幼儿独立完成分析简化的工作,提高生活的参与度。例如,脑瘫幼儿刷牙需要前臂和手部功能配合肩关节活动才能完成,这对幼儿来说难度过大,因此刷牙活动全部由家长代替完成。通过工作分析我们把刷牙活动分解成前臂手部活动和肩关节活动,家长辅助手部的抓握动作,肩关节活动由幼儿完成。这样难度大为下降,幼儿参与度也大幅提高。

3.感统训练

感统训练是通过运动和感觉信息输入等方式,提高幼儿调节感觉信息能力的一系列方法。感觉统合训练可以促使幼儿对感觉信号(视觉、听觉、味觉、嗅觉、触觉、前庭觉和本体觉等)做出正确的调节,改善身体平衡功能、行为组织能力、提高注意功能。脑瘫幼儿缺少足够的运动经验和感官刺激,感统训练可以有针对性地解决脑瘫幼儿运动和健康领域的需求。

4.游戏

幼儿行为天生具有游戏性,幼儿可以在这种没有压力和负担的主动行为中积累经验,获得满足、自信和成功。对脑瘫幼儿来说,游戏是自发的、愉快的学习方式,幼儿选择的游戏既取决于身体与心理的发育水平,也不会脱离幼儿固有的生活经验。幼儿在游戏中不断活动,发展了各种动作能力,能促进心血系统和神经系统的完善。

脑瘫幼儿往往由于运动功能障碍和言语语言障碍,不能自然地参与同龄幼儿的活动。教师在引导幼儿进行游戏时应当把握以下原则:

(1)提供适合幼儿心理与运动发展水平的游戏活动;

(2)补充幼儿缺乏的游戏经验,提高参与主动性;

(3)在脑瘫幼儿的人际互动中提供辅助沟通系统;

(4)在移动时向幼儿提供辅助器械(助行器、活动地垫等)与肢体辅助;

(5)在进行安静游戏时帮助幼儿保持稳定的姿势。

第三节　教育康复中脑瘫幼儿的教育原则与方法

> ### 一、幼儿运动能力的教育康复实施原则

1.让幼儿认识到康复动作的要求

教师与幼儿应当在如何控制身体方面有共同的认识。由于运动障碍的缘故,幼儿会采取代偿的方式完成当下的动作,有时教师不得不停下游戏活动的引导来规范幼儿的动作,并且主动学习更加有助于提高康复效率,因此教师需要确保幼儿清楚地知道康复动作应当如何完成。

一般来说,教师通过语言提醒、肢体提示以及明确的任务目标来让幼儿了解康复动作的要求。"语言提醒"是在幼儿动作不到位时,老师下达语言指令,提醒幼儿做到位;"肢体提示"是幼儿能力不足以完成动作或完成意愿较低时,教师用肢体提醒或协助幼儿完成;"明确的任务目标"是根据需要设置视觉反馈目标,通过活动目标的达成限制动作,教师需要在过程中根据情况适当给予支持,避免代偿。例如,用触碰挂在高处的物品,引导幼儿做出上肢抬起的动作,若幼儿上肢抬起高度不够,就不能拿到物品。有时受到幼儿认知水平的限制,教师常采用某一个活动或任务为媒介,把动作的要求清晰地传达给幼儿。在上面的例子中,教师的目标是让幼儿举高上肢,幼儿的目标是拿到物品,这样二者的目标完全相同,促使康复效果得到提高。

2.降低康复训练难度,提供适合辅助

脑瘫幼儿在学习新的运动控制技巧时,是有难度的,幼儿面对难题时往往会选择回避。而且难度较大的任务,幼儿也很难独立应用在生活中,这不利于幼儿在生活中巩固康复效果。因此教师需要通过节律性运动、减少重力影响、小步前进、整体带动局部、反射诱发的方法降低幼儿完成动作控制的难度。

"节律性运动"是教师辅助幼儿身体做出前后、左右的重心来回转移,当幼儿逐渐熟悉并适应后,即可较容易地重复之前的节律性动作。

"减少重力影响"是通过转变幼儿完成任务的体位,减少来自身体带来的阻力。例如,在幼儿上肢控制能力不足的情况下,较难在坐姿下前屈前关节伸手取物,教师可以安排幼儿采取侧卧位在其所及范围内放置玩具,这样幼儿就可以用较小的肌力控制上肢活动。

"整体带动局部"是幼儿通过整体性动作完成某些部位的训练,随着幼儿运动功能

的发展,更多精准的动作可以从整体性的动作中分化出来,对于幼儿来说整体运动是他们熟悉的运动模式且更容易做出。因此康复训练中,当幼儿较难做出一些动作时,教师应该尽可能促使幼儿调动更多部位做出整体性动作。例如,幼儿难以做出踝背屈动作,可以让幼儿下肢整体做出屈曲动作,这样幼儿在整体运动中可以相对容易地做出踝背屈动作。

"反射诱发"是利用人体与生俱来的反射性动作诱发出目标动作,例如,若想训练幼儿上肢支撑能力,可以令幼儿俯卧在治疗球上,向前推动治疗球,幼儿随之进入头低臀高的位置引发幼儿的降落伞反射,这时幼儿会较容易做出上肢支撑动作。

3.在训练中增强幼儿运动的反馈

增强视觉、触觉、本体觉的反馈,幼儿应当把注意力放在动作与知觉反馈的联系之上,促进幼儿在训练中主动调整。幼儿在运动中会出现以下几种调整:主动调整、被动调整、无法调整。应当尽量促使幼儿根据任务目标主动调整;丰富幼儿的动作模式:动作程序和参数同样重要,重复训练有助于建立程序,变换姿势、重量、距离、速度等参数有助于丰富动作模式;促进迁移:教师需要观察幼儿生活,训练活动要靠近生活功能,让幼儿的训练可以学以致用。

> 二、幼儿粗大运动能力的教育康复活动

1.头颈部控制能力训练

卧位训练目标:俯卧抬起头部少许时间。

活动:俯卧位,高角度支持下的抬头练习。教师位于幼儿前方,幼儿处于俯卧位。通过前方兴趣物吸引抬起头部,腋下支持物角度根据幼儿能力调整,能力越差角度越大。教师也可位于幼儿的后方,通过给予足底压力,引发全身性伸展。

2.上肢能力训练

(1)仰卧训练目标:仰卧位前屈肩关节,伸直上肢与地面保持垂直2秒。

活动:幼儿仰卧或俯卧高位楔形垫,在幼儿身体上方设置拉环,可以是摇铃、袜子、灯绳、吊环、玩具等引发幼儿上举上肢拉拽(拉拽是训练肩关节后伸的动作),摇摆。

(2)俯卧训练目标:俯卧支撑上半身离开支撑面。

活动:俯卧在滚筒(可以用棉被、沙发靠背等物品替代)上,教师在幼儿身体侧边与其互动,通过玩具、食物、语言等引导幼儿移动重心,抬起一只上肢。

3.坐位平衡能力训练

坐位训练目标:在坐位,身体前倾后仰可以回复中立位。

活动:幼儿坐位,将玩具放至幼儿后方,辅助幼儿拿玩具,引发屈髋动作来保持平

衡。将玩具放至幼儿前方,引发幼儿躯干向前取物,并回到中立位,从而引发伸髋动作。

4.爬行能力训练

(1)爬行双上肢训练目标:手部支撑身体抬离地面,保持膝手爬姿。

活动:膝手爬姿,让幼儿处于跪坐姿势,爬出去探索。教师给予辅助,减轻上肢负担。

(2)爬行单上肢训练目标:爬行时单上肢短暂支撑身体。

活动:幼儿处于四点爬姿,引导幼儿抬起一侧上肢,教师辅助控制好平衡。

(3)爬行单下肢目标:爬行时单下肢短暂支撑身体。

活动:幼儿处于膝手爬姿,要求幼儿抬起一侧下肢。能力不足时给予辅助,辅助减少下肢重力影响,抬起时辅助转移重心,另一只手辅助支撑侧骨盆。

(4)爬行髋关节屈伸训练目标:爬行时,髋关节灵活地伸展弯曲,进行协调并较快速地爬行。

活动:设置新鲜和有挑战的环境,引发幼儿爬行探索。

(5)爬行髋外展内收训练目标:爬行跨过障碍物时,自如外展内收。

活动:在幼儿爬行的路径上设置障碍物,例如楼梯、滚筒。让幼儿爬上楼梯,爬过滚筒。

5.站立、行走能力训练

(1)站立抗重力训练目标:可以扶物,自如在爬姿和站立姿间转换。

活动:引导幼儿在颈部高度的桌面前以跪姿、站姿摆弄手中玩具。引发孩子频繁做出侧行、跪姿、站姿的转换。

(2)跪立髋外展内收训练目标:扶墙半跪姿1分钟。

活动:①幼儿扶物半跪姿,根据能力不同支持物由易到难设置。做出小范围的重心转移。②幼儿扶墙站立,在其身后放置玩具,引发幼儿左腿向身后伸展跨步、外旋支撑侧髋关节做出向后转身的动作。③幼儿扶物半跪姿和站立姿来回转换,教师给予助力支持。④幼儿膝手爬姿,教师跪立用双膝固定幼儿一侧下肢,将重心转移至该侧,抬起另一侧骨盆,协助幼儿迈出非负重侧下肢,同时将双手放于幼儿腹部,协助幼儿抬起躯干,完成半跪姿,轻推诱发前方保护伸展反应。

(3)站立踝跖屈训练目标:扶墙脚尖站立,能够取高处物品。

活动:①在高于眼部的桌面,引发幼儿做出踮脚尖取物的动作。②幼儿扶墙站立,在其身后放置玩具,引发幼儿左腿向身后伸展跨步、外旋支撑侧髋关节做出向后转身的动作。

(4)站立踝背屈训练目标:可以有力快速地做出勾起脚背的动作。

活动:幼儿站立于平衡板,平衡板前后摆动。

(5)站立踝跖屈加强训练目标:独立脚尖站2秒。

活动:幼儿面朝坡面站立在20度斜板上,脚尖支持身体。

第四节 脑瘫幼儿的家-园-社区-康复机构协同教育

脑瘫幼儿的康复需要较长时间,幼儿需要进入常态的生活环境中,这样才能使各个方面得到促进和发展。学校-家庭-康复机构协同教育康复模式被证明是脑瘫幼儿的有效实践。想要幼儿在其中获得有效的教育康复,需要专业人员不能仅仅考虑幼儿的运动方面的需要。人际关系、家庭资源、幼儿认知水平等因素都是需要从评估开始介入。

> ### 一、家-园-社区-康复机构协同教育评估

幼儿是一个完整体,不是领域的集合。幼儿的配对活动是感觉、知觉、语言与运动能力的综合表现。孤立地针对某一领域开展评估,就无法看到其他领域对该领域的影响,对幼儿的整体性评估应当在多样的环境中开展。因此教师需要了解幼儿在幼儿园以外的各方面表现。成人往往是幼儿评估重要的信息来源,评估小组应当包含幼儿的家庭成员和康复治疗师。

在评估开始前教师首先应当与幼儿的家庭成员与康复治疗师建立起信任关系,因为他们非常了解幼儿的生活和能力。教师应当在正式访谈和交谈中保持敏锐倾听,对提问和顾虑一一回应,并且保持开放的态度,真诚地与之互动。教师不要先入为主地判断何种支持对家庭和孩子有益。除去全面了解幼儿能力的目标,评估的目的还应当包括确定什么水平的干预对家庭来说是有益的。常采用的干预方法对于一些家庭来说会产生积极的作用,但是对于另外一些家庭,却会是一种额外的负担。因此每一个家庭都不相同,不存在万能的干预方法。

评估应当在结构化的游戏活动中观察幼儿的表现,教师在评估中应当将幼儿与所处环境看成是一个整体,例如,脱离环境评价幼儿行走功能的意义就要相对小很多,幼儿在不同的路面行走的表象将会是截然不同的。

> ### 二、家-园-社区-康复机构协同教育康复

教育康复的最终目的是促进幼儿的最佳适应状态,教师在设计和组织康复训练

时,应当确认康复训练可以及时应用于幼儿的生活中。在共同社会文化背景下,幼儿在生活中都将面临衣、食、住、行和游戏的参与需求。因此教师应当在这些日常活动的评估后,将运动控制与这些行为关联起来,例如穿衣需要幼儿在立位、坐位和卧位中进行,任何能力水平的幼儿都有可能在这些姿势中尽全力参与,因此从运动控制的角度详细分析幼儿的日常生活可以让康复目标与幼儿的生活参与紧密结合起来,根据此制订的康复方案也将最大限度地促使幼儿尽力参与到生活中。

第九章
情绪行为障碍幼儿的心理与教育

幼儿行为和情绪障碍是发生于18岁以前的幼儿的各种行为和情绪异常。幼儿行为障碍包括两个方面,一是幼儿常见的生理心理行为偏异,如遗尿、厌食、偏食、夜惊、睡行、口吃等;二是习惯性动作,如吮手指、咬指甲、习惯性抽动(如习惯性眨眼、咂嘴、扭头、耸肩等)。幼儿的不良社会行为,属于幼儿品行障碍,不属于行为障碍。幼儿情绪障碍指的是幼儿情绪反常,如过分害羞、恐惧、焦虑、暴怒发作等。行为障碍和情绪障碍在幼儿中很常见,随着年龄的增长通常会自行改善,应正确认识和处理这些现象,促进幼儿身心健康成长。

情绪与行为障碍幼儿的情绪与行为问题产生的原因极其复杂,包括个人的生物学特点,认知能力,家庭、学校和社会环境的不利因素等。

(一)生物因素

基因是影响情绪和行为特征的重要因素。关于脑外伤、神经功能和内分泌异常的一些研究显示严重的情绪与行为障碍可能伴有脑功能失调,注意缺陷多动症就是由于脑功能失常、前庭系统反应异常、感觉统合功能失调,引起孩子多动、注意力缺陷以及冲动,进而引发情绪和行为问题。

此外,严重的营养失调也可能导致情绪与行为问题。例如,维生素的严重缺乏会影响情绪的稳定性。其他病理因素,如高血压、甲状腺功能亢进等也可能导致情绪与行为问题。

(二)心理学理论与心理因素

精神分析学派从性压抑、性发展障碍的角度来解释情绪与行为障碍形成的原因。荣格认为性欲和性的冲动会导致反社会行为。阿德勒认为早期不良的教育会影响情绪和行为的发展。弗洛伊德学派霍尼、弗洛姆、沙利文、埃里克森等从愿望与满足的矛盾和冲突方面来解释形成情绪与行为问题的心理因素,认为情绪与行为问题是由本人素质、家庭、环境等因素交织而成的。

行为主义者依据条件反射学说和社会学习理论,来解释导致情绪与行为问题的心理因素,认为情绪与行为问题的形成是由于建立了某种错误的条件反射和某种错误的社会学习方法。行为主义者主张采用行为矫正,即采用正负强化法,通过奖惩的方式来矫正错误的行为方式并为特殊情绪和行为障碍幼儿建立正确的行为方式。

认知失调理论主张两个对立的认知推断同时存在于一个人的认知之中时,常会产生不舒适感和不愉快的情绪体验。认知成分之间的相互矛盾,如果长时间不能解决,便会产生情绪与行为问题。这一理论认为,随着认知失调的不断增加,个体要求减少和消除心理失调的张力就越来越大。

(三)社会学理论与社会因素

1.家庭环境

家庭不完整、家长本身的情绪和行为问题、家庭成员之间感情冷漠、家庭教育方法不当、贫困等,上述因素往往交织在一起,共同对学生行为和情绪问题产生影响。

2.学校环境

情绪与行为障碍的学生由于自身的特点,大多较难与同伴建立和维持良好的人际关系。在学校教育环境中,教师的态度和同学之间的关系对学生情绪与行为发展的影响最为明显,教师的偏见和同学的疏远或捉弄嘲笑最易助长消极情绪与行为的发展。

3.社会环境

社会环境在不同程度上影响着幼儿情绪与行为的发展。经济状况和家庭教养条件较差的群体,其情绪行为障碍幼儿、青少年所占的比例相对也较高。有的学者从生态学的观点来探讨社会环境对学生的身心发展所产生的影响,把这种不良的社会环境称为"心理污染"。此外,科学技术的进步、传媒和娱乐设施的增多、互联网的扩展、多元文化和多元价值观的出现,也容易增加幼儿和青少年的内心冲突,导致情绪与行为问题的滋长。

第一节　情绪行为障碍幼儿的心理发展特点

> 一、情绪行为障碍幼儿

情绪行为障碍幼儿在行为表现上与一般同年龄的幼儿所应有的行为有明显的偏离,且这些行为严重影响自身发展或干扰别的幼儿。这类幼儿又叫情绪困扰幼儿或行为异常幼儿。情绪与行为障碍幼儿可能持续性地表现外向型的攻击、反抗、冲动、多动等行为,内向型的退缩、恐惧、焦虑、忧郁等行为,或其他精神疾病等问题,这明显会造成个人在生活、学业、人际关系和工作等方面的困难。

情绪与行为障碍学生具有异质性的行为特征,主要表现在外倾型和内倾型两个维度。

(一)外显性情绪行为障碍

外显性情绪行为障碍通常表现为固执、好斗、爱挑衅,违抗也包括了反社会行为,他们在学校的表现如下:①打架斗殴,反复地出现攻击性行为;②经常冲动和缺乏自控,喜欢乱喊乱叫、无理取闹、爱发脾气和抱怨;③用言语或武力的方式胁迫同伴、欺负弱小同学,常被排除在同伴活动之外;④逃避要求或任务,经常说谎、强词夺理、争辩、不服从命令,不听从教师的教导,对纠错没有反应;⑤有无视组织纪律、损坏公物、偷盗之类的不良行为和反社会行为;⑥学习态度很不认真,不完成作业,学习成绩差。

有外显性情绪和行为特征的学生,他们会扰乱教学和课堂秩序,影响教师上课。

美国心理学家如特认为,这些孩子随着时间的推移,会慢慢成长为正常的成人,这种乐观的观点,根据后来许多研究的结果显示,对那些一贯有攻击性、违抗、反社会行为的青少年来说并非如此。很多教育工作者指出,那种认为随着年龄的增长,幼儿会从这些不当行为的状态中走出来的假想是非常危险的,它会导致教育工作者们在问题可以被有效解决时,错失及时采取对应的措施、及早进行辅导的良机。

幼儿发展早期表现出的反社会行为,可能会预测青少年时期出现犯罪行为。早期表现出反社会行为倾向的幼儿,随着年龄的增长其行为不但不会改善,相反地,这种不当的行为模式若不加以辅导,在小学、中学阶段还会进一步变本加厉,导致灾难性的后果。有长期攻击性行为史的幼儿在进入青春期后,很容易发生辍学、被拘留监禁、滥用毒品、酗酒、过早性生活及过早死亡等现象。

(二)内隐性情绪行为障碍

内隐性情绪行为障碍包括社会性退缩、沮丧、自卑和焦虑,甚至陷入深度的抑郁。有些人毫无理由地恐惧外物,经常性地抱怨身体不舒服或有病,他们较少表现出困扰和强迫性行为,缺乏和别人交往、进行娱乐的社会技能,很少和别人说话或者参与一些游戏活动,常陷入白日梦和幻想之中。很明显,这些情绪与行为表现限制了学生参与学校生活和课外活动,以及学习知识的机会。在日常生活中,内隐性情绪与行为障碍学生通常表现如下:①经常性忧伤、沮丧和感到无价值;②经常出现幻觉和无法使思维摆脱某种错误的观念和情景;③无法克制自己停止一些重复的和无用的行为;④喜怒无常,在某种情境下经常出现怪异的情感;⑤由于恐惧或焦虑,经常伴随头疼或其他身心疾病(例如,胃疼、恶心、头晕呕吐等);⑥曾有过自杀的想法和言谈,过分关注死亡;⑦对学习和其他一切活动兴趣很低,多半学业不良;⑧常被同伴忽视或拒绝,或遭受过分的嘲笑、攻击和欺辱,但反抗性差。

内隐性情绪行为障碍学生尽管不像外显性情绪行为障碍学生那样对他人造成威胁,但他们会对自身的发展造成严重的障碍。幼儿早期所表现出的社会性退缩行为,可预测出将来可能表现出低自尊和孤独性。内隐性情绪行为障碍学生,如果早期未及时采取有效的教育辅导措施,不仅会导致学业落后,有时还会出现药物滥用、酗酒、自我伤害,甚至出现自杀行为。

（三）学业失败

专家学者们的研究指出,情绪与行为障碍学生的学业成就仅有少数是优秀的,大多数学业失败。其学业成就平均落后同年龄学生至少一年。当情绪与行为障碍学生的学业成就低下和行为表现不受欢迎,会渐渐地产生自我概念低落和自尊心缺乏的现象。

（四）社会技能贫乏

在幼儿发展过程中,是否有能力建立和维持良好的人际关系,是对将来适应性的一个重要的预测指标。多项研究都显示情绪与行为障碍学生相比一般同学对他人少有同情心,少参与课程活动,少与朋友联系。因此很难建立起高质量的友谊。外显性情绪行为障碍的学生,常因不遵守规章制度、违反课堂纪律等不当行为表现,影响他们与教师和同伴之间的关系。也有部分学生,偶尔也会得到同伴的接纳,但由于他们缺乏同情心,也很难建立和发展与同伴间的友谊。

（五）注意力缺陷

情绪困扰与行为障碍学生常被教师们认为不专注、过动或冲动。许多专家学者们也相信这些幼儿有明显的注意力缺陷问题。注意力缺陷可能来自冲动和过动现象,也可能是因为教学方式不适当或学习过程中需要注意力集中的时间太长。当注意力不集中时,会衍生不注意听讲、不注意活动的细节、思维变成无组织、易犯错、不小心或常显出做白日梦的情形。因此,缺乏做功课的动机,亦无法完成作业。

沃克和布力认为内隐性情绪与行为障碍的学生,经常表现出一些退缩和消极的行为,逃避与教师和同伴之间的人际交往,经常不参与学校的各类活动。由于缺乏发展和保持友谊的社会交往技巧,他们通常在学校的社会地位比较低,常常成为别人嘲笑和欺负的对象。

> 二、情绪行为障碍幼儿的分类

情绪行为障碍幼儿常见的特征有学习能力不足,但不能用智力、感觉和身体原因加以解释;不能和同龄人和教师建立或保持良好的关系;对正常环境缺乏适当的情绪和行为反应;弥漫性不愉快心境或抑郁;容易出现与个人学习困难有关的生理症状或恐惧反应。

按照不同的分类方式,情绪行为障碍幼儿可以分为三种大类型。

(一)障碍程度分类

1.轻度情绪行为障碍幼儿

情绪与行为障碍并不明显,情绪不稳定,多愁善感,害羞和爱乱发脾气。轻度情绪与行为障碍幼儿也可能伴有某些焦虑型的生活和学习习惯,如咬手指头、不自觉地扯自己的头发等。但是,这些不良的行为方式并不顽固,经过家长和教师一段时间的提醒、帮助、教育后,会较快地纠正。随着生活环境的改变及年龄的增长会自行转变。

2.中度情绪行为障碍幼儿

伴有较严重的情绪和行为表现。例如,不遵守公共纪律,在课堂上大喊大叫,干扰教师的授课,经常和同学吵架,等等。但中度情绪与行为障碍幼儿的不良行为表现多属于非社会性行为,而不是反社会行为。由于不良行为习惯尚不顽固,经过一定的特别教育也能达到较好的矫正效果。

3.重度情绪行为障碍幼儿

情绪状况很差,不良行为习惯较顽固。他们由于多方面的原因,可能已形成反社会性的行为习惯,如偷窃、赌博、吸毒、自杀、虐待狂等。这种不良行为的矫正往往需要较长时间和特定的条件。

(二)控制程度分类

1.超控制型

情绪行为障碍幼儿由于对自己的情感和行为过分地控制,从而表现出害羞、焦虑、孤独、胆怯等行为特征。他们常常很不合群,从而也就失去了许多与人交往沟通的锻炼机会。对这类幼儿的教育主要是帮助他们树立自信心,减少心理防卫,勇敢地参与社会活动,在实践中锻炼自己。在这类情绪与行为障碍幼儿中,女性所占比例较大。

2.低控制型

这类幼儿对自己的情感和行为缺乏控制,在行为上表现出多动、侵犯、攻击等行为特征。他们常常习惯于将自己受到的挫折发泄到同伴和他们身上。对这类幼儿的教育主要是培养他们的自控能力,学会心平气和地观察、分析和处理问题。在这类情绪与行为障碍幼儿中,男孩所占的比例较大。

(三)障碍行为后果分类

1.非社会性行为

其指小范围内的、对社会影响程度不大的行为。例如,上课不遵守纪律、和同学吵架、和老师对抗、与家长斗嘴、个人的自怨自艾等,都属于非社会性行为。非社会性行为比反社会性行为较容易教育和矫正。

2.反社会性行为

其是指违反了社会生活的准则,对社会造成了一定的危害和不良影响,并为社会所不容的行为。例如,偷窃、吸毒、酗酒、赌博、诈骗、结伙打群架、网络犯罪等,都属于反社会性行为。严重的反社会行为已属于社会犯罪的范围。少管所收容的青少年,多有反社会的行为表现。

> 三、情绪行为障碍的诊断标准

(一)焦虑症

焦虑是一种以强烈的消极情绪和紧张的躯体症状为特征的情绪状态。当焦虑的严重程度和客观事件或处境明显不符,或者持续时间过长时,就变成了病理性焦虑,如果符合相关诊断标准,就会被诊断为焦虑症。根据焦虑症的不同特征分为不同类型,常见的焦虑症主要有:分离性焦虑症、广泛性焦虑症、考试焦虑症等。

不同类型的焦虑症的诊断标准也不同。广泛性焦虑症诊断的主要标准有:①对许多事情或活动(如学习成绩)过度焦虑和担心;②难以控制担忧的情绪;③焦虑和担忧表现为以下一种或多种症状,如焦躁不安或感觉崩溃、容易疲倦、注意力很难集中、易兴奋、肌肉紧张、睡眠障碍。

(二)恐惧症

恐惧症是指对某些物体或特殊环境产生过度的、持续的、不适宜的恐惧情绪。恐惧症幼儿所表现的恐惧大大超过了客观存在的危险程度,并由此产生回避、退缩行为而严重影响幼儿的正常学习、生活和社交等。

根据恐惧情绪指向的对象不同,又可以将恐惧症分为:特殊恐惧症、广场恐惧症、社交恐惧症等。

特殊恐惧症诊断的标准有:①对特殊事物或情境(如飞行、高处、动物、打针、看见血等)表现出明显和持续的恐惧,这些恐惧是过度或者无理由的;②当暴露在恐惧事物或情境中时,会立刻出现恐惧反应;③个体能意识到恐惧是过度的或不合理的;④逃避恐怖情境,或者表现出持续的强烈恐惧和痛苦。

(三)多动症

多动症是幼儿期较为常见的一种行为障碍,主要表现为与年龄不相符的注意集中困难、注意持续时间短暂、活动过度及冲动等症状。

美国精神病学会将多动症分为三种亚型:注意缺乏型、多动-冲动型、复合型。相关研究结果显示85%的多动症属于复合型。

(1)注意缺乏型多动症幼儿主要表现为难以集中注意力、易健忘和分神。这种类型的多动症幼儿没有明显的多动和冲动表现,相反往往表现得比较迟钝、安静,经常发呆,沉浸在自己幻想的世界中。

(2)多动-冲动型多动症幼儿时常坐不安稳,话过多,而且很难安静下来,容易伴有尿床、睡眠障碍,容易执拗和发脾气,容易意外受伤。

(3)复合型多动症幼儿表现出注意缺乏和多动、冲动两者特征兼有。

(四)诊断手段

情绪测定:利用情绪测定量表、图片投射测验、人格测量表来测量幼儿情绪的稳定性、焦虑程度、自我中心的倾向和自控能力以及人际关系和社会认知水平等。

学习能力测定:可用学习能力测试量表、阅读能力测试量表、记忆能力测定量表。

社会成熟水平测定:可用社会成熟量表来测量幼儿的社会认知水平和生活自理能力。

调查幼儿的身体状况、家庭教育、社区环境等。

> ## 四、情绪行为障碍幼儿的心理特点

1.感知觉

多动症幼儿视觉由于感知速度较慢,容易出现视觉控制跟不上任务要求的情况。多动症幼儿的视觉主动性和定向性较差,对声音的分辨和接受能力较差,视听协调性较差。较复杂的、需要分析的内容,若其缺乏迅速加工分析的能力,常出现听不懂的现象。而无关的事物很容易引起多动症幼儿的无意注意,产生分心现象。在时间知觉上,多动症幼儿似乎对时间没有什么概念,并且缺乏主动掌握和支配时间的能力。在空间知觉上:①细节关注性差;②视觉空间位置障碍;③方位识别困难;④视听或视动功能障碍。

感觉统合是指机体在环境内有效利用自己的感官,以不同的感觉通路从环境中获得信息输入大脑,大脑再对其信息进行加工处理,并做出适应性反应的能力,简称"感统"。在多动症幼儿的感觉统合上,多动症幼儿往往伴有感觉统合失调症状,多动症和感觉统合失调在病理机制上可能有共同的通路。多动症幼儿常常存在平衡及感知觉整合功能异常,其利用视觉、本体及前庭信息调节平衡的能力有缺陷,精细协调动作困难。

2.认知能力

焦虑症、恐惧症的幼儿往往对很多事物体验到超出该事物实际影响水平的焦虑或恐惧情绪。具体表现为：①威胁信号放大化和灾难性思维；②负性的归因方式，缺乏可控制感；③焦虑或恐惧情绪不会随认知成熟而减少。

巴克利于1997年提出的执行功能的神经心理模型：将行为抑制定义为多动症的最根本缺陷。抑制理论的反对者认为，多动症的执行功能缺陷具有普遍性，各种执行功能缺陷的地位是平等的，多种执行功能的缺陷的联合诱发了多动症。多动症幼儿的自尊随着不同的多动症亚型、伴随的障碍和被评估的表现领域（如品行、学习成绩）等而不同。那些表现出注意力分散和抑郁、焦虑症状的多动症的幼儿，倾向于报告低自尊，而那些表现出多动-冲动和品行问题的多动症的幼儿则明显夸大了他们的自我价值感。

3.注意力

焦虑个体对威胁性刺激存在一种注意优势效应，即相对于其他刺激而言，焦虑个体对威胁性信息格外敏感，并且对这些信息的感觉阈限非常低，对威胁性信息的反应也更容易做出。由于焦虑症、恐惧症幼儿对威胁性信息过度警觉，往往对日常生活和学习中的事物失去兴趣，注意力难以集中，以致生活和学习受到严重影响。

多动症幼儿的注意障碍包括注意集中和维持困难；注意易分散；注意转移困难。

工作记忆的缺陷被看作多动症幼儿认知缺陷的核心。多动症幼儿的工作记忆存在缺陷，表现为对信息的暂时存储和提取困难。

4.言语和语言

迈尔尼斯（Mclnnes）等人于2003年提出，多动症幼儿在理解他人言语和在日常情境中使用合适的语言方面有困难。

多动症幼儿阅读理解能力落后既受到了低级字词解码能力的影响，又受到了高级语言理解能力的影响，是双向性的。

5.学习

过度的焦虑可能会导致认知功能特定领域的损伤，比如记忆、注意、言语或语言等。高强度的焦虑会影响学业成就。

很多有多动症的幼儿有某种具体的学习障碍，也就是说，他们往往有语言困难或者某种学习技巧困难，典型的有阅读困难、拼写困难和数学困难等。

6.社会交往能力

焦虑症、恐惧症的幼儿一般存在一定程度的社会适应不良，表现为：具有较低的社会性成就感和较高的社会焦虑，缺乏人际问题认知和解决技能，具有更多的社会适应不良行为。

第二节 融合教育中情绪行为障碍幼儿的教育原则与方法

融合教育在推广的过程中面临许多具体的困难,其中之一就是普校教师普遍缺乏特殊教育的专业知识,包括行为管理的知识。特殊学生的行为问题往往让普校教师望而却步,不知所措。如果不能很好地处理,特殊学生很难融入班级,被学生接纳,也让任课教师的班级教学面临很大的挑战。因此,正确认识特殊学生的行为问题,掌握特殊学生行为管理的基本原则对普校教师而言至关重要。

> 一、融合教育中情绪行为障碍幼儿的教育原则

（一）认识到特殊学生行为问题的普遍性

不同障碍类型和障碍程度的特殊学生行为问题的表现方式不一样,但是都或多或少地存在行为问题。教师首先在心理上要有较为充分的准备,遇到特殊学生的行为问题不能惊慌失措或者产生强烈的反感心理,这种心态将不利于教师客观、理性地看待问题和解决问题,而且容易让教师从一开始就对特殊学生产生抵触心理,错误地选择处理方式。因此,当班级里出现特殊学生时,教师一定要有针对性地阅读与该障碍类型有关的教育书籍,了解此类幼儿的身心特征和教育方法。如果学生的行为问题对其自身和其他同学无显著影响,可以在一定程度上给予包容,切勿以普通学生的标准衡量特殊学生。

（二）认识到行为问题解决的时效性

普通教师由于缺乏行为矫正专业知识,在处理行为问题时往往希望立刻见效。事实上,一个错误的行为如果已经上升到行为问题,说明该行为已经存在较长时间,改变起来不是那么容易。因此,根据问题行为的性质和形成时间长短,矫正周期也不太一样。教师在矫正行为问题时务必保持耐心,保持教育方式的一致性,坚持正确的教育原则。

（三）认识到行为矫正方法的重要性

幼儿的行为问题表现各异,行为矫正的方法也非常多样。不同的问题有相对适合的矫正方法,因此,方法的选择很重要。长期以来,许多普校教师对待行为问题更多地会选择惩罚作为矫正手段,而在行为矫正专业领域,通常只有在各种积极行为矫正方

法无效的情况下才会选择惩罚。惩罚只是让学生迫于压力而暂时不敢表现某种行为，一旦环境和对象发生变化，行为就可能反弹。常用的积极行为矫正方法包括：强化、消退、行为塑造、前提控制、刺激链接、差别强化、自我管理、代币管理等，教师可以找到有关行为矫正的专业书籍详细了解。很多时候教师不一定能一次成功选对方法，因此，可以多次尝试，或者综合使用多种方法。特别注意方法实施过程中，教育的一致性和时效性。单个行为问题的彻底解决必须找到维持该问题行为的强化物，移除该强化物，问题行为才能得以消失。

（四）认识到特殊学生行为日常管理的重要性

无论是普通幼儿还是特殊学生都可能存在行为问题，只是特殊学生的行为问题相对较多。对于智障幼儿、孤独症幼儿、多动症幼儿等类型，行为问题很难根除。也就是说，某一个问题被解决或者某一时间段内不出现行为问题不代表不会出现新的行为问题。如果教师只是疲于矫正不断出现的行为问题就会非常被动，且不一定会有好的成效。况且，特殊学生是处在班级这个动态的群体当中，其问题行为不仅有自身的因素，也和互动的环境密切相关，教师需要关注的显然不仅仅是点的问题，更应该是面的问题。因此，始终坚持正确的教育原则，坚持采用一些面向集体的行为管理方法，创设理解、包容、互助、无障碍的班级氛围，点和面兼顾，尽量避免出现引起行为问题的线索，做到预防为主，才应该是行为问题解决的最有效方法。

> 二、融合教育中情绪行为障碍幼儿的教育方法

（一）预防与矫正相结合，以预防为主

在行为管理理念的指导下，尽量避免幼儿行为问题的发生。教师要具有善于观察的品质，每当发现特殊学生有不良苗头时，就应该及时采取措施，以免火苗燃烧成大火。例如，小敏是个多动的孩子，经过评估，发现小敏的课堂注意力保持时段大概不超过5分钟，快到4分钟的时候，小敏就已经表现出不耐烦，有离开座位的冲动，此时，老师果断采取措施，请小敏站起来回答了一个非常简单的问题，同学们给予她掌声，回到座位的小敏很高兴，又坚持了几分钟。可以想象，如果老师不采取这个小策略，而是等到小敏已经离开座位了，再去拉她回来，处理难度就要翻倍了。行为矫正的实践经验告诉我们，一个问题行为的形成比矫正要容易得多。因此，预防永远是第一位的，它让教师可以始终处于主动的地位，而矫正是行为已经发生，教师不得不被动地应对。要做好预防工作，教师还必须尽可能消除引起行为问题的内外因素，创设积极的环境。

（二）从"前提-行为-结果"的联系来理解问题行为

对问题行为进行功能评估是行为矫正的必要环节，所谓功能评估就是收集与问题

行为的发生有关的前提和后果的过程,评估结果有助于推断问题行为发生的原因。没有弄清楚行为背后的真实原因,就无法彻底矫正一个问题行为。对问题行为进行功能分析的过程,就是从"前提-行为-结果"的联系来理解问题行为的过程。以一个简单的例子来理解:奶奶带着8岁的小军去上学,路过冷饮店,小军要奶奶买雪糕,奶奶认为雪糕吃多了不好不愿意买,小军就赖着不走,奶奶刚开始还跟小军讲道理,发现讲不通,就威胁说不管他,直接往前走,小军一看奶奶要走了,情急之下躺地上哭起来,奶奶见此情景只好妥协买了一根雪糕。在这个例子中,前提是奶奶带小军上学路上看到冷饮店;行为是小军通过哭闹行为来坚持自己不恰当的需求,要吃雪糕;结果是奶奶满足其需求,妥协买了雪糕。在这个例子中,结果将进一步强化小军的行为。小军经常哭闹的行为原因在于小军认为哭闹可以达到自己的目的。当找到了问题行为的原因,就可以有针对性地采取策略。对小军而言,今后奶奶应该引导小军用正确的方式表达需求,当需求不合理时,奶奶应该坚持原则,不予满足。

（三）行为矫正的同时注重良好替代行为的养成

人的行为大多有着较为明确的目的,当目的没有达到时,通常会尝试其他的行为,以期达到目的。对特殊学生而言,很多行为问题其本质是采取了错误的行为来实现自己的目的,如果目的达成,这个行为问题就得到强化。在行为矫正的过程中,教师容易犯的一个错误是:简单地制止学生的错误行为,却忽略教会学生正确的替代行为。以下是个简单例子:学生小鹏是个学习障碍学生,加上平时一些不好的习惯,班上同学在课间游戏时都不愿意叫上他,站在一旁的他很想参与,但是又不知如何参与进去,索性搞破坏,不让我玩,你们也玩不成,结果学生小鹏更加受到排斥。教师得知情况之后对学生小鹏"欺负同学"的行为进行了批评教育,但是效果不理想,类似的行为还是经常发生。以上例子中,学生小鹏之所以有破坏行为,其目的是希望能够参与同学的活动,破坏行为本身并不是目的,因此,教师在指出学生小鹏行为不当的同时,更应该指导他如何更好地融入学生,并适当做其他同学的工作,让他用正确的行为替代原来错误的行为以达到目的。行为矫正在消除一个错误行为的同时应该让学生养成一个新的良好替代行为,日积月累,学生的良好行为就会逐渐增加。

（四）坚持教育的一致性

许多教师会抱怨,行为矫正的那些方法不管用,自己尝试过专业书籍上的那些方法,结果都没效果。事实上,方法本身是没有错的,一定是没有找对方法或者没有用好方法。从实践的经验来看,教师用行为矫正的方法处理行为问题无法达到理想效果,最常见的原因有两个。第一,浅尝辄止,不能坚持。总是希望方法一用就见效,耐心不够。第二,无法做到教育的一致性,教师之间、家校之间合作不畅,行为矫正的方法无法得到一致的实施。在这两个原因中,行为管理的一致性因为涉及不同人员的合作,所以相对比较困难,但也是对矫正效果影响最大的因素。因此,当行为矫正的方法确定以后,教师之间、家校之间必须多沟通,多合作,确保教育的一致性。

总之,特殊学生的行为问题虽然复杂多样,但是在处理策略上通常是有规律可循的。普校教师在遇到特殊学生行为问题时切莫绕着走,或者简单粗暴,而应该勇于面对,尝试解决,总结经验,以获得处理各种问题行为的能力。

第三节　教育康复中情绪行为障碍幼儿的教育原则与方法

> 一、教育康复中情绪行为障碍幼儿的教育原则

莫斯(Morse)认为,情绪与行为障碍幼儿教育的基本原则是:①减少心理冲突,保持心理平衡;②组织集体活动,利用同伴文化来发展幼儿的情感和社会认知;③创造良好的环境,避免孤独感,经常开展有关学习问题的讨论,提高他们的学习兴趣,掌握正确的学习方式;④提高课堂教学的质量,深入挖掘教材内容,增加课堂教学的感染力和趣味性;⑤用奖励为主的正强化方式来改变幼儿现有的不良行为方式;⑥创造较宽松、和谐的学习、教育环境,采用某些人本主义的教育方式,最大限度地发挥学生的潜能和积极性;⑦培养学生独立工作能力和增强他们行为的控制能力;⑧树立正确的集体气氛和舆论导向,扶正祛邪。

此外,莫斯还对教师和家长提出了几点建议:①爱护学生,爱护孩子,经常与他们接触和交流,设身处地地为学生和孩子着想;②建立民主宽松的师生关系、家庭关系,保持和睦的气氛;③教师和家长都要注意提高自身的修养,在教育孩子时,要有耐心,减少口头上的责备,增加自身行为的感染力;④利用正负强化的方法改变幼儿的不良行为方式,发展他们的学习能力,减少、消除自卑感和焦虑情绪。

> 二、教育康复中情绪行为障碍幼儿的教育方法

国外对情绪与行为障碍幼儿、青少年的教育一般从心理治疗、行为矫正和环境改变这三个方面来进行,制订教育的模式和干预的策略。

(一)心理治疗法

经典的精神分析法是心理治疗中最早出现的一种治疗方法,而精神动力学治疗是

从其发展而来的,心理治疗一般多采用宣泄理论和心理动力学理论的观点。前者通过宣泄的方式来让幼儿减轻不良情绪的强度和侵犯的倾向;后者通过深入了解幼儿的动机、需要和欲望,启发幼儿用一种前进的力量抵抗倒退的倾向,保持积极的能动的心理能量。对情绪和行为障碍幼儿的心理治疗,也可采用心理净化的方法。这是一种通过心理训练来消除心理污染,人为地保持内心世界的清洁与健康的方法。心理净化能减少无益的心理消耗、稳定情绪并增加行为的控制能力。

不论是精神分析还是精神动力学治疗,都强调过去的经验对现在行为的影响,关注行为背后的潜意识冲突。经典的精神分析治疗主要是通过自由联想、梦的分析、防御机制的分析以及移情的分析来理解病人内心的冲突,借助解释这种方式帮助病人领悟内心潜意识的冲突,从而将潜意识转化为意识。一旦潜意识的内心冲突被意识,由此导致的症状就有可能被控制或消失。精神动力学治疗依然遵循这种基本的模式,但更强调治疗关系中互动的治疗价值。通过治疗师与幼儿的交互作用,释放幼儿过去的或有问题的客体关系,内化和认同新的客体关系。

(二)行为矫正

1.系统脱敏法

这是一种逐步去除不良条件性情绪反应的技术。这套完整的行为治疗方法是沃尔普(Wolpe)在1958年根据条件反射学说,通过动物实验研究发展而来的。他认为,恐惧或焦虑与松弛状态是相互抑制或排斥的,而克制焦虑或恐惧最有效的方式是使肌肉松弛下来,故以逐步的肌肉松弛作为阳性刺激,来对抗焦虑或恐惧情绪,建立了系统脱敏技术。冲击疗法与暴露疗法、厌恶疗法都是系统脱敏法的一种变型,前两者是斯坦普夫(Stampf)在1975年发现的。他认为当病人体验到最可怕的恐惧时,看到自己仍安然无恙,恐惧就会降低或消退。因此,他提倡反复重现刺激,让病人重新充分体验全部不愉快的情绪,从而使原来引起的症状逐渐减弱,直至消失。厌恶疗法是对不良行为或变态行为施加一个不愉快的体验,如电击、催化剂或言语责备等,利用痛苦的条件刺激来替代异常行为的快感,从而减少或消除异常的行为。如以恋物癖青少年为例,当他出现这方面欲望与行为时,令其立即闭目,想象或回忆被群众愤怒申斥的场面,可以达到减少与控制此种性变态行为的效果。

2.认知疗法

强调通过改善患儿对自己不良行为或情绪的错误认知,达到纠正情绪障碍的目的。许多情绪与行为障碍常常根植于对事件错误的思维。所以,通过改变思维模式,尤其通过使他们认识到自己认知中存在的非理性的、自我否定的部分,通过获得和强化思维中理性的、自我肯定的部分,帮助他们解决情绪与行为障碍。在现实生活中,人们常常会给予自己否定和扭曲的信息。持续折磨人的两难处境会使人精力衰竭,推动其对境遇的内部感知向越来越消极的自言自语发展,直到再也不能使他们相信在他们生存的境遇中还存在着积极的成分。接着他们的行为会跟随消极的否定性的自言自语,自以为对境遇是无能为力的。认知疗法就是通过练习和实践新的自我说服和自我暗示,使自己的思维变得更为积极和肯定,直到旧的自我否定和懦弱的自言自语消失为止。

(三)环境改变的方法

环境改变的方法是通过幼儿生活、学习环境的改变,如家庭境况、学校或班级、周围环境的改变来影响幼儿的情绪与行为方式的改变。贝尔金等提出心理社会转变模式,这种模式认为人是遗传天赋和社会环境的产物,因此,情绪和行为障碍不仅仅是一种单纯的内部状态,它还涉及个人以外的环境。情绪与行为的改变要考虑系统的成分,包括家庭、同伴、老师和社区等。

家庭治疗法也是环境改变的一种重要的模式。有些幼儿心理问题的发生与家庭矛盾或教养不当密切相关,因此,治疗远远不只是针对特殊幼儿自己,而是要包含整个家庭,才能达到较好的疗效。

＞ 三、焦虑症、恐惧症幼儿的干预

对焦虑症、恐惧症的干预主要关注四个主要问题:①歪曲的信息加工;②感知威胁性的生理反应;③缺乏控制感;④过度逃避或回避行为。

目前对焦虑症、恐惧症幼儿的干预方法主要有药物干预法、心理干预法、家庭学校教育干预法、饮食干预法等。干预方法的选择需要与幼儿的症状相匹配,而为了达到更好的干预效果,不同的干预方法通常会联合使用。

(一)认知-行为干预法(CBT)

认知-行为干预法被认为是干预焦虑症、恐惧症最有效的方法。让幼儿认识和理解焦虑或恐惧是怎样产生的,学会调整自己的思维,通过减少负性思维来减少躯体症状,提高其解决问题的主动性。CBT干预的总体目标是帮助幼儿:①认识焦虑或恐惧唤起的迹象;②识别与焦虑或恐惧唤起相关的认知过程;③使用策略和技巧来管理焦虑或恐惧。

肯德尔(Kendall)和苏维格(Suveg)研究制订了幼儿焦虑症、恐惧症的CBT干预策略:①了解焦虑或恐惧情绪;②注意身体反应和生理症状;③认识和辨别焦虑或恐惧的自我对话和对焦虑或恐惧的认知;④放松训练;⑤角色扮演和附加强化;⑥问题解决技

巧;⑦使用应对模型;⑧适应高度焦虑或恐惧情境;⑨训练在不断增加的高度焦虑或恐惧情境中使用新技能;⑩家庭作业。

（二）行为干预法

1.暴露法

对恐惧症和焦虑症幼儿的行为干预主要采取的技术是暴露法,它使幼儿去面对他们害怕的事物或情境,并提供除了逃避和回避之外的应对方法。通常,整个暴露干预过程是渐进的,被称为分级暴露法——主观痛苦程度量表。多种呈现令幼儿焦虑或恐惧的事物或情境形式:呈现现实的情境或物体、角色扮演、模仿、虚拟情境。

2.满灌法

满灌法即反复、长时间地实施暴露。在运用满灌法的整个干预过程中,幼儿一直处于引发焦虑或恐惧的情境中,并保持对自己焦虑或恐惧水平的评估,直至幼儿的焦虑或恐惧消失,治疗结束。满灌法通常和反应防止结合使用。

3.系统脱敏法

系统脱敏法是指让幼儿逐步接触不同焦虑或恐怖等级的刺激情境,并训练幼儿使用放松技巧来应对每一个情境,从而在应对过程中,逐步降低自己的焦虑或恐惧水平。

这种方法一般有三个步骤:①教授幼儿放松技巧;②建构脱敏等级表;③在幼儿保持放松的状态下,按照等级由低到高一步一步呈现会导致焦虑或恐惧的刺激情境,通过刺激情境的重复呈现,使幼儿能在曾经引发焦虑或恐惧的刺激情境出现时仍保持平静。

> 　四、多动症幼儿的干预

目前对多动症幼儿的干预方法主要有:药物干预法、心理干预法、教育干预法、饮食辅助干预法。

（一）行为干预法

1.强化法

当幼儿出现符合要求的行为之后,立刻给予奖励进行强化,如赞扬、奖品等,以增加这种行为发生的频率。强化法的操作过程:确定目标行为,选择强化物,制订干预。

2.消除法

消除法又称"负强化",是指消除对不良行为的强化,从而减少或消除不良行为。

3.惩罚法

惩罚法提供的行为反馈不是幼儿喜爱的强化物而是幼儿希望避免的惩罚措施,从而达到使不良行为迅速减少的目的。惩罚只针对具体的行为,要保护幼儿的身心安全和健康。

(二)认知-行为干预法(CBT)

认知-行为干预法是通过纠正多动症幼儿不合理的、消极的信念、观点和认知过程,使多动症幼儿的行为得到相应改变。常用的认知行为疗法有 Meichenbaum 的自我指导训练法、Ellis 的合理情绪疗法和 Beck 的认知疗法等。

干预者在实施认知-行为干预时应首先纠正父母、教师对多动症幼儿的错误认识,然后与家长和多动症幼儿共同找出幼儿的不合理认知和错误信念,通过指导训练和学习的方法来纠正幼儿的错误认知,达到治疗的目的。

第四节 情绪行为障碍幼儿的家-园-社区协同教育

社区是幼儿生活、学习的环境,学前幼儿是社区人口的组成部分,其教育是社会生活的一项重要内容。幼儿园、家庭和社区三者之中,幼儿园作为专职的保教机构,必然应当成为社区教育的中心,家庭、社区则应发挥其资源优势,扩展幼儿学习和生活的空间。家、园、社区共育的发展是一项必须长期开展并不断深入的活动。

> 一、鼓励家长学习教育理论,优化家庭教育

家庭是特殊幼儿康复和教育的第一场所,特殊幼儿从出生起首先接触到的就是家庭教育。在现实生活中,家长缺乏科学的育子经验,重视教育但不懂教育的家长比比皆是,家、园、社区和康复机构共育便是解决这一问题的重要途径。幼儿园首先应改变与家长沟通的模式,建立起情感交流、信息互动的多渠道合作模式,真诚邀请家长参与园教,为家长提供最新的特殊幼儿康复和教育信息,帮助家长走出教育误区,树立起全新的教育理念。其次,家长要带头学习,营造爱学习的家庭文化氛围,用自己好学的精神感染孩子,成为孩子学习的伙伴,耐心对待孩子,与孩子一起成长。再次,社区应积极开发亲子互动活动,如"亲子教室""亲子园""家园社区亲子趣味竞赛"等,以社区为依托,扩展教育的内容和空间,实现家长与家长、孩子与孩子、家长与孩子、社区与家长之间的多向互动。

> 二、幼儿园走进社区,走向社会

教育的力量是社会化的,除了教育本身的方式和手段外,还要积极利用多种教育

渠道,使教育发挥最大的作用。幼儿园教育必须与社区教育相结合,才能在最大范围内产生影响。首先,幼儿园要主动为社区提供服务,幼儿园在与社区交流的过程中,应坚持互利互惠、平等交流的原则,在开发社区教育资源的过程中,要争取社区对教育的态度和理解,只有在社区内形成重视教育的意识,理解并接受新的教育观,幼儿园与社区的共育才能顺利进行。其次,幼儿园要致力于改善社区教育环境,应把社区良好教育环境的建设看作是不可缺少的外部环境,协助社区建立和发展社区教育网络,发挥幼儿园教育辐射功能,形成区域性的学前教育中心,达到资源共享、互相服务、共同培养幼儿的目的。最后,幼儿园应在积极进行融合教育的同时,与校外康复训练机构积极合作,互通幼儿康复信息,彼此合作,促进情绪和行为障碍幼儿提高社交技能、学习技能等。

> ### 三、成立专门的社区教育机构,管理和协调社区教育

在家、园、社区和机构共育过程中,最突出的问题就是缺乏权威性的管理机构,这使得四方的交流与合作往往是随意性的,缺乏必要的约束,也就难以形成巩固的、持久的、深层次的交流与合作。为解决这一问题,可由相关部门负责,成立专门的社区教育机构,负责管理和协调整个社区教育,形成以特殊幼儿发展为中心的、全新的、合理的社会一体化管理模式。专门的社区教育管理机构可以使家、园、社区和机构合作被纳入政府管理范畴,改变目前比较松散的合作状态,使社区特殊幼儿教育质量有所保障,职能更趋明确,经费与资源得到最佳的配置,从而使家、园、社区和机构真正发挥各自的优势,并产生最大的整体效益。

> ### 四、幼儿园与社区共同关注低收入家庭,确保教育机会均等

低收入家庭子女是一个不容忽视的弱势群体,他们的受教育情况,将对社会发展产生重要影响。我们提倡家、园、社区共育,不仅针对的是能上得起幼儿园的孩子,更要发挥集体资源优势,关注低收入家庭子女,在教育上向他们倾斜。例如,由社区牵头,开展针对低收入家庭的上门指导服务;幼儿园向低收入家庭提供特殊教育信息,开展讲座;让特困和散居幼儿随班就读等。总之,社区应协调好相关部门,满足居民对幼儿教育多规格、多层次的需求,以保证所有幼儿都能享受优质的特殊教育和康复训练服务。

第十章
病弱幼儿的心理与教育

王瑞懋

第一节　病弱幼儿的心理发展特点

> 一、病弱幼儿的含义

病弱幼儿又称"身体孱弱幼儿""虚弱幼儿",他们也是特殊教育的对象。方俊明认为病弱幼儿是指一些患慢性疾病和体质虚弱的幼儿。他们需要在医教合一的环境中接受特殊的指导和帮助。因此,病弱幼儿也是特殊教育的对象。病弱和虚弱都不是严格的医学定义,这里只是社会教育方面的用语。哪些病弱幼儿可作为特殊教育的对象,不同的国家有不同的规定。以日本为例,日本文部省1978年发布的《关于教育方面需要特殊照顾的幼儿和学生的教育措施》的通告就规定病弱幼儿是:"①患有慢性胸部疾病、心脏疾病、肾脏疾病,其状况需要6个月以上的医疗或生活限制者;②身体虚弱的状况需要6个月以上的生活限制者。"当然,这主要是针对为病弱幼儿设置的养护学校的学生而言的。凡病弱状况不满半年疗程的,可安排在特殊班级或普通班级接受特殊教育。

患有疾病或体质差的幼儿,包括患有各种慢性病、急性病初愈、严重贫血、营养不良、发育落后、癫痫等幼儿。轻者可以在普通学校学习,重者需要在专门的学校,通过其他形式接受教育。需要特别的医疗保护、治疗和卫生环境,由医生指导和监督其营养、康复训练和劳动。需限制学习的负荷量,可免修一些课程,避免不良的精神刺激和过度兴奋。

1.慢性病患者

(1)结核病——肺结核及其他结核。

(2)呼吸器官疾病——支气管哮喘及其他呼吸器官疾病。

(3)心脏病——心房中隔缺损、心室中隔缺损、法乐氏四联症及其他心脏病。

(4)泌尿器官疾病——肾炎、肾硬变等。

(5)风湿病——活动性风湿病、风湿性关节炎、全身性风湿病及其他结缔组织病。

2.严重的营养不良造成的各种障碍症

如贫血、发育不全、筋骨脆弱、进行性肌肉营养障碍症等。

3.精神、神经障碍症

如癫痫、神经性精神创伤反应、分裂症、抑郁症、精神薄弱等。

有关病弱幼儿的调查资料表明,上述疾病中以支气管哮喘、心脏病、肾炎、癫痫及严重营养不良造成的各种障碍症在病弱幼儿中所占比例较大。

(1)气喘是一种会影响呼吸的疾病,主要有三个特征:肺部肿大、呼吸困难、气管对许多环境因素(如灰尘、烟、冷空气及运动)有负面的反应。气喘可能引起支气管的紧急收缩。患有气喘的幼儿的严重程度也不一致,通常不会给老师带来太大的麻烦,但是老师应该知道何种症状代表气喘发作及如何应急处理急性发作的气喘,同时也应该严格控制气喘幼儿的运动量。

(2)纤维囊肿是美国发生最频繁的致命性基因疾病,患有纤维囊肿的幼儿有严重的呼吸及消化问题。最近基因学家已经发现70%的纤维囊肿的病体基因,有望未来的基因治疗可以控制纤维囊肿。

(3)后天免疫缺陷症候群(AIDS,俗称艾滋病)是指身体系统失去免疫功能,是由人体免疫缺陷病毒(HIV)所造成的。70%的后台免疫缺陷症候群幼儿是经由其母亲传染,也可能因输血所致。后天免疫缺陷症候群幼儿的表现症状很明显:严重的发展迟缓、脑部受损及早死。

(4)地中海型贫血是一种基因疾病,与血液细胞有关,多发于地中海地区。地中海型贫血的幼儿出生时看起来很健康,与正常幼儿没有大的区别,但会逐渐变得没有精神、胃口不好,常会感染疾病。地中海型贫血幼儿需要通过输血加以治疗,但至今还没有根治的方法。镰刀性贫血多发于美国及加勒比海地区,正常幼儿的红细胞通常是圆的,镰刀性贫血幼儿的红细胞呈新月或镰刀形,且不像正常红细胞那样有弹性,易受阻于身体的器官中。当红细胞受阻,氧气则不能传遍全身,缺氧的状况通常会使幼儿容易受到感染,通常用注射抗生素的方法来进行治疗。

(5)癫痫俗称羊癫疯,是脑部未能对神经元所释放出来的电流做有效的控制而突然引起的抽搐现象。一般而言,癫痫不会影响学业成绩或导致幼儿智力发育迟缓。根据大脑电流异常获得区域,可以把癫痫分为全部性癫痫和局部性癫痫两大类。

全部性癫痫是脑部的化学活动遍及大脑左右两个半球而非局限于某一部位。全部性癫痫包括大发作抽搐、小发作抽搐及失动性痉挛。大发作抽搐是严重的癫痫症状,患者发作之前略有预感,能直觉感到特殊的气味、声音或其他。当发作时,患者失去意识,跌倒在地,同时躯干和头部变得僵硬,持续1~2分钟结束。小发作患者发作时脸色变白、两眼发愣、眼皮抽搐,发作的时间约为 5~20 秒不等,但这一类患者发作的频率较高。失动性痉挛是指患者四肢或躯干的某一部位肌肉突然发生短暂的阵发性的紧缩,发作的部位可能是对称或不对称、重复或不重复地发作,发作时由于某一部位肌肉的突然紧张而导致身体失去平衡。

局部性癫痫是大脑局部细胞功能的化学活动异常所导致的癫痫,它以多种方式出现。发作时患者能保持意识状态,但他们不能完全了解自己的异常行为,患者可能会突然表现出刻板行为,如凝视、不断咀嚼而发出声音、按压手指、来回走动、脱下衣服、发脾气等,发作的时间为几分钟至几小时不等。

> 二、病弱幼儿的心理特征

大部分病弱幼儿在智力发展上是正常的,但是由于患有慢性疾病或体质虚弱,影响了他们生活和学习的情绪,也降低了学习的效果。例如,注意力不容易集中,持久性差,情绪不够稳定。在人格方面,由于病弱幼儿的人际交往受到一定程度的影响,多有孤僻感、退缩感。

(一)病弱幼儿的一般心理特点

(1)身体病弱幼儿的饮食和作息方面受到多方面限制,生活起居无法自主,长期积累下来容易因压抑而导致情绪不稳定或形成烦躁不安的心情。一方面担心自己的病情恶化,对未来缺乏安全感。另一方面,行动及体力受限,情绪起伏大,在心理调适方面他们会经历很多冲击与挣扎,其可能形成的情绪反应包括焦虑、否认、忧伤、沮丧、愤怒、攻击和无助感。这些情绪如果长期持续,对幼儿的人格发展会产生不良影响。

(2)因为身体病弱经常或连续缺课,不能与同学融洽相处以及更多地交流,影响幼儿的社会化发展。

(3)因为长期往返医院治疗,需忍受离家的寂寞,无法享受家庭的温馨。

(4)病弱幼儿因为身体的疾病,许多事常常由家人代劳,而且家长由于歉疚和补偿的心理,常常过度保护,使身体病弱幼儿过分依赖父母或其不良行为被放纵,长期下来就形成了依赖他人的特性,缺乏独立的意愿。

(5)部分身体病弱幼儿经历身体外观及功能的改变,常常担心同伴如何看他,有时往往产生不良的自我形象,对自身缺乏信心和安全感,形成自卑感,自我封闭,在团体中会表现得孤立退缩。久而久之,可能出现人际关系问题,造成社会适应行为上的困难。

(6)身体病弱幼儿会因自己的疾病产生自责,认为自己连累父母和家人,有心理上的负担。

（二）病弱幼儿的学习特点

病弱幼儿在校学习的内容与普通幼儿并没有实质差异，但是由于身体病弱，体力有限，无法正常活动与上课，常常缺课的情况对其学习表现产生了一定程度的影响，使得他们在学习方面需要特殊的帮助和关注。

（1）病弱幼儿由于长期患病，身体虚弱，容易疲倦，常常出现因为疲倦而趴在桌子上或注意力不集中的现象。当幼儿出现这种情况时，教师不能简单地将其归为问题行为而对幼儿进行批评，可以允许其暂时休息，调整课堂内容，用丰富有趣的活动，如音乐、儿歌等吸引孩子的注意力。

（2）病弱幼儿因需要定期看诊，经常请病假而缺课，导致学习过程长期或连续中断，很难跟上班级的学习进度，从而也难以达到所处年级的学业要求水平。教师要为这类幼儿拟定适宜的学习目标。

（3）病弱幼儿因受疾病影响，在运动能力方面受限，如走路、提重物、体能训练等肢体动作方面存在困难，难以参加学校开设的运动量大、较激烈的竞赛活动，常需要教师调整教学活动，针对其特点降低活动难度或者由专门教师单独教学。

（4）病弱幼儿父母或教师常常优先考虑其身体状况，而对他们的学习成就期望较低，使得病弱幼儿的学习动机也相应较低。他们可能因为自身病情影响而产生自怨自艾的情绪，给自己放弃学习或消极学习找合理化的借口，这也影响了其学习效果。

＞　三、病弱幼儿诊断与鉴别标准

病弱幼儿的鉴定由专科医生诊断后依其专业判断认定其是否患有上述的慢性疾病。《语言障碍、身体病弱、性格异常、行为异常、学习障碍暨多重障碍学生鉴定标准及就学辅导原则要点》将身体病弱依其程度分为两类：其一，经医师诊断患有心脏血管、气管肺脏、血液、免疫、内分泌、肝脏、胃肠、肾脏、脑脊髓及其他慢性疾病或伤害，需要长期疗养者；其二，其他经医师或有关专家诊断体能虚弱或需长期疗养者。

第二节　融合教育中病弱幼儿的教育原则与方法

＞　一、融合教育中病弱幼儿的教育原则

（一）生活为本原则

病弱幼儿大部分智力发展正常，但因为种种身体原因在认知发展上可能出现注意

力不集中、持续性不足和情绪不稳定的问题,且生活自理能力发展受到限制;学习上由于身体不适,学业学习容易中断或落后,学习积极性也不高。因此对病弱幼儿的教育应该以适应性教育为主,教学安排应考虑到其学习进度相对慢,并想办法提高其学习积极性,因此教育内容应来源于生活,特别是选择的教育内容要能提高其生活自理能力并有目的地培养其独立意识。一方面,病弱幼儿在生活中学习各种基本生活自理能力,以及在生活中学习与人相处的社会适应能力,在生活中感受与自己生活密切相关的事物与环境,逐步树立对学习的兴趣和自信,并从中体会到生活、学习的乐趣。另一方面,教学内容和幼儿园环境的设计不仅要根据幼儿不同时期的发展需要设置,更要兼顾不同病弱幼儿的个别差异,为其提供相应能力发展的适宜经验支持,切实让教学满足每个幼儿的发展需要。

(二)正向行为支持原则

正向行为支持又称积极行为支持,它是指教师通过对幼儿行为全面的功能性评估,在教学过程中为幼儿提供有利于适应性行为产生的相关先行因素和行为后果,从而使幼儿形成良好的社会适应性行为并以此取代各类问题行为。

积极行为支持意味着强调学习、游戏环境的创设和改变,源于行为主义的学习定律。该原则认为改变幼儿身上不适宜的问题行为不是简单地靠惩罚就能完成的,相反要改变幼儿身上不良的行为问题应该通过创设有利于适应行为发生的学习和游戏环境,从而促使幼儿问题行为的改变。因此其强调以积极的、指导性的方法来代替对特殊幼儿严重行为问题的惩罚,而倡导对幼儿做出非惩罚性的、有建设性的、积极性回应。设计良好的学习和游戏环境的前提是对幼儿实施功能性行为评估,其具体操作方式是通过观察幼儿问题行为与课堂教学环境之间的关系,发现幼儿不良行为的社会学功能(也就是问题行为起到了什么作用),进而为干预计划提供依据。一般而言,行为的功能主要有三类:通过行为得到了个体想要的事物或关注(正强化)、通过行为避免了个体厌恶的事物(负强化)、通过行为提高或降低感觉刺激以使感觉输入保持在一个合适的水平或者产生感觉输入(感觉刺激与调整)。教师要通过功能性评估所得的信息,寻找幼儿问题行为诱发的因素或事件,从而通过调整教学环境中的相关因素,减少问题行为的发生,并教会幼儿用一种具有问题行为同样社会功能的适应性行为来抑制并代替问题行为。因此,教师在实行积极行为支持的过程中,对幼儿的问题行为应当给予及时、明确的回应,引导他们自己纠正不良行为,更重要的是要教给幼儿可以达到问题行为同样功能目的的行为方式。

(三)以活动为基础的原则

以活动为基础的原则又称活动本位原则,是一种提倡由幼儿主导的互动式教学原则。活动本位原则意味着以幼儿为教学活动的主体,在各类活动中融入个体发展的个别化目标,合理安排先行因素及预测行为后果,以培养幼儿的功能性和生成性机能。该原则意味着教师以各种自然环境中发生的事件为教学内容,为幼儿创造可以学习的机会。学习的时间可长可短,重点在于将幼儿的个别化学习目标融入生活和作息中,教师在设置这些学习内容的时候,重要的不是关注各项活动内容,而是关注幼儿在参与活动时被培养的适应不同环境需要的各种社会技能。

具体而言,教师要以幼儿的活动为教学主体。首先,教师应当给予幼儿根据自身兴趣活动的机会,并从中引发他们某种主动的行为后给予积极的回应,让病弱幼儿感受到自身行动的力量,从而引发其他参与和学习动机。因为在融合教育课堂中的病弱幼儿可能因为与其他幼儿相比更缺乏活动的自主性和自信心。其次,教师应该以各种自然环境中发生的事件作为教学内容,将幼儿课堂上常规性、计划性和自我主导性的活动作为教学重点,结合一日作息设计符合自然情境的教育,而不必单独设计教学。包括一日中的盥洗、上学和放学、进餐等活动,利用这些自然情境为幼儿提供练习和应用新技能的机会。通过对幼儿各种适应生活技能的培养和灵活迁移,教育干预不仅着眼于他们眼前的学校家庭生活适应,更致力于培养其适应将来社会生活的能力。对于学前阶段的病弱幼儿,由于其自身的障碍或表达意愿的困难,教师要学会观察和分析幼儿的行为表现,从各类线索中寻找可以引发他们自主活动的机会,并加以利用开发。

(四)个别化、动态灵活原则

《萨拉曼卡宣言》提出特殊教育教师在开展保教活动时,首先应当明确"每个幼儿都有其独特的特性、兴趣、能力和学习需要"。导致病弱幼儿出现健康问题的原因多种多样,这要求特殊教育工作者认真了解、分析每个病弱幼儿的身心健康状况后再开展适宜的教育,只有在充分把握幼儿个体差异的基础上,认识和照顾到他们的不同需要,制订合理的、详尽的个别教育计划,实施适合幼儿发展的保教,并根据个体参与保教活动的实际情况对其作出相应的评价。从个体发展的角度而言,个别化、动态化原则的落实为所有幼儿提供了真正意义上的公平教育。

实施个别化、灵活化的教育原则是开展保教的一项基本保障,由于教育对象是学前幼儿,他们在行为和能力等方面表现还不稳定,也不全面。因此教师除了借鉴相关的医学、教育学、心理学和社会学报告来了解幼儿的个体差异外,还应该通过一段时间实际的保教活动情况,设身处地地从病弱幼儿的立场来看待他的行为、兴趣、能力和需求等方面的表现。在此基础上发现不同病弱幼儿之间的差异,确立发展的原有水平和学习起点,再通过合理的保教安排、课程内容和教学方法选择,使得幼儿的能力获得最大限度的发展,并最终成为适应社会生活、平等参与社会生活的人。

> ### 二、融合教育中病弱幼儿的教育方法

病弱幼儿在幼儿园融合教育中，很难做到完全在普通班级学习，对于他们的教育指导一般通过将资源教室和普通班级相结合来开展。为了让病弱幼儿在不同的安置形式中自然地转换和过渡，需要幼儿园的普通班教师和资源教师合作为他们拟订个别的教育计划，并通过资源教室、分组活动的形式为病弱幼儿提供教学内容和教学服务。同时在融合教育中，为了给病弱幼儿创造接纳、理解和包容的环境，教师应该调动同伴力量，通过教育活动让病弱幼儿身边的同伴理解、接纳他们，实现同伴间的相互帮助和合作学习。

（一）个别指导教育计划的制订

一个幼儿的健康状况出现问题，他的体力、活力或警觉性必然会受到一定程度的限制，从而对其学习产生不利的影响，这就需要他们在医教结合的环境中接受特殊的指导和帮助。对于融合教育中的病弱幼儿，教师首要做的是为每一个病弱幼儿制订有针对性的个别化教育计划，从而为照顾病弱幼儿的特殊性、促进其发展提供有力的保障。病弱幼儿的个别化教育计划一般包括以下几个方面。

1.收集个案基本资料

（1）收集基本信息。通过积极主动与家长交谈，了解幼儿姓名、性别、年龄、家庭成员、家庭住址、家庭联系方式、家庭环境等。以便日后与家长取得联系，通过了解幼儿的家庭成长环境，将家庭干预纳入日常教学过程中，为幼儿拟订更合理的个别教育计划。

（2）了解身体状况。包括了解幼儿的身高、体重、疾病类型、疾病程度、确诊时间、治疗史、服用药物情况、用药方法、发病频率、持续时间等。了解以上信息更方便教师对幼儿进行照顾，也可以让教师提前减少环境中引发幼儿疾病的因素。同时方便教师在园协助幼儿突发状况的处置。

（3）判断能力水平。包括幼儿的智力水平和程度、行动能力（是否需要搀扶、能否独立行走或上下楼梯）、生活自理能力（进餐、如厕、穿衣是否自理）、学习状况、语言表达能力（表达是否流畅、发音是否清晰）。

（4）特别需要关注的方面。病弱幼儿最大的困扰在于健康损伤，他们在认知、动作、情绪行为等方面存在问题，大多因健康问题引发。所以教师在实施干预前，应重点关注其基本问题，尽量避免各种诱发因素，减少幼儿疾病的发病率。例如，对于有哮喘的幼儿，灰尘、粉笔灰、花粉、香水、油漆等强烈的气味，剧烈的锻炼，过度的压力都有可能干扰其正常呼吸，引发哮喘。所以教师要做好详细的备忘录，清楚每位病弱幼儿的

病情和特殊需要照顾内容。可以从以下几个方面来了解。

①幼儿是否服药？多久服用一次？数量如何？

②幼儿病症的特征，如持续性、阵发性、可预期性、稳定性。

③当幼儿出现哮喘发作、癫痫发作等问题时，基本的处理方法是什么？学校如何与家长或医护人员联系？

④幼儿在饮食、作息、服药等方面有何特殊规定？

⑤幼儿在饮食、着装、如厕等自我照顾方面有何协助需要？

⑥哪些因素会引发幼儿的疾病发作？需要如何加以控制？

根据搜集的信息，教师可以为幼儿拟定个别健康照料计划，以防范病弱幼儿在园发生突发状况。

2.评定病弱幼儿的能力水平

在深入了解幼儿的基本信息之后，教师要对幼儿在园表现进行2~3周的跟踪观察，深入了解幼儿的活动功能、优势能力和发展不足以及需要的特殊辅助等。

（1）对病弱幼儿能力进行测评。在跟踪观察幼儿的基础上对幼儿的活动功能进行初步的判断，并根据幼儿的活动功能为其选择相应的可参加的活动，以及评估其需要的医疗需求和安置需求。具体测评详见下表。

表 10.1　病弱幼儿活动功能及相关需求表

活动功能	活动分类	医疗需求	安置需求
情况良好,活动功能不受损	活动不受限制	不需要医疗追踪	普通班
重度活动才有症状	限制剧烈活动	定期医疗追踪	资源班
中度活动就有症状	只准轻微活动	不定期医疗追踪	特教巡回教师
轻微活动就有症状	禁止易受伤活动	需做教室记录	特殊班
严格禁止活动	在家或卧床休息	需要医疗急救设备	在家教学

（2）对幼儿的优势能力和弱势能力进行评估。教师在教学过程中注意观察幼儿的表现，对幼儿进行全面考量，以了解幼儿的优势、不足和他们的兴趣爱好，给予病弱幼儿充分的表现机会，激发他们的学习兴趣，并拟定资源教师或小组教学指导方案，对其弱势能力加强训练。

3.确定教育目标行为

在对幼儿有了比较全面的了解之后，确定幼儿最先需要的特殊教育服务项目，即个别化教育计划的目标行为。此目标行为可以是单一的,也可以是综合的。确定教育目标行为后,对目标行为进行评估,以确定个别化干预计划的起始水平。

4.拟订干预计划

针对教育目标行为,拟订详细的干预计划,并在具体执行过程中根据幼儿发展情况进行调整。干预计划主要包括:

(1)确定长期目标。教师从幼儿目标行为基础出发,参照常模发展标准确定幼儿一学期或一学年可以达到的教育目标。长期目标的描述要明确,具有可操作性和测量性。例如,针对上下楼梯需要搀扶的幼儿,长期目标可以拟定为:一学期后可以在不扶同伴和扶梯的情况下,独立上下8步楼梯。

(2)确定短期目标。短期目标是长期目标的分解,描述要尽可能详细,便于检查和评估,如对上述长期目标,可以将短期目标分为以下几个阶段:①第一个月目标为一手扶楼梯扶手,一手扶同伴,可以上下8步楼梯;②第二个月目标为只在一手扶楼梯扶手的情况下,可以上下8步楼梯;③第三个月目标为在没有辅助的情况下,可以独立上下4步楼梯;④第四个月目标为在没有辅助的情况下,可以独立上下8步楼梯。

(3)确定干预措施。在对病弱幼儿进行干预的同时要考虑干预内容的趣味性和干预场景、方式、策略的丰富性,切不可在单一的环境中采取单一的治疗方法,枯燥的训练会使幼儿产生厌烦情绪,从而不愿意配合教师。例如,上述不会独立上下楼梯的幼儿,除了设计专门的上下楼梯的课程,还要在活动中设计相应的环节让病弱幼儿在学校练习,设计休息时间让小伙伴辅助幼儿练习,或者在体育活动中增加下肢动作的练习,总之要综合多种教育活动将干预内容融入幼儿的学习和日常生活当中,在自然情景中对病弱幼儿实施综合干预。

(二)资源教师指导教育

资源教师会为不同幼儿设计不同的上课内容,即个别化教学方案,资源教师运用专业能力,找出幼儿的障碍之处,分析原因,拟订帮助成长计划,但是在大班教学中是无法做到的。

1.确定幼儿在资源教室接受指导的时间

病弱幼儿何时进入资源教室接受辅导,以何种方式进入以及每次所需的辅导时间长短都需要根据幼儿的具体情况而定。一般而言进入资源教室的方式有三种:一是抽离式,利用原班正课时间将幼儿从班级中抽离1~2节至资源教室接受指导;二是外加式,利用早自习、班会等不影响正课的时间进行指导;三是主导式,即幼儿的病情较为严重或幼儿能力较差的,难以在大部分时间跟随普通班学习,所以大部分时间将幼儿安置在资源班,实行逐渐融合进入普通班的形式。

表 10.2　资源教师指导时间安排

	上午 ①抽离式②外加式③主导式并注明具体时间段	上午 ①抽离式②外加式③主导式并注明具体时间段	上午 ①抽离式②外加式③主导式并注明具体时间段
周一			
周二			
周三			
周四			
周五			

2.确定资源教师的干预内容

资源教师干预内容的拟订主要依据幼儿的个别化教学计划,教师需要拟订专门的干预方案来实现教育计划中的短期目标和长期目标。此外资源教师也需应对幼儿的一些突发状况,例如有的幼儿癫痫发作后,会感到非常疲惫,需要离开集体环境到安静的资源教室休息调整一段时间。

3.记录干预内容

资源教师在利用特殊的教学设备、设施和资源,为幼儿提供个别化教学后,要详细记录干预过程以及评价幼儿的表现,并定期与普通班教师进行沟通,为他们提供咨询或训练方面的支持性服务,并依据孩子的需求入班与普通班教师进行合作教学,以保证幼儿学习的完整性。

表 10.3　资源教师干预记录表

时间		地点		教师	
幼儿		障碍类别		班级	
干预内容					
干预过程					
干预效果					
备注					

4.为幼儿家长提供支持与指导

要保证身体病弱幼儿得到完整的教育,教师与家长的合作十分重要。一方面,资源教师需要保持与家长的联系,及时了解幼儿病情变化,以调整资源教师干预计划和应对措施。另一方面,有些病弱幼儿会因为疾病问题不得不请假离开学校,从而会中断学校的学习。为了保证幼儿得到持续性的发展,资源教师需要联络普通班级教师,了解学习进度,并和家长合作,为幼儿安排好学习内容,让幼儿在住院期间与学校学习进度衔接,让他们有回学校正常学习以及和同伴互动的机会。同时资源教师还要为家长提供相应的支持和帮助,或不定期到医院或幼儿家中对家长进行指导。

(三)分组活动指导教育

为了让病弱幼儿按照自己的兴趣和能力选择适合自己的活动,幼儿园常常采取区角活动的形式,将幼儿分成小组来教学。小组活动为病弱幼儿适应班级教学进度提供了个别化的服务,为病弱幼儿提供了选择的空间,班级的普通幼儿有足够的时间自由地探索,教师也有了相对充分的时间对病弱幼儿进行个别指导。

1.选择合适的活动区域

幼儿园区角活动包括多种类型,如阅读区、表演区、建构区、科学区等。病弱幼儿可以根据自己的兴趣爱好和特长选择相应的学习区域,也可以由教师根据幼儿的能力水平,将幼儿安排到相应的区域,对幼儿的核心缺陷进行训练。

2.个别辅导

在幼儿学习的时候,教师可以通过观察进一步了解幼儿的学习情况。当他们需要帮助的时候,教师可以为其提供个别化指导。例如,在益智区,病弱幼儿原本都是自己玩,这时教师可以加入角落中,和该幼儿一起玩拼图游戏,同时教导他如何与其他小朋友轮流玩。

3.通过同伴协助指导病弱幼儿

教师除了自己介入幼儿游戏活动外,还可以通过发挥同伴作用来让同一组的其他成员帮助同一组的病弱幼儿。例如在小组活动中,一开始病弱幼儿只是在旁边观望游戏,不知道如何加入其中,老师可以请该组的小朋友分配任务给病弱幼儿,并请组员协助该病弱幼儿,由小组同伴共同合作完成游戏或任务。

4.设置适合的、渐进式的目标

在分组活动中,教师需要在不同活动中,配合病弱幼儿的个别情形,设定合适、渐进式的目标,从而激发幼儿的积极性。例如,在户外活动"搬运小球"游戏中,同组的其他幼儿需要用前三指握汤勺来运送小球,而病弱幼儿手部力量不足,可以只要求他用手将汤瓢握紧并将球运到终点即可。

（四）融合指导活动

1.班级宣导活动：认识病弱幼儿

当幼儿园有病弱幼儿进入时，教师需要事先利用体验游戏、讲故事等方式进行班级教育宣导，告知班上小朋友有特殊需要幼儿的状况，使他们因为了解而产生同理心，并进一步接纳病弱幼儿，这是病弱幼儿将来与班上其他幼儿未来友好相处的重要前提。教师可以通过利用图片、故事等具体形象的形式向班上其他幼儿介绍将要到来的病弱幼儿正在接受的治疗情况、其疾病给该幼儿可能带来的情绪起伏问题，并且说明病弱幼儿的疾病不会传染，但是他们因为接受长期治疗，身体比较脆弱，可能需要注意避免感染其他疾病和外伤，他们在日常生活中可能体力不佳，上下楼梯、户外活动可能受到限制，也需要同伴协助，最后病弱幼儿希望能参与学校生活，虽然有时他们不得不请假看病，但学校和幼儿园里有他们钟爱的活动，小朋友陪伴他游戏、聊天等可以鼓励他们。

2.班级接纳活动

当幼儿初步认识班上的病弱幼儿后，教师还可以设计专门的社会领域主题活动，帮助全体幼儿在参与、体验和讨论的过程中，加深对病弱幼儿的理解，并能从病弱幼儿的角度考虑问题。

3.同伴支持策略

小帮手是病弱幼儿最重要的融合助手，普通幼儿扮演小老师的角色，带领、协助病弱幼儿的学习和生活活动，也是病弱幼儿在融入班级后的同伴。教师事先告知小帮手幼儿具体事项，正向引导普通幼儿了解病弱幼儿可能会出现的行为反应或兴趣等，并由教师示范引导技巧，再逐渐让小帮手接手帮助工作。在此过程中，普通幼儿在帮助病弱幼儿的同时，可以学会体谅他人、帮助他人、与他人分享等优秀品质。

可以安排有爱心的同学坐在病弱幼儿周围，随时给予病弱幼儿关怀，并请小朋友协助其生活和学习。在与病弱幼儿友好相处中，主动邀请病弱幼儿参与各项学习活动，增加他们的同伴互动机会，建立自信。留意病弱幼儿的身心状况，尽量保证其身边有幼儿跟随，当其出现突发状况时，第一时间告诉老师，并实施帮助。例如在上下楼梯时，将设有扶手的一边空出以便病弱幼儿抓握或搀扶病弱幼儿上下楼梯。在班级成立关爱小组，当病弱幼儿请假离校时，通过寄送卡片、登门拜访、打电话等方式与病弱幼儿保持联系，并轮流为该幼儿提供学习辅导。

4.课程活动指导

首先，调整课程目标和教学策略。

为病弱幼儿制订课程目标，不仅应该考虑到每个幼儿的认知发展水平和潜能，而且还要考虑到病弱幼儿的身体状况和精力状况。许多病弱幼儿可以和他的同伴同学上同样的课程,但是那些因为经常请病假的幼儿,教师需要在制订课程目标时注意三个问题。

(1)什么是病弱幼儿要达到的最重要的学习目标? 例如在语言领域,对于看图讲述活动,可以只要求病弱幼儿描述图片中的主要人物,而不要求他描述图片细节。

(2)如何确保这些病弱幼儿用最有效的方法实现这些目标? 例如,可以把课程内容记录下来,在病弱幼儿生病住院期间播放给他观看;或者课后安排病弱幼儿与其他幼儿一同学习,弥补缺课内容;或者取消某些附加的与最重要目标无关的学习要求;也可以利用现代技术,让幼儿通过网络资源学习。

(3)如何去激发病弱幼儿实现这些课程目标? 教师可以为病弱幼儿挑选与课程内容相关的绘本或下载相关儿歌、故事视频,让幼儿在缺课期间在家自己学习,以度过枯燥的治疗生活。适当调整课程,并不意味着降低对他们的期望。教师需要公正地对待每一个孩子,尽自己的所能为幼儿提供其所需的东西,而不是减少分配给病弱幼儿的学习任务。当教师相信幼儿,告诉他希望能尽自己所能去做,幼儿的表现常常会令老师感到惊讶。

其次,理解病弱幼儿,提供多方面的支持。

病弱幼儿因为健康的原因在行为、社会互动、学习成绩、学习态度等方面常常会有异常表现,例如经常缺课或者厌学。这并不是他们有意为之,需要教师站在幼儿的角度理解他们的感受,并采取相应的支持策略帮助他们调整不适当的表现。

表 10.4　教师教学行为调整策略

	你可能会看得见的	你可能想去做的	换一种做法	让同伴参与的方法
行为	病弱幼儿可能因为健康原因经常缺课	认为他不能完成功课,便按照这一想法来对待他	可以在病弱幼儿缺课的时候打电话给他或者进行家访。为他提供更多的支持,帮助他完成需要的作业	在班里组织一个支持系统,以便在这个病弱幼儿缺课的时候帮助他,鼓励同伴到该病弱幼儿家中给他提供帮助
社会互动	病弱幼儿可能对自己的疾病很在乎,或者感到尴尬,并因此而疏远他人	让这个病弱幼儿自己学习,认为他只是精力不足或需要一个人待着	营造一个良好的环境,鼓励病弱幼儿和他人分享自己的观点和想法,并让其他人认识到这个病弱幼儿的潜力	在这个病弱幼儿学业的强项领域,让他充当同伴的小老师,或者教年纪小的病弱幼儿

续表

	你可能会看得见的	你可能想去做的	换一种做法	让同伴参与的方法
学业成绩	由于病弱幼儿患有疾病，缺乏力量和灵活性，阻碍了其能力的发挥和全身心投入	因为病弱幼儿的注意力不集中而责骂他，或他不完成作业时为他开脱	鼓励他，并为他提供一些额外帮助，对作业做些调整，创造一些有意义的工作任务	邀请在相同的领域里能力较强的或有兴趣的同学和他一起查找信息并相互分享资料
学习态度	在班级活动中，病弱幼儿在感觉不好时，可能会厌烦、困惑或不知所措	忽视他的行为表现或者在班里把他作为问题指出来	让病弱幼儿能从疑惑中受益。了解他的感受，然后阐明、重复教学内容，或者提供必要的帮助	让其他病弱幼儿和他一起形成一个信号系统，鼓励他在感到不好的时候能及时地发出信号

再次，依据病弱幼儿的病情程度实施不同形式的课程融合。

(1)普通班的病弱幼儿——全部融合。病弱幼儿病情程度不同，在幼儿园的融合形式也有所不同。对于病情程度较轻、不存在其他障碍的病弱幼儿，可以一开始就安置在幼儿园的普通班，与一般同龄幼儿一样，在正常化教学环境中进行学习。班级老师则根据幼儿的个别需求，在课程活动中调整教学并做记录，提供融合时的学习参考。

(2)特殊班或资源班的病弱幼儿——渐进式融合。对于病情程度较重的且伴有其他类型障碍的病弱幼儿，则更适合渐进式融合，即病弱幼儿进校时先将他们安置在特殊或者资源班，当病弱幼儿适应学校的环境后，老师利用课余活动时间带领病弱幼儿和普通班幼儿相互认识，同时安排小老师带着病弱幼儿一起活动，让病弱幼儿慢慢融入班级活动。可以先从一个互动参与开始，到一个时间段两个活动以上，直到一个上午都跟普通班一样作息。病弱幼儿在最初的融合中，适合参与的活动有升旗、唱跳、生日会和健康安全教育、性别平等教育等。这些团体性参与活动是特殊幼儿进入融合班的开始，为进入下一次的小组或个别融合建立良好的基础。而团体讨论时间、早餐和午餐，则融合一段时间后再加入。因为病弱幼儿在团体讨论课时，在语言理解及表达上需要老师更多的指导。

最后，合理设计课程活动。

教师在设计课程活动时，要考虑到在班级中病弱幼儿的健康状况及位置制订个别化的教育计划。通过调整活动内容、增加特殊器材、调整作息时间、运用强化物等方式来合理设计课程活动，以增进病弱幼儿的学习效果。以体能课为例，有些病弱幼儿常因身体状况，不能参加具体的体育活动，但他们仍然需要有适度的运动，以增强体质，而不是在上体育课时在一旁观看、休息。教师在安排课程时,需了解病弱幼儿的病情、应注意的事项以及突发状况的处理程序。下面以一个体能游戏活动为例来说明如何为病弱幼儿设计合理的课程。

表 10.5　体能游戏活动案例

游戏名称:小兔送果子	游戏编号	
人数:分组,每组 4~5 人	时间:25~30 分钟	
目标: 学习双脚并拢跳的动作,提高身体自控能力和平衡能力	活动重点: 体能训练 身体平衡练习	延伸领域: 同伴合作 社会互动
器材:小动物图片若干、硬纸板小路四条、音响		
活动过程: 1.兔妈妈交代角色和任务,小兔们跟着兔妈妈跳跃进入场地,形成四路纵队。 2.热身运动:头部运动—上肢运动—腰部运动—下蹲运动—腿部运动—跳跃运动—整理运动。 3.原地练习双脚并拢跳跃:双脚并拢、屈膝、前脚掌落地、又轻又稳。 老师分解动作:双脚并拢,屈膝、跳、前脚掌落地、又轻又稳。 幼儿模仿,并原地练习。其他幼儿练习的时候,老师单独指导班上的病弱幼儿。如果幼儿屈膝跳存在困难,则要求其双脚直立跳。 4.给兔妈妈送礼物。 每组指定一名兔妈妈(相互轮流),站在小路的另一端。小组中的其他成员双手拿一个小球当苹果,从小路的一端跳到兔妈妈家,给兔妈妈送礼物。兔妈妈给兔宝宝奖品。 对于班上的病弱幼儿,当他在跳的时候,如果小路的距离对他而言太远,可以让兔妈妈走到路中央来迎接。 当他跳累的时候,可以让他来扮演兔妈妈,给他休息的机会。 5.播放音乐,放松。		
小贴士: 病弱幼儿跳的速度会比较慢,老师要引导同组的小朋友学会耐心等待。 当病弱幼儿坚持跳下来的时候,老师带领班上同学表扬他,让他对活动有信心。 教师要细心观察病弱幼儿的表现,以防幼儿病情发作。		
教师笔记:		

第三节　教育康复中病弱幼儿的教育原则与方法

> ### 一、教育康复中病弱幼儿的教育原则

（一）教育与康复结合原则

学前特殊幼儿的教育应与康复训练紧密联系,特殊教育的目的就是干预,成功的干预可以阻止、消除或克服个体在学习上的障碍,从而使其能够全面地参加学校和社会活动。早期预防性干预包括早期诊断、早期治疗、早期教育与康复训练。在早期诊断与治疗的基础上,及时进行科学的、系统的、有针对性的早期教育与康复训练至关重要。治疗性干预可以达到消除障碍的影响;补偿性干预是运用各种技能或设备来补偿障碍所造成的功能缺陷。对于病弱幼儿,只有加强对其的早期干预、治疗性干预和补偿性干预,在确定教学内容、教学形式、教学场所、教学时间和教学方法等各个方面,需要征询并采纳医生的建议,保证活动难度和强度得到适当安排,经医生同意,并在专业教育康复专业人员的监督下进行,才能更好地消除病弱给其生活、学习带来的障碍影响。因此,教学活动的设计应考虑到补偿这些病弱幼儿的不足,对病弱幼儿进行分类、分组、分层的教育和训练,以达到教育与康复的统一性和协调性。例如,对于身体病弱的幼儿进行走路训练,单一的走路训练枯燥无味,但加入游戏的情境,如在"走小路,摘苹果"的活动中,病弱幼儿能够提高训练兴趣,训练效果也相应比较好。

（二）综合康复原则

综合康复是指对特殊幼儿尤其是有多重障碍的幼儿使用多种康复手段和方法进行干预,以促进其全面、协调地发展。在教育康复实践中,我们常常会遇到病弱幼儿可能同时伴有多重障碍的情况,如以脑瘫幼儿为例,有研究表明:73.55%的脑瘫幼儿有言语和语言障碍,31.6%有听觉障碍,15.06%伴有癫痫,20.5%伴有斜视,约有三分之二的脑瘫幼儿伴有智力低下和不同程度的认知能力障碍。病弱幼儿也可能会面临多种康复训练任务,即综合康复。坚持综合康复原则要求特殊教育工作者采用多种手段,形成合力,力求促进特殊需要幼儿全面协调地发展。

要对病弱幼儿进行综合康复教育就必须架构起现代康复医学理论与特殊教育学校实践之间的桥梁,根据现代康复医学的理论和特殊幼儿需要,建构囊括听觉功能评估与训练、言语功能评估与训练、语言能力评估与训练、认知能力评估与训练、情绪行

为评估与训练、运动能力评估与训练、学习能力评估与训练的综合康复体系。以上七个康复功能训练可分为生理与心理两类,其中听觉功能、言语功能与运动功能主要涉及生理问题,生理功能的障碍主要通过康复训练来解决;语言能力、认知能力、学习能力与情绪行为主要涉及心理问题,心理方面的障碍需要通过教育与康复共同解决。

按照综合康复原则,在教育康复的具体实施过程中,既不能仅就一种障碍进行康复性训练,也不宜对各种障碍进行同步与同等量的康复训练,而是要根据幼儿的多种表现与程度制订不同的教育康复训练方案,有计划、有步骤、协调综合地实施多种适宜的干预手段。例如对于患有癫痫的病弱幼儿,可能伴随有智力障碍、语言发展迟缓、动作不协调等问题行为,那么在进行康复教育时可以针对其动作不协调实施运动功能及感觉统合训练,同时进行言语能力、认知能力训练,并同时关注其情绪和行为问题,开展适宜的情绪行为训练。

(三)游戏化原则

学前幼儿是好游戏的、爱玩的,学前特殊教育在集体教学和个别训练中,应采用综合游戏的方法实施教育,让病弱幼儿在玩中学、学中玩,最大限度地调动幼儿的学习兴趣,提高其参与活动的能力,增加学习训练效果。一个知识点的学习要在系列游戏中,由浅入深地学习,这样才能更好地帮助幼儿接受知识学习,并且在寓教于乐中,调动幼儿的学习兴趣、学习动机和参与能力。例如,在认识空气的活动中,可以让幼儿在游戏活动中整体地认识空气,通过游戏"找空气、捉空气"来理解空气无处不在,通过玩气球的活动来认识空气无色、无味、看不见的特性。再如要对病弱幼儿进行运动康复训练,学习双脚并拢行进跳时,老师可以把双脚并拢行进跳的动作进行分解,组合在不同的小游戏中进行教学,如在"大皮球"游戏中,首先让幼儿学习双脚并拢向上跳;然后在游戏"跳荷叶"中,学习双脚并拢向前跳;最后把两个动作联系起来,玩"青蛙捉害虫"的游戏,练习双脚并拢行进跳。在一系列的游戏活动中,不仅练习了基本的体育动作,训练了身体协调能力,而且又对幼儿进行了爱护环境、认识动物的科学教育。通过一系列的游戏,教师向幼儿循序渐进地传授了双脚并拢行进跳的动作技能,幼儿又在游戏中巩固掌握了双脚连续向前跳的技能。

> 二、教育康复中病弱幼儿的教育评估与项目

教育康复中对病弱幼儿开展的教育首先评估病弱幼儿的生理机能、身心状态等基本情况,以便为病弱幼儿提供设计科学合理的康复训练方案。因此需要对病弱幼儿做全面系统的评估。

（一）病弱幼儿的教育评估

日常生活自理、学业成就、社会适应能力都与个人的独立能力有关。对病弱幼儿而言，只有包括心理与身体两方面的诊断和评估，才能确切了解他们的身心状况，从而更好地为他们提供合适的教育服务。

1.成立专业的评估小组

对病弱幼儿的评估常常需要包括以下几个方面的专业人员构成：医生、物理治疗师、特殊教育教师等。

医生通常是第一个为病弱幼儿做诊断的人，他主要确定受评者的障碍程度并指出生理限制和需要，并要求家长及学校教师如何配合孩子的疾病情况。物理治疗师要评估病弱幼儿的运动能力，并使用特别的方式来改变幼儿的活动方式。特殊学校教师和其他有关的资源人员主要是为病弱幼儿提供教育方法和材料，并持续和系统地评估，同时调整学校的教学环境，以适应特殊的需要。

2.评估的一般过程

（1）收集资料：通过各种途径获取必要材料，如查阅幼儿的医疗和教育档案等。

（2）分析与总结：对所获得的材料进行整理、归纳和分析，由此确定幼儿现有功能现状和存在的问题。

（3）确定目标：在上述材料的基础上，确定对该幼儿进行训练的长、短期目标，并初步选定达到这些目标所拟采用的方法和措施。

（4）再评定：在幼儿接受训练和教育的过程中，定期地评价幼儿的进展和现状，确定所选用的方案是否适合以及需要做哪些调整与修订等。

（二）评估流程

1.转介

由家长或教师转介个案到医院门诊。根据教师、家长或其他有关人员的观察结果，将被怀疑为身体病弱的幼儿送往专门的诊断机构，通常是专科医院，请求进一步的鉴定和诊断。

2.筛选

由专科医生或专门的诊断人员进行。有以下症状的幼儿应被作为重点筛查对象：肤色苍白，嘴唇与指甲常呈青紫色；身体羸弱；动作笨拙，经常跌倒，身体活动协调性不好；四肢无法伸直；关节、肌肉或身体某部位隐隐作痛；常发烧不退，常出血与发炎。

筛选工作有两个方面：检查被转介幼儿的出生史、病史、各科成绩和有关文字记录；和有关教师、家长、保姆等进行谈话，了解幼儿各个方面的实际表现。

学前幼儿筛选,主要依靠家长或幼儿园教师观察并发现幼儿是否有以下症状:①动作表现过于笨拙;②身体很虚弱;③不会吸吮、吞咽;④经常发烧;⑤关节经常作痛;⑥肢体协调不佳;⑦常有痉挛现象。如果幼儿有以上列举的某一症状就需要引起注意,及时前往医院进行专业的诊断。

3.临床评估

由医生担任主要鉴定角色。按需要进行各项检测,包括康复科、整形外科、神经科、精神科、一般内科、眼科、耳鼻喉科等。通过综合评定,以决定该个案是否属于身体病弱幼儿,以及所患慢性疾病的性质和程度如何。

4.专业团队评估

专业团队由心理师、语言治疗师、社工、职能治疗师等人员组成。确定该幼儿属于身体病弱幼儿后,特殊教育工作者或治疗师还要进一步使用一些幼儿身心发展量表来评估幼儿身心各方面发展的实际状况,以便提供一个合适而有效的个别化教学方案。

5.决策

由教师、学校领导、家长、心理学、社会工作者和其他有关人员参加的决策会议,确认评估的准确性、公正性,解释和分析评估的结果,评估幼儿的特殊需要,做出教育安置决定,并制订出具体的教育和训练方案。

(三)评估内容与方法

身体病弱幼儿的评估要依据幼儿自身的情况,由专业医生依据幼儿患有的某一慢性疾病的临床症状对幼儿进行相应的评估。此外,根据为幼儿制订个别化教育计划的需要还要评估幼儿的智力、语言、社会适应等方面的能力,如表10.6所示。

表10.6　病弱幼儿评估内容与方法

评估内容	评估方法和工具
1.生理方面	(1)医学检查:由专业医生依据幼儿患有的某一慢性疾病的临床症状对幼儿进行相应的评估 (2)资料搜集:访谈家长,收集幼儿的生理发展方面的基本数据,了解幼儿的出生和生长发育史,如疾病史、诊疗史、相关医学检查结果,了解父系和母系三代中有无遗传性疾病等 (3)治疗情况:正在进行的药物治疗或运动治疗等

评估内容		评估方法和工具
2.心理方面	智力评估	怀疑身体病弱幼儿存在智力障碍或有智力评估需求时,根据具体情况选择适当的评估工具: (1)画人测验 (2)幼儿智力筛查测验 (3)韦氏幼儿智力量表(WPPSI-Ⅳ) (4)学前幼儿50项智能筛查测验 (5)中国比内智力测验(BS) (6)韦氏幼儿智力量表(WISC-Ⅳ)
	语言能力	(1)标准化语言测验 (2)自编语言测验 (3)系统观察:观察人员可以在不同情境下观察幼儿获得有关各种不同情境的所有沟通行为的资料 (4)晤谈:与幼儿面谈,搜集语言样本
	感知-动作能力评估	(1)感知觉能力:视觉、听觉、触觉、嗅觉、味觉、前庭觉、本体觉、时间知觉、空间知觉、运动知觉 (2)动作能力:包括粗大动作能力和精细动作能力 (3)行动及操作能力:身体病弱幼儿特别需要评估其在环境中的行动能力和日常基本操作能力。基本行动能力包括是否能行走、是否乘坐轮椅、有无使用辅具等;基本操作能力包括会不会自己吃饭、会不会自行穿衣服、自己大小便、洗澡等日常自理能力
	发展性评估	0~6岁的身体病弱幼儿或怀疑其发展迟缓的身体病弱幼儿需要进行发展性评估: (1)丹佛婴幼儿发展测验(DDST) (2)学龄前幼儿行为发展量表 (3)年龄与发育进程问卷(ASQ-3TM) (4)中国幼儿发展量表(CDCC) (5)孤独症幼儿发展评估表
	社会适应能力评估	(1)学龄前幼儿行为发展量表 (2)文兰社会适应行为量表 (3)婴儿-初中生社会生活能力量表 (4)幼儿社会适应行为评定量表
3.教育方面	成就评估	(1)学科能力评估:身体病弱幼儿可能在某些学科领域不能获得与同伴相似的成就 (2)教师访谈或问卷调查:访谈教师或设计问卷对教师进行问卷调查,了解幼儿现在及过去在学校、幼儿园的学习成绩及相关情况 (3)行为观察:对幼儿在学校、幼儿园的学习行为进行有目的的观察、记录其行为表现

续表

评估内容	评估方法和工具
4.社会适应方面	(1)社会调查:对居住社区、小区的保安、保洁、物管、邻居等人士进行访谈,收集资料 (2)家长访谈与问卷调查:了解家庭的基本情况,如家长职业、家长文化程度、家庭经济状况、家庭是否和睦、家长对幼儿的教养态度、家养方式、对幼儿的教育投入时间和精力、幼儿接受教育与干预的过程等;围绕社会交往、社会性沟通了解幼儿能力现状以及幼儿的正强化物与负强化物等;了解家长能配合学校的程度,例如家长能教哪些东西,一天能教多久等;给家长提出一些建议,如是否安排专业检查、转专业训练或支持协助等 (3)行为观察:在不同生活情境中对幼儿进行有目的的观察,记录其行为表现

> ### 三、教育康复中病弱幼儿的教育干预方法

(一)常见病弱幼儿类型及其教育康复干预

1.哮喘幼儿的教育干预

哮喘幼儿不存在智力问题,也没有其他的学习和生活困难。当他们进入普通教育机构时,作为教师应该具备一定的医学知识和急救常识,对班级中其他幼儿进行一些该知识的简单普及。这样一方面可以减轻大家对这种疾病的恐惧,使他们能正常对待身边的伙伴;另一方面可以使大家在突发情况面前有所准备。

具体而言需要注意以下问题:①教师要注意找到幼儿的过敏源,如花粉、特定的食物等,尽量避免哮喘幼儿与之接触;②在配合药物治疗和控制过敏源的情况下,慎重选择活动内容,例如,一般而言游泳比跑步更少引发运动引起的哮喘,另外,监督幼儿在剧烈运动前服用某种药物,可以使那些由于体育锻炼引发哮喘的幼儿能够享受到体育锻炼和运动的快乐;③尽管哮喘源于生物化学原因,但情绪压力和哮喘之间也存在着交互作用,心理压力或较大的情绪波动都有可能引发哮喘,因此幼儿园和教师应尽量创设和谐、温馨的园内环境和氛围,使哮喘幼儿保持情绪稳定,避免刺激;④教师应掌握一定的急救知识,当孩子出现呼吸困难时,教师应毫不犹豫地立即联系医生,因为患儿可能会缺氧。

平时要注意给哮喘幼儿增加营养,鼓励他锻炼身体,增强体质,但不能过度。可因人而异地采取各种抗复发措施,如于发作季节前1~2月开始服药,发作期过后1~2个月,进行贴敷或注射疫苗等。只要连续几年不发作或青春期后不再发作,以后发作的可能性较小。

2.癫痫幼儿的教育干预

癫痫是由于脑伤造成的,表现为痉挛或抽搐的发作。医学上,癫痫的问题主要源于大脑对神经细胞所释放出的过多电流无法做出有效的控制。当大脑神经细胞过多放电时,就会发生惊厥,大脑无法正常工作,人会失去对肌肉、意识、感觉的控制。发作过后,大脑细胞的工作又恢复正常。癫痫未发作时,与正常幼儿没有两样。一般而言,癫痫幼儿智力状况比正常幼儿略差一些。在医学治疗和家长、老师及同伴的支持下,多数癫痫幼儿都可以过上比较正常的生活。但是癫痫幼儿进入幼儿园后,要面对一个陌生的环境,教师和其他小朋友的接纳态度,都会对癫痫幼儿产生影响。如果其他幼儿能够正常对待和接纳癫痫幼儿,并知道在癫痫发作时如何应对,会对幼儿园中的癫痫幼儿产生极大的帮助,有利于让他们过上正常的生活。作为教师,应该掌握基本的救护常识,在癫痫幼儿发作的时候给予特别的关照。

不同的药物可用于控制幼儿的抽搐。药物也可能产生相反的效果,尤其是开始服用阶段,会引起幼儿昏睡或使幼儿显得不活跃。对教师而言,一个重要的作用就是去观察和记录幼儿行为的变化。行为性观察能够帮助幼儿的医生改变用药或根据需要调整剂量。总体而言,抗惊厥类处方药物对幼儿有效地防止抽搐有效。

表 10.7　全身性强直阵挛发作的应对程序

典型的癫痫发作并不是一种医学上的紧急状况,但在掌握相关知识的情况下对这种情况做出处理很重要。当一名幼儿在课堂上出现全身性强直阵挛时,教师应该遵循以下步骤:

- 保持镇静。安慰其他学生,使他们相信发作的幼儿会很快恢复正常。
- 慢慢地将幼儿移到地板上,并将周围区域清理干净,避免出现可能伤害到幼儿的东西。
- 在幼儿的头下放一些平坦和柔软的东西(如一件叠好的衣服),这样他/她的身体在抽搐时,头不会直接碰到地上。
- 你无法停止幼儿的癫痫发作,只能让它自行终止。不要试图让幼儿恢复意识,也不要妨碍他\她的动作。
- 轻轻地将幼儿翻至侧卧状,这样可以保持他\她的气管通畅,并可以让唾液流出口外。不要强行掰开幼儿的嘴。
- 不要抓住幼儿的舌头。
- 不要在幼儿的嘴里放任何东西。
- 当幼儿的抽搐动作停止时,让他/她休息直至恢复意识。
- 在癫痫发作过程中,幼儿的呼吸可能是衰弱的,甚至可能出现呼吸暂停。在出现这种情况时,即幼儿的呼吸没有恢复时,教师要检查幼儿的气管是否阻塞,并实施人工呼吸。

一些学生在这种类型的癫痫发作之后恢复得很快;一些学生则需要更多的时间才能恢复。通常建议教师让学生进行短时间的休息。然而,如果学生在发作之后可以继续留在课堂上,那么教师应该鼓励他\她这样做。留在课堂上(或尽快回到课堂上)可以让幼儿继续参与课堂活动,并且对学生的心理影响较小。如果一名学生经常发作,一旦教师和同学们了解了应该如何应对这种情况的出现,那么这名学生的发作情况可以成为常规事务。如果这种类型的癫痫发作持续时间超过 5 分钟,应寻求急救。

在应对癫痫发作方面,需要强调两点。第一,熟悉并重复上述应对程序,注意不要试图把硬东西放在幼儿的上下牙齿之间。因为这样做,幼儿的牙齿会受到损伤,而如果是大人的手指则有可能被严重咬伤。第二,就是教师要保持镇定。只要教师不显示出焦虑不安,那么幼儿也很少会出现过度警觉。只要成人表现出自信,并且表现出患病孩子很快就没事了的态度,幼儿对抽搐事件的焦虑就会立即减少。事实上,教师温柔地照料抽搐幼儿的行为会使所有幼儿学会人与人之间的关怀。一次抽搐事件可能转换为一次学习的经历,教师应该用浅显易懂的术语解释什么是抽搐。告知其他幼儿抽搐没有传染性,大家不必因为自己或他人患有这种疾病而害怕。同时帮助其他幼儿理解患有癫痫的幼儿需要的是帮助,而不是同情。

3.镰刀形贫血病的教育干预

镰刀形贫血病是一种常染色体隐性遗传病。患病者常常出现腹部、腿部、手部的剧烈疼痛、关节浮肿、眩晕以及全身疲劳。对于这种疾病,尚无治愈的方法。患有镰刀形贫血病的幼儿十分容易受到感染。因此,教师、家长和医生应共同商讨,以决定是否要让患有镰刀形贫血病的幼儿介入学前教育的活动之中。教师、家长和医生要共同合作,通过帮助幼儿避免疲劳、压力、暴露于寒冷环境,并确保幼儿获得充分的流通空气以防止受到镰刀形贫血病的威胁。

4.获得性免疫缺陷综合征(艾滋病)的教育干预

艾滋病不通过大便、尿、呕吐物、唾液(粘在玩具或其他物体上的口水)、黏液、汗及其他不包含在血液中的液体传染。所有患有艾滋病的幼儿只要在他们健康和发展状态允许的情况下,学校没有理由拒绝接受感染艾滋病病毒的幼儿。有的患有艾滋病病毒的幼儿对于许多幼儿期可能出现的感染性疾病的抵抗能力差,进入集体教学场所可能对他们而言并非最为有利。对于身体状况良好能进入学校的艾滋病幼儿,照顾者需要做好严格的卫生工作,如洗手、处理分泌物时必须佩戴一次性手套,用漂白剂清洗使用过的表面。

(二)病弱幼儿的康复训练

病弱幼儿的康复训练主要涉及认知能力、语言能力、运动能力、情绪行为能力和学习策略五个方面的康复训练。其中认知能力训练主要包括注意力、观察力、记忆力、推理能力、分类能力的训练;语言能力训练主要包括基本沟通技能、词语理解与表达能力、句子理解与表达能力、谈话能力和叙事能力的训练,而运动功能训练主要包括粗大动作和精细动作、感觉统合训练。

第四节　病弱幼儿的家-园-社区协同教育

特殊幼儿与家庭相互之间产生着这样或那样的影响,有时以某种循环的形式出现,呈现出互为因果的影响关系。特殊教育工作人员在进行特殊幼儿教育的同时,注意到对特殊幼儿家庭的教育和辅导很有必要,要帮助他们打破非良性循环,建立良性循环,让特殊幼儿家长和所有家庭成员面对现实,接纳特殊幼儿,和幼儿园、社区一起对特殊幼儿进行教育和训练,使他们尽可能地独立生活,自食其力。如果特殊幼儿家庭没有获得足够的支持,那么由于压力过大特殊幼儿父母可能出现虐待幼儿的行为。家庭并未预料到会有一个障碍幼儿,他们期待的是一个健康的孩子,一个能成长为独立自主的健康孩子,特殊幼儿家庭父母从一开始就面临着失望,处于调适的过程,这将影响到家庭中每一个成员和家庭生活的各个方面。要发展特殊幼儿的家庭幸福,关键是建立充分的支持体系,因此构建家-园-社区协同教育机制就显得尤为重要。

> ### 一、病弱幼儿家庭协同教育的作用与途径

(一)家庭协同教育的作用

家庭是人出生的地方,是人们最初的生活环境,是人们接受"人之初"教育的场所。在此,家长承担着较为重要的责任,家长是否对孩子尽心尽力,影响着孩子的发展。与正常幼儿教育相比,特殊幼儿的家长在教育过程中所占的地位和应发挥的作用更为重要,家长的素质、家庭文化生活水平都会对特殊幼儿教育产生很大的影响。特殊幼儿家长在教育评估与鉴定、个别教育计划制订过程中以及在家庭辅导和训练方面发挥着重要作用。

1.参与评估与鉴定

对特殊教育而言,评估与鉴定是一项很重要的工作。因此,有些国家通过立法来规定家长必须参加学校对子女的评估与鉴定。例如美国的《障碍者教育法案》对特殊幼儿家长如何参加评估鉴定以及他们的权利和义务做了明确的规定。①学校对幼儿进行有关特殊教育方面的评估测量之前,必须书面通知家长,而家长也不能无故拒绝参加自己子女的教育评估和鉴定;②家长必须允许孩子参加有关测试,以鉴定是否需要给予特殊教育;③如果家长对学校的评估意见表示怀疑,有权要求进行不依靠学校来组织的独立性评估;④家长有权调回有关孩子平时的学习档案和评估过程的所有材料;⑤家长如不接受评估组的结论,可向有关政府机构投诉,家长的投诉在一个半月之

内需给予答复;⑥家长必须提供有关幼儿在家庭生活、学习情况方面的真实信息,以供评估鉴定小组对幼儿各方面情况做出客观的综合评估。

上述规定的中心意思是要求家长本着对孩子负责的精神,积极、认真地参加对自己子女的教育评估与鉴定工作,与学校和评估机构保持联系和积极配合,以保障孩子根据实际情况接受适当教育的正当权利。

具体而言,在评估鉴定之前,书面通知家长召开教育评估鉴定会议的时间、地点以及评估鉴定的目的;通知需附上需要家长提前考虑的问题和需要提供的信息;如有必要,学校要安排接待家长。

评估期间,要提供参会人员自我介绍的机会,阐明评估鉴定的目的和安排,阐明家长在教育评估中的地位和作用、权利与义务,回答家长提出的问题。

评估鉴定结果解释阶段,尽量用通俗易懂的语言解释评估结果;举例说明幼儿的测试结果和反映出的问题;要求家长提供更多的信息,包括家长调查问卷的回答;要求家长根据自己对孩子的了解来评价鉴定结论,表明他们是否能接受这一评估结论。

2.参加个别教育计划的制订与修改

病弱幼儿由于其个体差异,在学前融合教育中,需要采用个别教育的形式,因此幼儿园在制订个别教育计划时,家长必须积极参与自己孩子个别教育计划的制订。首先是理解教育的内容;其次是按照个别教育计划来帮助和辅导孩子,配合幼儿园对孩子进行教育与训练;最后是提供信息和检查个别教育计划的执行效果,进而制订下一阶段的教育计划。

在个别教育计划制订过程中,教育机构要征求家长有关确定幼儿教育总目标和阶段性目标的意见,邀请家长帮助学校共同完成教育计划,阐述个别教育计划制订的意义和目的,确定教育计划在家庭中完成的内容和方法,商定家长今后与教师联系和合作的方式。

在个别教育计划执行过程中,要向家长解释不同的特殊教育类型与模式;向家长解释为什么要回归主流以及这种形式在特殊教育中的意义;邀请家长参观特殊教育设施和场所,征求他们的意见;为家长提供全班幼儿的名字、家长姓名、住址、电话等有关信息,以便于家长之间相互联系;对家长如何协助完成个别教育计划提出具体的要求。

在修订个别教育计划阶段,请家长提供有关孩子的相关信息,参与对执行上次个别化教育计划的检查;向家长汇报解释幼儿个别教育计划的执行情况;征求家长关于修改个别教育计划的意见;向家长提供孩子前一阶段接受特殊教育的详细材料;争取家长继续积极配合。

3.进行家庭辅导和训练

在个别教育计划制订后,家长应配合教师和特殊教育人员执行教育计划。家庭辅导和训练是完成个别教育计划的重要环节之一。例如,对病弱幼儿动作技能的训练,需要家长在家给孩子提供独立做事的计划,让孩子在尝试自己做事的过程中,锻炼动手能力,或者在家陪孩子玩抛接球的游戏。在家庭辅导过程中,家长需要仔细地观察孩子的进步情况和存在的问题,矫正孩子某些错误的做法和不良行为习惯。家长要积极采取有效措施激发孩子的学习兴趣,提高孩子的学习效果。有时家长除了自己参与对孩子的训练和辅导外,还必须发动其他家庭成员来共同帮助和辅导特殊幼儿,为他们创造更好的家庭学习环境。

(二)家庭协同教育基本内容

1.帮助家长树立正确的教育观念,度过心理危机期

有关研究发现,特殊幼儿家长在刚刚知晓自己的孩子有疾病时,父母通常的反应是悲伤。即使是年龄较大的孩子被诊断出有疾病时,大部分父母也十分悲伤,这是因为父母原本为这个完美的孩子所计划的一切及期望都成为了泡影。悲伤之余父母可能变得愤怒、沮丧或充满了没来由的内疚感。他们也有可能拒绝承认任何不好的消息或是忽视孩子的表现,这些反应都是正常的。通常,需要帮助父母克服这些感受,他们要开始面对现实,适应养育病弱幼儿这一过程。通常,特殊教育人员可以从两个方面给予他们帮助。第一是帮助家长对他们的孩子进行诊断性的评估鉴定,帮助他们明确自己孩子属于哪一方面的特殊幼儿,其孩子在哪些方面存在障碍,需要采取哪些教育措施帮助孩子提高能力。第二是尽量给予家长大量的安慰和劝解,消除家长的恐惧、自卑、内疚和绝望感。帮助家长明白,大部分病弱幼儿通过一定的教育和训练,同样可以成为社会有用之才,甚至可以成为杰出的专业人才。通过教育心理咨询,特殊教育人员帮助家长减轻心理冲突,较快地平复、冷静、理智地考虑和安排子女的生活和教育问题。

2.帮助家长了解国家有关方针、政策

我国是一个社会主义国家,政府历来关心残疾人的生活、教育与就业。我国的义务教育法等政策文件都有对发展残障幼儿的特殊教育规定,通过带领家长学习讨论我国有关残疾人生活、教育、就业问题的有关文件,使他们懂得有计划、有步骤地发展残疾人教育,是国家、社会和残疾幼儿家长的共同责任。通过学习相关文件,将使家长明确认识到发展特殊教育是提高特殊幼儿生活质量和综合素质的根本途径,也是社会主义人道主义精神的具体体现。

特殊幼儿家长对我国当前和今后一个时期发展特殊教育事业的基本方针,即着重

抓好初等教育和职业技术教育,积极开展学前教育,逐步发展中等和高等教育有一定的了解。家长通过对这些有关特殊教育文件、方针政策的学习,会提高自己的政策水平,加深对特殊教育意义的理解,更加明确自身的权利、义务和责任,更好地配合学校与社会对孩子进行教育。

3.帮助家长掌握护理、教育、训练、辅导病弱幼儿的基本知识和技能技巧

首先,对于病弱幼儿,医疗护理很重要,家长要根据幼儿的身体状况进行科学的护理,需要有基本的护理知识,好的护理可以防止病弱幼儿疾病的发作和加深,也可以增强幼儿的体质,避免一些可能出现的意外事故。因此特殊教育人员需要适时地教授家长照料病弱幼儿的基本护理知识和饮食营养知识,协助医生对孩子进行治疗。

其次,要配合学校对特殊幼儿进行教育需要家长掌握一定的教育知识,具备一定的教育能力。其中包括对孩子人生观的教育、道德教育,以及文化科学知识的教育,家长要鼓励、督促孩子努力学习,自强自立,克服焦躁、畏难和焦虑情绪,树立正确的价值观,特别是正确的竞争意识。

再次,家长要努力学习一些有关特殊教育的基本训练方法。例如,幼儿粗大动作和精细动作发展的基本规律和训练方式,采用游戏化的方式加强练习,避免枯燥的动作训练。家长对孩子的正确训练,能促进病弱幼儿生活自理能力、良好生活习惯的建立。

4.帮助家长组织协同家庭成员关系,发挥家庭教育整体功能

病弱幼儿的出现,家庭照料孩子提出了挑战,研究发现一些家庭因为特殊幼儿的出现家庭关系变得更加密切了,孩子的特殊情况增强了家庭的生存勇气,但有的家庭则有些不知所措,甚至因此而家庭破裂。特殊幼儿的出现可能还给祖父母、兄弟姐妹带来了理解和接受他们的困难。因此在进行特殊幼儿家长教育的过程中,应帮助家长组织和协调家庭成员关系,发动家庭都来关爱孩子的成长,以正确的方法来帮助孩子,不歧视、冷淡或虐待幼儿,让家长明白友好、和睦的家庭关系,不仅有利于幼儿的成长,也有助于全体家庭成员的健康、发展。

5.帮助病弱幼儿家庭建立联系

幼儿园和社区可以帮助病弱幼儿家庭建立通信录,帮助他们定期聚会和交流养护教育自己子女的经验,商量如何克服共同遇到的困难,如成立家长支持团体。有时,家长也可以联合起来帮助学校和社会解决特殊教育中的某些资金、训练设备等方面的问题。

(三)家庭协同教育的途径

幼儿园要切实承担起主动与家长沟通的作用,如果家长和教师之间能够达成相互

理解,幼儿就更可能体验到良好的学习环境。双向沟通是达成理解的关键。与家长交谈而不是对他们指手画脚是有效沟通的前提。教师在同家长沟通时要注意关注家长们已表达和未表达出的焦虑。未表达出的焦虑往往是最大的沟通障碍。与家长共同讨论他们愿意与教师或学校工作人员如何进行沟通是有好处的,教师必须与家庭协商建立起符合家庭需要和工作人员可接受的长期沟通计划。这包括教师更方便使用什么方式沟通、让家庭成员中的谁作为主要联络人等。具体来看,与家长沟通的主要途径有以下几种。

1.非正式交流

非正式交流包括利用家长接送孩子的时间进行简短而有效的谈话。接送孩子的时间一般应持续 20~30 分钟,并专门安排一位接待教师。在简短的交流中与家长就孩子的某个特殊问题,如孩子饮食习惯或睡眠情况进行交流,可以汇报孩子的细小进步。在公开场合进行积极的评价能使家长和幼儿的自信都得到提高。由于公开场合的特殊性,接送时间不应谈论对幼儿的焦虑或他们的行为及学习问题。不要谈论任何不适合幼儿或其他幼儿、家长听到的事情,若有家长提到某个敏感问题,教师应注意倾听并做记录,然后表示将尽快与家长通电话或安排一次专门的会面。

2.电话交流

电话交流有助于维系家长和教师间的沟通。教师要注意保存与每个家庭进行电话联系的记录,这些记录不必十分复杂,主要是记录清楚打电话的日期、持续时间以及讨论的主题。电话交流也可以像接送孩子时的谈话一样报告临时发生的事情。还有的家长喜欢事先安排方便的时间来接听电话,这样他们就能有一段自由交谈的时间。电话交流可以主要针对日常事件,如特殊教育专家的检查结果、病情的好转、请假的理由等。对于不是由家长亲自来接的幼儿,教师应该向家长电话汇报幼儿在园发生的所有意外事件:撕破或弄脏衣服、摔倒或推挤、不好好进餐等。教师应尽量在幼儿到家之前通知家长,这样可以避免接送孩子的人员让家长收到错误信息,或是家长在没有任何心理准备的情况下被告知不愉快的意外。幼儿常常难以解释为什么发生了某件事情,或者无法用恰当的词语来解释。如果教师是第一个将这些不好的消息通知家长的人,那么家长就能把他或她的愤怒或烦恼发泄给教师而不是孩子。

3.班级通讯

班级通讯是教师让幼儿带回家的记录本。主要目的是介绍每天在学校发生的事情以及开展的学习活动,从春天将开展的蔬菜种植活动到幼儿园添置的新游戏设置及使用规则。班级通讯也可以用来发布对所有家庭的通告,如介绍新入班级的幼儿及其家庭,或者将要开展的健康检查预告等。班级通讯可以是每一个幼儿参与的写作活动,每个幼儿都可以将其话语或图画创意表达于其中,这样幼儿回家后就可以与家长谈论相关内容,并激发幼儿阅读班级通讯的兴趣。

4.家长会议

家长会议是教育机构协调家-校合作的常见模式,一般而言除了个别化教学计划的制订外,每年还要安排定期召开两到三次家长会,或者根据实际需要召开家长会。一方面,家长会有助于帮助非特殊幼儿家庭了解班级融合教育的政策、理念,取得其他家庭的支持;另一方面,也有助于增加家长间交流学习的机会。家长会议的召开需要在会议一开始就建立良好积极的氛围,在舒适安静的场所举行,首先向家长致以诚挚的问候,在轻松的气氛中,教师以简短的汇报开始会议。汇报内容应该可以是个别幼儿或班级整体提高或掌握特定发展领域的大量实例。可以在开始时播放近期家长的实地参观或幼儿教室活动的录像。教师在汇报中,可以时而停顿,以便家长有机会对所观看的幼儿表现进行评论、提问和表达他们的想法。会议结束时,教师进行简要总结,回顾幼儿长期和短期的学习目标,并再次阐述个别幼儿或班级整体独特和宝贵的品质。

5.家访

家访是进行个别家长教育指导的一种有效方式。家访的目的一般是沟通、协商幼儿教育的方式方法。家访比较灵活机动,便于进行,而且因为了解深入具体,更具针对性。根据家访的具体目的和内容,可以分为了解性访问、宣传性访问、商讨性访问、通报性访问、警告性访问等。通过家访,可以向家庭宣传国家的特殊教育方针、政策和法律,或者宣传地方教育部门、幼儿园对特殊幼儿教育的要求、建议,或者向家长介绍最新的特殊教育新经验、新知识和新思想,还可以向家长通报幼儿在园的表现情况,针对其具体表现与家长协商教育对策,以便协调家庭教育、学校教育和社会教育,相互协作,共同促进特殊幼儿的发展。一般而言,进行家访要告知家访幼儿本人,得到他们的理解和支持。家访要经常进行,随时与家长交流幼儿基本情况,让家长掌握孩子在园情况,并将从家庭中了解的情况及时记录,以便事后查看并综合分析。

＞ 二、幼儿园-社区协同教育的作用与途径

社区是以一定的地理区域为基础的社会群体,主要由地域环境、人口环境和文化环境等要素组成。我国《幼儿园教育指导纲要(试行)》明确指出:"幼儿园应与家庭、社区密切合作,与小学相互衔接,综合利用各种教育资源,共同为幼儿的发展创造良好的条件。"开发和利用社区资源来促进教育已逐步成为教育界的共识。

（一）幼儿园-社区协同教育的作用

1.社区为特殊幼儿教育提供充足的教育资源

对于幼儿园来讲,社区是它所在的一个小社会,是幼儿最重要的活动场所。幼儿认识社会、获得关于社会的最初知识经验,大都是通过社区进行的。幼儿在社会中去生活、游戏,其良好的品德萌芽、知识的积累以及社会适应能力的初步形成大都依赖于社区环境的作用,社区环境是幼儿重要的教育环境。社区中的图书馆、商店超市、邮局、车站、医院、公园、养老院等为辖区内幼儿提供了多层次、多内容、多种类的活动场地和活动设施,是幼儿认识社会、提高社会认知的重要资源,特殊幼儿教育需要有效开发和利用社区的教育资源。

2.利用幼儿园教育的专业性,开展家庭教育指导

首先,幼儿园可以利用自己的专业知识引导家长形成科学的育儿理念,即通过幼儿园主导式家园合作产生教育合力。幼儿园常见的知识分享方式是组织家长学校讲座,这种形式可以传递给家长教育幼儿的方法,帮助其提高科学育儿的水平。家长讲座的内容应结合理论与实际,便于家长理解和操作,可聘请专家进行。但知识讲座的对象群体不仅限于家长,还可以发动社区群体、教师群体、其他行业群体加入,实现知识内容的分享和有效教育合力的形成。

除此之外,创办园本化读物作为互动交流的载体,面向社区、家长传递教育信息,也是形成教育合力的有力举措。宣传资料的类型可以是关于幼儿身心发展的各方面内容,这样可以扩大读者群,促进家长对孩子的全面了解。其次,通过开展亲子实践活动,引导家长参与到幼儿园的教育实践中。亲子活动的实施,一方面发挥了幼儿园在幼儿教育中的主导作用,扩大了家长参与幼儿园活动的广度和深度,拓宽了幼儿园管理的视野;另一方面活动能促使家长真正转变自身角色,从旁观者逐步成为参与者,从不会指导到学会指导,使家长及时了解课程、了解教育理念,定时反馈。此外,教师还应根据幼儿实际和家长建议,随时调整教育活动设计,使得教学活动更加适合幼儿的发展,从而真正实现家园和谐互动。这一举措将能提高家长参与家园互动的意识,使家长从开始的不知所措,到能够较好地指导幼儿的活动,与孩子共同学习和进步,这些活动也将使亲子关系更为融洽。

（二）利用社区资源协同教育的途径

1.家长志愿者

家长志愿者是志愿者队伍的一种。是家长在不谋求任何回报的前提下,根据自身情况,自愿参加幼儿园提倡或组织的相关活动,合理运用自身的专业、技能或服务等资

源,为幼儿园无偿奉献自己力所力及的、切合实际的帮助与服务。幼儿园将定期或不定期邀请家长志愿者参与幼儿园的活动,让家长参与幼儿园的保育、教育、教学、管理等多方面的班级工作。

2.家长、社区开放日

家长、社区开放活动就是请家长、社区人员到幼儿园,走进班级,向家长、社区人员展现幼儿在园生活、学习、游戏状态的一种定期或不定期的开放活动,是合作共育中重要的形式之一,也是向家长、社区直观展现幼儿园常规工作的一扇窗口。在开放活动中,幼儿园向家长、社区自然地展现了幼儿园的理念、方法,让家长、社区体验了幼儿在园生活,观察了幼儿在园的习惯、行为、态度等,感受了幼儿园的专业性,引导家庭、社区建立正确的育儿观念,也促进三者之间彼此交流,达成共识。

3.整合社区团体联合教育

幼儿园要有效利用所在社区的残疾人联合会、幼儿保健所、妇女联合会、社区居委会、区内其他特殊教育学校,为学前特殊幼儿创设良好的大教育环境,提供有效的教育援助。制订整合的社区联合教育策略。例如,通过联合区内特殊学校、特殊教育机构,建立不定期的交流沟通,形成宽松型的横向联系,努力从这些专门机构中吸取相关病弱幼儿教育的知识经验,帮助制订和挑战教育计划。

与区教育局下属的学前教育科、幼教研究室联合,建立紧密型的纵向联系,分层分级地运作,互相渗透,定期联络。

与区各职能部门联合,寻求残疾人联合会、幼儿保健所、妇女联合会等所属街道等职能部门支持,形成多部门分工协作、共同关怀和帮助特殊幼儿及其家庭的联合网络。在每年年底或招生前,从区卫生健康局下设的人口监测与家庭发展科或妇幼健康科了解可能出现的特殊幼儿数据,对有可能存在发展障碍的幼儿进行早发现、早干预、早监测,同时结合多方理论为这些幼儿制订个别干预计划。

通过对社区资源的整合,为学前特殊幼儿构建系统的社区服务网络,从而更有效地及早帮助病弱幼儿及其家庭。

4.联合社区个体成员积极加入协同育人

社区中的个体成员作为社区内的有机组成部分,也是相当重要和有价值的资源。呼吁社区内相关专家、医生、教师成为志愿者,通过让社区中学有所长的专家或教师成为社区导师,不定期地到实施学前融合教育的幼儿园对教师进行培训指导,促进对特殊幼儿的干预训练。

同时,呼吁社区中的大中学生成为志愿者,通过宣传,让有爱心的大中学生利用课余时间到实施学前融合教育的幼儿园或托幼机构,与特殊幼儿开展丰富多彩的活动,让孩子们感受来自大哥哥、大姐姐们的温暖和活力,促进社会性发展。另外,对于颇具爱心的幼儿家长可以组成托幼机构义工,定期入园协助教师开展工作,定期带领特殊幼儿外出游玩,帮助他们更好地认识社会、认识世界。

5.适度开放幼儿园教育资源为辖区内所有0~6岁幼儿服务

整合社区教育资源意味着要充分利用辖区内专业教育机构的教育资源和设施,为社区所有幼儿服务。通过有计划、有步骤地开展幼儿园开放日活动,让社区内每个学龄前幼儿都有机会享受到幼儿园的专业教育资源。例如,在周末、节假日,幼儿园的玩具、图画书向社区内所有0~6岁幼儿开放,幼儿园的志愿者来园参与幼儿的活动,让社区内更多幼儿受益。再如,"六一儿童节活动",邀请社区其他特殊幼儿到园参加活动,和在园幼儿一起享受节日快乐。

参考文献

［1］刘杰,孟会敏.关于布朗芬布伦纳发展心理学生态系统理论[J].中国健康心理学杂志,2009,17(2):250-252.

［2］李芳.试论蒙台梭利特殊教育思想[J].现代特殊教育,2000(7):6-7.

［3］季瑾.陈鹤琴特殊教育思想与实践及其对当下特殊教育改革的启示[J].现代特殊教育,2019(24):11-17.

［4］邓猛,颜廷睿.西方特殊教育研究进展述评[J].教育研究,2016,37(1):77-84.

［5］杜静,曲学利.辅助技术在特殊教育中应用的研究[J].中国康复理论与实践,2009,15(3):286-288.

［6］罗观怀.盲童教育康复的基本内容、原则及策略[J].现代特殊教育,2007(5):42-43.

［7］胥亮,刘闽,唐凤珠,等.大龄幼儿及青少年人工耳蜗植入后早期认知功能发展的评估[J].中华耳科学杂志,2017,15(2):207-212.

［8］张雪琼.综合干预对2~3岁语言发育迟缓幼儿的智能发育影响分析[J].山西医药杂志,2015,44(6):695-697.

［9］连惠娟.重复经颅磁刺激联合语言认知训练在语言发育迟缓幼儿康复中的应用[J].中国药物与临床,2021,21(1):86-88.

［10］林睿,张丽仙,汪洋.网状密集式悬吊训练联合常规康复训练应用于发育迟缓儿童的效果分析[J].白求恩医学杂志,2020,18(5):465-466.

［11］何金华,周洪涛,魏选东,等.重复经颅磁刺激辅助干预发育迟缓儿童临床疗效观察[J].中国中西医结合儿科学,2020,12(4):349-353.

［12］彭红燕,陈冰,周静.融合教育背景下的学前发育迟缓儿童的需要探究[J].新课程研究,2016(12):127-128.

［13］杨悦雯.语言发育迟缓幼儿融合教育指导策略探索[J].现代特殊教育,2016(23):63-64.

［14］黄英,杨梅,李婷婷.提高中班语言发育迟缓幼儿沟通能力的融合教育案例[J].现代特殊教育,2020(17):71-72.

［15］杨晨,黄燕.苏台个别化教育呼叫响应项目线上交流案例(三)发育迟缓幼儿在园全日融合教育案例[J].现代特殊教育,2020(11):70-71.

[16] 章小霞,焦姣.小学中高年级智力发育迟缓学生融合教育案例[J].现代特殊教育, 2020(15):73-74.

[17] 刘湘峰,刘荣英,贾容.家属支持早期康复训练对精神运动发育迟缓患儿疗效的影响[J].按摩与康复医学,2020,11(20):45-46+61.

[18] 赵伟燕,张莽月,王承芯,等.全面发育迟缓儿童的气质特点研究[J].教育生物学杂志,2021,9(1):44-48+58.

[19] 苏丽贤,陈宏标.情景互动智能步行训练对发育迟缓幼儿粗大运动功能的疗效分析[J].航空航天医学杂志,2020,31(12):1437-1439.

[20] 陶思竹.视听觉统合训练在语言发育迟缓患儿中的应用效果[J].中国民康医学, 2020,32(15):79-80.

[21] 邢晓曼.感觉统合训练对语言发育迟缓患儿语言功能及认知功能的影响[J].中国民康医学,2019,31(17):97-98.

[22] 张文京.特殊幼儿生活教育[M].南京:南京师范大学出版社,2015.

[23] 童琳,黄志军.国外近二十年视力障碍学生融合教育研究综述[J].中国特殊教育, 2020,12(246):34-40.

[24] 马蕾.认知干预在听力障碍患者中的应用效果[J].医疗装备,2020,12(24): 184-185.

[25] 苏丹,潘晓倩.探讨影响听力障碍儿童听觉言语能力的相关因素[J].中国卫生标准管理,2020,11(21):54-57.

[26] 陈小娟,张婷.特殊幼儿语言与言语治疗[M].南京:南京师范大学出版社,2015.

[27] 张福娟,杨福义.特殊幼儿早期干预[M].上海:华东师范大学出版社,2011.

[28] 贺荟中.听觉障碍儿童的发展与教育[M].北京:北京大学出版社,2011.

[29] 郭俊峰.聋童个别化教育计划方案之我见[J].现代特殊教育,2004(7):56-57.

[30] 邢同渊.智力障碍儿童心理与教育[M].北京:中国轻工业出版社,2015.

[31] 郑龙香.论学前儿童生态化支持体系的建构[J].河南教育(幼教),2020(1): 38-42.

[32] 李闻戈.情绪与行为障碍幼儿的发展与教育[M].北京:北京大学出版社,2012.

[33] 常明.浅谈高校附属幼儿园与家庭、社区合作共育[J].天津教育,2021(22): 39-40.

[34] 杜晓新,黄昭鸣.教育康复学导论[M].北京:北京大学出版社,2018.

[35] 周念丽.学前融合教育的比较与实证研究[M].上海:华东师范大学出版社,2008.

[36] K.E.艾伦,J.S.施瓦茨.特殊儿童的早期融合教育[M].周念丽,等,译.上海:华东师

范大学出版社,2005.

[37] 方俊明.特殊教育学[M].北京:人民教育出版社,2005.

[38] 丹尼尔·哈拉汗.特殊教育导论[M].肖非,等,译.北京:中国人民大学出版社,2010.

[39] 王辉.特殊儿童教育诊断与评估[M].南京:南京大学出版社,2018.

[40] 雷江华.学前特殊儿童教育[M].武汉:华中师范大学,2008.

[41] 雷江华,刘慧丽.学前融合教育[M].北京:北京大学出版社,2015.

[42] 王辉.特殊儿童教育诊断与评估[M].南京:南京大学出版社,2018.